U0520535

小县大城

周立 罗建章 著

中信出版集团│北京

图书在版编目（CIP）数据

小县大城 / 周立，罗建章著. -- 北京：中信出版社，2025.3. -- ISBN 978-7-5217-7349-1

I. F127

中国国家版本馆 CIP 数据核字第 2025QM6579 号

小县大城

著者： 周立 罗建章
出版发行：中信出版集团股份有限公司
（北京市朝阳区东三环北路 27 号嘉铭中心 邮编 100020）
承印者： 嘉业印刷（天津）有限公司

开本：787mm×1092mm 1/16 印张：18.75 字数：210 千字
版次：2025 年 3 月第 1 版 印次：2025 年 3 月第 1 次印刷
书号：ISBN 978-7-5217-7349-1
定价：79.00 元

版权所有·侵权必究
如有印刷、装订问题，本公司负责调换。
服务热线：010-84849555
投稿邮箱：author@citicpub.com

目 录

推荐序　　以小县大城破解县域发展难题 / 顾益康　　V
前　言　　小县城，大中国　　IX

第一章　导论

大国大城与小县大城　　003
将县域作为方法　　005
本书缘起与主要内容　　014

第二章　概念图谱

引子：县城文学与基层中国　　019
概念与类型　　021
构成要素　　040
城乡中国新时代下的小县大城　　048

第三章　形成机制

引子:"你在大城市奋斗,我在小县城享受?" 071
政策驱动:一只看得见的手 074
市场主导:那只看不见的手 090
社会支撑:挥舞两只手的身体 095
迷人的城镇化之梦 104
多元城市生态图景 111

第四章　治理逻辑

引子:小县城的"大三角" 119
四阶段发展逻辑 122
小县大城四大特征 160

第五章　十字路口的徘徊

引子:城进一定村衰? 173
"城进村衰"的马太效应 175
小县大城如何应对"不可能三角" 182
蜜糖抑或毒药? 193

城镇化钟罩与县乡村钟摆 200
"离土不离乡"的就地村镇化 205

第六章　迈向强县、兴镇、富村的未来

引子：农民和村落走向终结？ 217
农业转移人口市民化 219
县域城镇化的三条道路 222
新型工农城乡关系下的趋势性判断 232
多元城市生态的国际视野 244
立足小县城，展望大中国 261

后　记 281
致　谢 283

推荐序

以小县大城破解县域发展难题

顾益康

浙江省文史馆馆员，浙江大学中国农村发展研究院特聘教授

小县大城战略是针对我国部分县域面积小、人口分散、经济基础薄弱等实际情况而提出的一种城镇化发展模式。其核心在于通过优化资源配置，引导人口、产业向县城及周边重点镇集聚，打造县域经济的核心增长极，进而带动整个县域的经济社会发展。小县大城的核心逻辑不仅在于空间重构，更在于通过制度创新激活县域内生动力，实现经济、社会与生态的多维跃升。

从东南山城到西南腹地，小县大城战略的实践成效已清晰可见。

首先是以人口集聚撬动城镇活力。以浙江省丽水市云和县为例，该县通过实施小县大城战略，引导高山、边远山区农民下山转移，推动人口向县城集聚。该县已有超过58%的农民下山转移，80%的人口集中在县城居住，城镇化率高达74%，远高于全国平均水平。人口集聚不仅释放了人力资源红利，更催生了消费升级与服务业繁荣，使县城从"空心化"转向"强磁场"。

其次是以特色产业驱动经济转型。在小县大城战略推动下，各地纷纷结合自身优势，发展特色产业，推动产业升级。如浙江省安吉县依托竹产业优势，打造竹制品加工、竹文化旅游等产业链，实现了从传统产业向现代产业的转型升级。又如福建省德化县以小县大城战略为支点，推动陶瓷产业与文旅融合，从闭塞山区蜕变为"世界瓷都"。与此同时，数字经济、绿色经济等新兴业态的引入，进一步丰富了县域经济的韧性，彰显"小而精"的发展魅力。

再次是以城乡融合弥合发展鸿沟。小县大城战略强调城乡融合发展，通过加强基础设施建设、完善公共服务体系等方式，缩小城乡差距。如重庆市丰都县在实施小县大城战略过程中，注重提升乡村基础设施水平，加强农村人居环境整治，同时推动县城教育、医疗等公共服务资源向乡村延伸，实现了城乡基础设施和公共服务设施的互联互通、共建共享。

最后是以生态优先锚定发展底色。在追求经济发展的同时，小县大城战略高度重视生态环境保护。各地通过加强生态环境治理、推广清洁能源等方式，确保经济发展的可持续性。如浙江省庆元县在实施小县大城战略过程中，注重保护生态环境，大力发展生态农业、生态旅游等绿色产业，实现了经济发展与生态环境保护的良性循环，为县域经济的高质量发展提供了"绿水青山就是金山银山"[①]的实践范式。

未来，随着改革的不断深入和拓展，小县大城这一发展模式将为

---

① 资料来源：学习进行时丨"绿水青山就是金山银山"——习近平推动生态环境保护的故事，见人民网 http://politics.people.com.cn/n1/2024/0817/c1001-40300717.html。

更多地区提供有益的借鉴和启示，为推动我国经济社会高质量发展做出更大贡献。

《小县大城》一书付梓，恰逢中国统筹推进新型城镇化和乡村全面振兴的关键节点。周立教授与罗建章博士深耕城乡可持续发展领域多年，以学术洞见与政策实践的双重视角，系统解构了小县大城战略的理论逻辑与地方经验。书中既对小县大城演进脉络进行了宏观梳理，又聚焦德化县等典型案例，剖析基层政府如何以"一张蓝图绘到底"的韧劲，破解土地、资金、人口等核心难题。尤为可贵的是，作者并未回避当前面临的挑战，如何平衡集聚效率与公平、如何应对产业升级阵痛、如何规避"千城一面"风险等议题均被纳入深度探讨，进而为决策者与实践者提供了兼具前瞻性与操作性的启示。

当下，中国正站在城乡高质量发展的新起点，小县大城战略或将成为更多县域破局的关键。《小县大城》的出版，既是对过往经验的总结，又是对未来挑战的回应。

前言

小县城，大中国

城市和乡村是中国的两副面孔。

城市建设和乡村建设，在中国未来发展中如同车之双轮、鸟之两翼，不可偏废。

联结城市和乡村的是一个又一个县城。

县城位于"城尾乡头"，是联结城市与乡村的重要纽带、主要桥梁。县城是县域政治、经济、社会、文化与交通中心，又是驱动县域经济发展的增长极，也是县域的综合服务中心和治理控制中心。县城在城乡融合发展中，能够发挥枢纽作用和统领作用，是牵动城乡融合发展的"牛鼻子"。

理解中国式现代化，县域是一面镜子。中国经济社会结构的基本形态，已经由乡土中国转变为城乡中国。"县域"作为联结"城"与"乡"的行政层级和社会单位，逐渐演变成城乡中国时代新的城乡二元结构的中间层。

在理解县域社会时，不仅要有村庄和乡镇的基层视角，也要有总体视角，而县城作为一个县的经济中心和政治中心，是这种总体性集中表现的地方。本书将通过介绍中国县域40年的城镇化历程，来梳理中国基层发展的历史脉络，并试图预测其未来进程。

城镇化是理解中国发展奇迹的重要线索。工农城乡关系的历史性变迁中，县域城镇化浪潮是中国式现代化的一个典型标志。2024年，新中国成立75周年的一个伟大成就，就是城镇常住人口达到9.4亿，城镇化率达到67%，比1949年末提高了56.36个百分点。要知道，1949年末中国的城镇化率仅为10.64%，1978年末也只有17.92%。

城镇化进程中，中国的社会基本结构从乡土中国转变为城乡中国，推进了中国式现代化的进程。然而，发展中出现的问题，有待通过发展进一步解决。一是农业转移人口半市民化。城镇化率67%这项指标，是城镇常住人口数量占比，人的现代化是中国式现代化的关键，农业转移人口市民化决定了城乡融合发展的底色。二是土地城镇化快于人口城镇化。20世纪90年代以来，中国的土地城镇化持续快于人口城镇化，超过80%的县级及以上城市土地扩张快于人口增长。三是大城市病与小城镇、大问题并存，无论是国土空间布局还是城市群的内部结构，都需要多元融合的城市生态系统。统筹新型工业化、新型城镇化和乡村全面振兴，是实现中国式现代化的必由之路，是解决农业、农村、农民问题的重要途径。中国式现代化的五大特征中，四大特征与城乡协调发展紧密相关。对此，党的二十届三中全会审议通过的《中共中央关于进一步全面深化改革 推进中国式现代化的决定》提出，"健全推进新型城镇化体制机制""城乡融合发展是中国式现代化的必然要求"。①

小县大城是理解城乡中国时代的新视角。

随着以县城为载体的新型城镇化的深入，未来城镇化的潜力虽仍在农村的人口城镇化，但承接的载体将会是具有成长潜力的县域和中小城市群，由此将会形成一批"小县域、大城关"，即空间体量较小、城镇化率较高的小县大城。

本书基于福建省德化县的城镇化历程，试图对小县大城的脉络谱系、形成机制与特征逻辑做一下系统梳理。本书认为，迈向城乡融合、共同繁荣的未来，小县大城的县域城镇化路径是后发县域可以选择的发展路径。

本书试图回答以下三个问题。

第一，为何城镇化之梦如此迷人？政策、市场及社会的大三角，如何合理推动县域内要素集聚到城关地区，形成县域经济增长极？

第二，小县大城产城融合的阶段策略和主要特征是什么？

第三，要素集聚推动产城融合发展的马太效应会让小县大城成为未来城镇化的主要模式吗？

小县大城，已经作为新型城镇化模式，站在了迈向新型城镇化与乡村振兴的十字路口。面向城乡融合共同繁荣的未来，推动以人为本的新型城镇化，需要认识多元城市生态，需要让县城回归本质，让乡村拥有体面。一幅强县、兴镇、富村的未来图景，正在铺展绘就，一幅多元城市生态的未来画卷，正在徐徐展开。

---

① 资料来源：中共中央关于进一步全面深化改革 推进中国式现代化的决定，见人民网 http://hb.people.com.cn/n2/2024/0722/c192237-40918855.html。

| 第一章 |

导论

CHAPTER ONE

大国大城与小县大城

基层中国，一城一乡，亦城亦乡。

理解基层中国的组织形态，无法绕开新中国成立以来的工农城乡关系变迁。在中国崛起奇迹背后，城乡二元结构一直是社会经济结构的一个重要特征。城乡融合发展是中国式现代化的必然要求。未来在统筹新型工业化、新型城镇化和乡村全面振兴进程中，城与乡将迈向要素平等交换、双向流动共同繁荣发展的新阶段。随着中国经济的快速发展和城镇化进程的推进，传统的城乡二元结构正在发生变化，县域经济的崛起是否会逐渐形成三元结构的形态？在多元经济结构主导下，城乡中国能否因县域经济崛起，形成大城市、中小城市及乡镇各占三分之一的多元城市生态？

2024年7月，党的二十届三中全会审议通过的《中共中央关于进一步全面深化改革 推进中国式现代化的决定》指出，"城乡融合发展是中国式现代化的必然要求"。新中国成立75年来，我国城乡发展经历了城乡分割、城乡统筹、城乡一体和城乡融合发展的阶段，这一过程既是我国城乡关系与体制不断演变的过程，也是城乡经济社会结构不断变迁的过程。以我国1978年的改革开放为时间节点，我国三次产业结构中二、三产业的比重已从 66% 左右上升到 2024 年的 93% 左右，农业仅占 7%；常住人口的城镇化率已从 20% 左右上升到 2024 年的 67%；而人均 GDP（国内生产总值）从不足 200 美元上升到 2024 年的 1.3 万美元以上，步入中等偏上收入国家行列。此外，我国的重要基础设施和网络已基本通达，并覆盖广大乡村。但在 2023 年，我国的城乡居民人均可支配收入比值为 2.39，反映居民间收入差距程度的基尼系数达 0.47。这些重要指标一方面表明我国总体上进入了工业化和城镇化的中高级阶段，农业到了提质升级的发展阶段；另一方面这些指标也表明，我国仍存在明显的城乡、地区以及居民发展不平衡问题，亟须统筹新型工业化、新型城镇化和乡村全面振兴的协调发展，不断完善城乡融合发展的体制机制。

迈向中国式现代化的进程中，伴随城乡融合共同繁荣的推进，在现有特大型城市战略下的"大国大城"样态基础之上，能否在县域城镇化的实现过程中，出现小县大城的样态，逐渐形成中国未来的多元城市生态？这些都有待从县域视角，理解基层中国的组织形态。

将县域作为方法

县域是国家治理的基本单元，中国幅员辽阔，所以中国县域本身具备一定的普遍性与特殊性，进而形成了一个混合、辩证的基本分析单位。将县域"作为方法"去理解基层中国的组织形态，能够在卷帙浩繁的研究中以县域及其发展路径解释中国发展成就背后的普遍性，并将基于某一县域发展的具体情境中的"具体实践"来思考社会结构上的"共同议题"。本书将借助福建省德化县的小县大城发展实践，阐述两个重要的议题：一是作为方法的县域，何以可能，即通过小县大城亲历者的口头叙事建构人民视角下的县域城镇化的集体记忆，由此呈现我们对 20 世纪末期城镇化浪潮主流叙事下，微观个体对宏观社会结构及其变迁的理解；二是作为方法的县域，何以可为，历经近半个世纪狂奔的城镇化浪潮，小县大城已然站在十字路口，在以县域为载体的新型城镇化背景下，基层政府治理、资本投资兴业及家户生计决策能够从作为方法的县域中找到启迪之处。由此，通过关注县域主体性形塑的过程，强调不同县域之间的多样性，达到以县域作为方法、以理解中国作为目的的实践历史叙事。

- **国家治理基本单元**

治理是一个涉及政治、经济、社会等多个领域的综合性概念。在现代语境中,治理通常指的是在一定的社会秩序下,通过各种机制、规则和程序,实现对公共事务的管理。治理的主体不仅包括政府,还涵盖市场、社会组织、公民个人等多方参与者。当前,治理的过程强调多元主体的合作、协商和伙伴关系,以及法治、透明和责任等原则。在学术研究领域,治理理论在20世纪90年代兴起,强调政府放权和向社会授权,实现多主体、多中心治理等主张。西方治理理论认为,治理是通行于规制空隙之间的那些制度安排,更重要的是当两个或更多规制出现重叠、冲突,或者在相互竞争的利益之间需要调解时发挥作用的原则、规范、规则和决策程序。在中国,治理的概念和实践也在不断发展。党的十八届三中全会提出了"推进国家治理体系和治理能力现代化"[①]的目标,这标志着治理概念在中国的官方话语体系中得到了正式接纳,并被纳入完善中国特色社会主义制度的顶层设计。这一目标的提出,不仅引领了国内学界研究的转向,也规范了学界关于治理的理解和研究重点。

治理的基本单元是构成治理体系的基础,是实现有效治理的关键。根据不同的治理领域和治理目标,基本单元可以有不同的划分方式。以下是一些常见治理的基本单元。一是行政单元。国家作为一个政治实体,通过行政的方式设置和划定基本单元,将制度优势转化为治理效能。当前,中国设置了中央、省(自治区、直辖市)、市、县

---

① 资料来源:十八届三中全会公报:推进国家治理体系和治理能力现代化,见人民网 http://politics.people.com.cn/n/2013/1112/c70731-23518881.html。

及乡镇五级政府架构,五级政府架构自上而下具有一定的规模,主要功能是保障国家统治和治理功能的实现。从治理功能来说,县域是具有综合治理能力的基本单元。二是自然单元。在人类历史发展过程中自然形成的基本单元有自然村或村民小组。这些治理单元通常基于地缘、血缘、文化等自然形成的社会结构,主要功能是群众性自治,解决生产生活的公共性问题。三是自治单元。自治单元基于居民自治的需要而形成,它更强调居民的自我管理、自我服务、自我教育和自我监督,是居民参与社区治理的重要平台,因此城乡社区是社会治理的基本单元。

郡县治,天下安。虽然在历史的长河中,各级行政区划的名称、管辖范围和治理制度几经更迭,但"县"作为国家治理的基本单元一直沿用下来,被视为中国基层治理建设最成功的制度设计。历史学家谭其骧曾有"创建县治"说的论断,即"一地方至于创建县治,大致即可以表示该地开发已臻成熟"。基于此,县域作为国家治理的基本单元,也能够作为解读中国的视角。

作为方法的县域,何以理解基层中国的组织形态?第一,自秦以降,"县"作为国家治理的基本单元沿袭至今,这表明县域具备较高的治理效率。相较于镇村两级,县域具有镇村不具备的治理能力;相较于省市两级,县域更加接近镇村,具有省市不具备的服务效能。第二,地域辖区的完整性。基层治理与辖区的山川地貌、人口聚落、钱粮赋税及江河水利密切相关,而县域治理的制度设计基本在如上方面相对完整且具有长期稳定性,为了解基层提供了可能性。第三,基层治理的适应性。作为城市与乡村的中枢联结点,县域治理往往具有对科层制的适应性和乡土社会的灵活性,为理解基层中国提供一个完整的剖面谱系。当前,县一级在党的组织结构和国家政权结构中处于承上启下的关键环节，县域是发展经济、保障民生、维护稳定的重要基础，县域治理现代化也成为中国式现代化的重要一环。

▪ 二元结构破解途经

中国的城乡二元结构是在特定的历史时期形成的，主要是特定历史因素，导致了城市与农村在经济、社会资源分配上的不均衡。改革开放以来，通过家庭联产承包责任制、乡镇企业的发展、户籍制度的逐步改革等一系列政策调整和制度创新，城乡二元结构得到一定程度的缓解，但仍面临消除城乡差距、实现基本公共服务均等化等挑战，这需要持续的改革和创新来推动城乡融合发展。

中国社会形态已经从乡土中国转型为城乡中国。一方面，中国的农民高度分化，不同类型的农民与乡村的经济和社会关系发生分野。伴随农民的离土出村，他们与土地和村庄的黏性松解，尤其是在农二代成为迁移的主力后，他们不仅离土出村，而且不返农、不回村，当面临"融不进的城市、回不去的故乡"的问题时，县城和乡镇就业就成为其归宿，县域成为破除城乡二元结构、加快城乡融合的联结点。另一方面，城镇化从单向转向城乡互动，生产要素在城乡之间的活跃配置，为县域城镇化破除城乡二元结构提供了可能：标准化的城市要素进入非标准化的乡村场域，往往面对"村民怕市民跑路、市民怕村民难缠、政府怕无限兜底"的窘境，而县域成为弥合城乡之间的鸿沟、促进要素流动、推进城乡融合的平台。

县域是城乡连续体的中枢。随着城乡二元结构被打破和城乡融合发展时代的到来，城乡连续观告别了城乡二元结构观，将城乡关系刻画为连续体。城乡连续观认为，一个经济体在进入城乡融合阶段后，城市社会和乡村社会的互动增强，城市与乡村的特征也随之模糊，无法以特定特征对经济体进行二元划分，因而将城市和乡村视为城乡连续体的"点"。县域涵盖县城、集镇、村落等多层次空间载体，具有促进城乡融合发展的空间优势。基于此，县域作为城乡连续体的中枢，具备城与乡的共同特征，也具备城与乡的特殊特征。同时，县域作为相对独立、结构完整的发展与治理空间，以县城为重要载体的城镇化建设将进一步促进县乡村功能衔接互补，县域具备破除城乡二元结构的治理条件。

洞见中国基层百态

经济史学家李伯重曾指出，近年来，经济史研究出现了两种相反的趋势，即研究领域的"由小到大"和研究区域的"由大到小"。所谓"由小到大"，是指中国经济史范围，过去主要限于经济制度，而后逐渐扩及社会经济生活的各个方面，以及社会经济生活之外的许多方面，力求把社会作为一个不可分割的整体，来考察经济现象。所谓"由大到小"，则指中国经济史研究，过去通常以全国为单位，而今强调把中国从地域划分为各种不同层次、不同特色的经济地区，作为"适当的经济单位"来进行研究。本书以小县大城为题，正是将这两种趋势结合起来的尝试。

相较于全国或区域而言，县域"麻雀虽小"，却是当代中国基层的行政单位；相较于镇村而言，县域则是"五脏俱全"。2015年，习近平总书记在全国优秀县委书记表彰大会上指出"在我们党的组织结构和国家政权结构中，县一级处在承上启下的关键环节，是发展经济、保障民生、维护稳定的重要基础，也是干部干事创业、锻炼成长的基本功训练基地"。[①]2024年,中国有2844个县级行政单位[②],其中有1299个县、117个自治县,另有977个市辖区、397个县级市、49个旗、3个自治旗以及特区和林区各一个。本书选择空间体量小、城镇化率高的小县大城作为研究对象,主要缘由在于小县大城这一县域形态的典型性和代表性。第一,小县大城具有各类县域形态的普遍特征,能够大致说明全国县域社会的情况;第二,小县大城往往经历了早期县域城镇化,在撤县设区"急刹车"和城乡融合背景下,对展望未来城乡关系下的县域形态具有独特的价值,也为本研究提供了新视角、新材料及新方法。

第一,新视角体现为,本书立足于城乡中国的宏观背景,刻画当下县域城镇化的概念图谱、形成机制及未来出路,将城乡关系研究从要么是城市偏向,要么是乡土本位,聚焦到城乡之间的县域,并以小县大城作为县域发展的真实写照。

以往关于县域的看法往往是零散的、片段式的,缺乏整体性和系统性。研究者往往局限于对某个县域的某个方面进行研究,而缺乏对县域全貌和整体发展趋势的全面把握。这主要体现在三个方面。比如,从宏观层面去理解县域时,往往将县域理解为协调城镇化、工业化和农业现代化的载体空间,主要从县域产业结构、就业结构及城镇化水平的协调性去判断县域的发展程度,由于农业人口通过城乡两栖非农化转移到县域占据了很大一部分,如果用县域常住人口理解县域城镇化,则当前城镇化率超过了60%,但如果按照汇集人口来衡量,则目前城镇化率会低一些。又如,由于县域是联结城与乡的载体,在

---

① 资料来源:习近平在会见全国优秀县委书记时的讲话,见新华网 https://www.xinhuanet.com/politics/2015-09/01/c_128186820.htm。
② 台湾省的行政区划资料暂缺,见民政部官网。——编者注

长期的城乡二元结构的思维定式下,以往关于县域的某些看法,要么是城市偏向,要么是乡村偏向,整体的认识相对滞后于城乡融合发展的实践。再如,县域是一个国家或地区城乡融合发展的基本单元,县域城乡融合发展的状态决定了一个国家或地区城乡融合发展的底线。县域城镇对人口和产业的承载能力与水平、县乡产业的融合性,以及县域公共体系与基本公共服务对县乡人口的普惠性和有效覆盖,是县域城乡融合发展的关键标志。目前,我国县域层面的城镇化水平普遍低于国家平均水平,不少县的城镇人口承载力不足,县域常住人口显著低于户籍人口,老龄化程度明显高于城市。

第二,本书不仅采用了新视角,而且提供了新材料。虽然本书对资料的运用难以做到面面俱到,但在撰写过程中,笔者坚持实践导向的调查研究和经验证据的创新性运用。本书的经验证据多达五种类别。其一是小县大城亲历者的口述材料,这对把握县域发展变迁、梳理小县大城的形成机理与治理逻辑不可或缺。其二是小县大城发展过程中相关部门的调查报告,这对了解不同阶段的县域形态变迁及其重大事件与政策变动十分关键。其三是小县大城相关资料汇编,对了解小县大城的类型划分与区域具有比较重要的价值。其四是实地调查资料,笔者所在研究团队围绕小县大城开展了多次专题调研。其五是相关统计部门的资料,这为本书撰写尝试做到宏观与微观结合、"解剖麻雀、抓好典型"提供了前提基础。基于此,本书将具备为县域研究提供新素材的可能。

第三,新方法。本章在开篇就提及"作为方法的县域"具有可能与可为之处。近年来,随着中国县域经济的强势崛起,县域作为方法成为无法回避的话题,上升为面对中国未来发展的主体性问题。

作为一个转型国家,1991年诺贝尔经济学奖得主罗纳德·科斯在

《变革中国：市场经济的中国之路》中指出，中国经济转型是哈耶克"人类行为的意外后果"理论的一个极佳案例，并系统地阐释了中国经济转型的宏观脉络，由此开启了中国学者们"以中国作为方法，以世界作为目的"的研究进程。中国发展成就何以可能，其中的密钥是什么？周黎安较早地从地方政府与官员激励视角，提出了行政发包制和官员晋升锦标赛来解释中国发展奇迹，强调了自上而下的行政动员对经济发展的影响，较早地关注了县域政府的作用。不过，美国学者倪志伟在《自下而上的变革：中国的市场化转型》中认为，政府与政治家虽然是制度变革的裁定者，但经济发展的非正式规范仅作为保有旧行为模式的文化因素，政治家们起初持观望态度，只有自下而上的经济主导权已经转变得非常明显，才会启动制度变革。因此倪志伟认为，中国市场化改革伴随的城镇化进程源自民营经济自下而上的制度创新，起初是为了保障市场经济的活跃发展，而后国家推行制度变革的方式合法化了已经发生的经济行为，同时获得一部分国家税收，将"作为制度变迁的自上而下"的政府激励与"作为自我保护的自下而上"的企业家精神结合起来，进一步推进了中国转型的宏观叙事。

伴随着中国经济的进一步崛起，经济发展的各类要素逐步充分涌现。中国经济发展的客观事实中充满了各种与西方主流叙事不一致的"中国之谜"，这进一步推动了"以中国作为方法，以世界作为目的"的研究，研究关注点也随着国家政策的注意力，由市场经济改革逐步深入到传统的生产要素，并在近年来转变为以城乡关系为中心的各类议题。如兰小欢在《置身事内：中国政府与经济发展》一书中关注了中国经济崛起中的微观机制与宏观现象；又如刘守英在《现代社会秩序的制度基础》一书中关注到了中国农民的城市权利；再如陆铭和陶然分别在《大国大城：当代中国的统一、发展与平衡》和《人地之间:中国增长模式下的城乡土地改革》中关注到了更为微观的人口、土地等要素对中国经济增长的作用。随着乡村全面振兴和城乡融合发展的进一步推进,国内也涌现了《县乡中国》《农民视角的乡村振兴》等著作,这进一步将"作为方法的中国"引入更深层级的维度。

本书缘起与主要内容

虽然县城很重要，但县城在未来中国扮演的角色，却在"黑箱"之中。

在中国，城市化被视为经济增长的重要驱动力，城镇化率提高的同时，城市化的格局和工农城乡关系也在发生深刻变化。在城镇化浪潮中，小县大城悄然崛起。

与小城镇相比，超大城市在为农业转移人口市民化过程中提供就业机会方面具有不可比拟的优势。那么农民将如何选择，他们会跳过小城市，直接向大城市尤其是超大城市聚集吗？大型城市不断向周边扩张的同时，为何仍有小县城在县域内部实现了小县域面积、高城镇化率的跨越式发展？

本书写作缘起于2022年笔者受邀到福建泉州的德化县做乡村调研。笔者感叹于德化两个78%的数据，即在2232平方千米的县域面积、35.49万户籍人口的山区小县背后有78%的城镇化率和78.8%的森林覆盖率。而多数经济发达的地区，要么是城市偏向的建成区经济崛起，留下凋敝污染的村庄，不得不面临先污染后治理的窘境，要么是乡村环境优美，但县域缺乏核心主导产业，依赖上级转移支付。

而县域叙事主要集中在国内几大城市群中的上述两种情形，对于类似德化县的小县大城关注不够。中国幅员辽阔、县域遍布，以及区域间发展不同步的国情决定了中国城镇化道路不可能是千篇一律的。以"小县域、大城关""少人口、大集聚""小产品、大产业""小环境、大发展"为四大特征的小县大城，在40年的城镇化浪潮中通过"小县域、大城关"战略，探索出了中小城市城镇化的个性化道路，对促进区域平衡发展，在当前以县域为载体的新型城镇化助力中国高质量发展的历史进程中具有重要的参照意义和实践价值。

作为一个地处海西城市群边缘地带，担负着重要生态保护职能的山区小县，德化县通过小县大城战略，在国内率先打造了城镇化历史进程的县级经济体，其城镇化的实践历程实属不易。面向未来，小县大城战略也将面临诸多现实挑战。笔者在2022年于德化县调研后，受《文化纵横》杂志约稿，就撤县设区"急刹车"背景下的城镇化出路，提出了小县大城的"不可能三角"，即在人口城镇化、核心产业发展、乡村全面振兴三个政策目标中，难以得二兼三。此文发表后，笔者得到中信出版集团的出版邀请，笔者团队遂再度重返德化县，开展调查研究，著成此书。

笔者所在研究团队长期关注乡村发展与国情研究。2022年，笔者团队受邀到德化县开展调查研究，共建德化县乡村振兴研究院，并由本书第一作者担任该院院长。本书得到了德化县乡村振兴研究院2024年度研究课题资助，并在调研过程中得到了县委县政府、陶瓷工艺大师等协助。笔者对上述机构及个人致谢。

以县兴产、以产兴城、以城聚人、以产强县是小县大城的治理逻辑。本书的调查研究也围绕这四部分展开。在基线调研中，笔者团队对德化县的乡镇及下辖典型村庄进行了入户摸底调查；在2022年撰写《文化纵横》杂志文章的过程中，笔者对陶瓷产业几个重点乡镇进行了回访。在撰写本书过程中，笔者团队重访德化县，拜访了当时的亲历者，阅读了大量内参报告，为本书进一步打开小县大城的"黑箱"提供了可能。本书使用了诸多数据和史料，其中，新近数据主要由德化县各部门提供，历史数据及史料主要来自德化县档案馆，口述资料主要来自笔者团队在德化调查研究期间亲历者、主政者的口述。

本书分为三大部分，共六章。第一部分是导论，笔者阐述了自身对县域研究的理解与思考，期望在县域研究正当其时的历史时期，倡导实践经济的研究导向。第二部分是小县大城何以可能，主要是第二章至第四章，首先引入和讲述小县大城这一概念，其次阐释其形成机制，最后刻画小县大城的四大特征及其治理逻辑。第三部分是小县大城何以可为，主要是第五章和第六章，笔者一方面揭示出小县大城面临的"马太效应"下的"不可能三角"，另一方面也为小县大城提供了建制城镇化、非建制城镇化及就地村镇化三条可能的出路，以期为各级部门推进新型城镇化、社会各方力量到县域投资兴业提供决策参考。

| 第二章 |

概念图谱

CHAPTER TWO

引子：县城文学与基层中国

文学著作不仅能反映个体心灵的微妙变化，也能映射出社会变迁的文化属性和人文关怀。过去，学者们的笔触源于乡村，书写田园牧歌时代下的乡愁、风物与逸事。城镇化浪潮到来后，以乡村作为笔触起源的作品，逐渐让位于县城文学，这不仅是因为乡村的式微，更大程度是因为乡村的文化属性、生活形态甚至人文关怀已经城市化了，乡村故事无法被放置到读者所处的现实境况中去想象。

县城文学热的背后是基层中国社会的巨变，核心特征是中国社会已经由乡土中国转变为城乡中国，反映的是在大国大城的另一面有一个县乡中国的子系统，主导这个子系统的是以韧性作为运行逻辑的县乡政府，决定下一步走向的是县乡的孩子们。基层中国社会变迁的未来走向，是县乡的孩子们源源不断地从乡村走向城市，直至乡土中国进化为城市中国吗？我们需要把目光转向城市与乡村的中间地带——县域。在城乡中国背景下，作为既通向城市，又通向镇乡的桥梁，县域既有乡土文化相对保守的一面，又受到开放的城市文化影响，逐渐成为理解中国基层组织形态的窗口。

伴随着县域热的兴起，理解中国基层组织形态的窗口鳞次栉比，本书的新窗口是小县大城。"城市套路深，我要回农村；农村路也滑，人心更复杂"，这是一句早年的网络流行语，反映了青年人生道路选择的复杂，同时将希望的亮光指向了城市与乡村之间的县域。县域的未来样态如何？我们或许能在小县大城中寻找到答案。

概念与类型

▪ 认识小县大城

小县大城,指的是"小县域、大城关"的县域样态,其核心特征是县域空间体量较小,但县域城镇化水平较高。

改革开放以来,城镇化成为经济增长的加速器,在出现诸多大型城市乃至特大型城市的"大国大城"同时,为何出现小县大城的样态?在不同的历史阶段,小县大城有不一样的时空条件及发展方向,形成了1.0至4.0四个版本。

1.0版本:闯出来的小县大城。在城镇化早期,部分经济较为发达区域的山区县,因地理环境条件的制约,虽然可以作为一块价值洼地,但外界资本难以进入县域,县域辖内乡镇的劳动力也无法高效地参与城市的劳动分工,所以各类生产要素逐渐集聚在山区县的城关区域,逐渐依托县域内的特色禀赋条件形成了产业增长极,逐渐将县域内的生产要素集聚在城关地带,形成了1.0版本的小县域、大城关,并创造出不少山区县后发赶超、后发先至的城镇化奇迹。

2.0版本:引过来的小县大城。城镇化中期,随着大型城市的产业结构升级，部分欠发达的县城借助大城市的"腾笼换鸟"之机，通过在县域内设立产业转移园区，依托土地财政和本地的劳动力，大规模、成建制地承接了周边大城市的产业的同时，得益于核心产业的上下游产业链配套和完善的公共服务配套，在城关镇形成了具有集聚潜力的增长极，形成了 2.0 版本的小县域、大城关。同时，作为产业转移的受益者，伴随着 20 世纪末期的"撤县设区"热，这类小县大城大部分升格为市辖区或县级市。

3.0 版本：搬出来的小县大城。在城镇化中后期，伴随着城市化进程的高歌猛进和国家的易地扶贫搬迁，帮助 960 多万人实现"挪穷窝""换穷业""拔穷根"。凭借辖内较为完善的公共服务配套和较好的就业环境，县域为安置生态环境恶劣和地质灾害频发地区的贫困群众提供了选址方案。依托国家的后续帮扶力度，在易地扶贫搬迁的迁入县，产业帮扶项目的集中落地、迁入群体的网格化治理促成了 3.0 版本的小县域、大城关。作为易地搬迁的承接者，这类县域很好地实现了宜居宜业，同时较为完整地将地方传统文化和特色融为一体，具有就地村镇化的潜力。

4.0 版本：流回来的小县大城。城乡融合发展的到来，迎来了市民下乡和能人返乡的浪潮。面对"城市套路深，我要回农村；农村路也滑，人心更复杂"的现实，无论是已在城市实现个人成就的市民，还是厌倦城市内卷的县城青年，回到县域创业、置业成为城乡融合背景下安居乐业的好选择。县域城关的公共服务配套不断和城市接轨，县域也具备置业、生活的成本优势。凭借市民下乡和青年返乡的人口驱动，县域城关的消费快速增长，经济业态不断丰富，县域生活品质不断提高。此外，数字经济缩小了县域与外界的联结隔阂，在小县大城，人们进城能获得大城市的供给，退回乡村能满足"四洗三慢两养"①的需求，形成了 4.0 版本的小县域、大城关。

四个版本的小县大城因起始的时空条件有所不同，出现了不同的走向（见表 2-1），但共同的核心特征是小县域、大城关的县域能够实现富足升平，并且是中国大多数县域发展的未来样态。随着政策上的撤县设区"急刹车"与对县域城镇化的重视，人口负增长与劳动力流动的新趋势及人民对美好生活的向往等因素的多重叠加，1.0 至 3.0 版本的小县大城将丧失之前的时空条件，因此在当下难以复制，而 4.0 版本的小县大城将是在城乡融合发展背景下，县城回归本质、乡村拥有体面的未来图景。

表 2-1　四个版本小县大城的比较

版本	人口结构	产业结构	公共服务供给	地方列举
1.0：闯出来	农村人口流入	初级产业为主	基本公共服务	福建德化
2.0：引过来	外来务工流入	规模以上制造业	产业配套服务	浙江云和
3.0：搬出来	易地搬迁流入	国家产业项目	基本公共服务	四川美姑
4.0：流回来	县域外人口流入	多元化业态产业	与城市接近	河南光山

在"城中村"与"村中城"的联结中孕育

在乡土的怀抱中，城市悄然诞生，曾是田野的一角，抹去了沧海桑田的印迹。城市的呼唤渐渐传来，"城中村"在岁月的涤荡中，涌现出城中之城的身影，一座座小楼，鳞次栉比，街巷纵横，车水马龙。

---

① "四洗"指乡村可以帮助城市人洗净铅华，具体包括"洗胃"（喝天然水、吃生态饭）、"洗肺"（呼吸新鲜空气）、"洗眼"（观赏青山绿水）、"洗心"（体验乡村的闲适生活，促进家庭和社会和谐）。"三慢"与国际慢食协会推动的"慢食"运动相关，强调慢食、慢村、慢生活，倡导人们放缓生活节奏，享受美好生活。"两养"指乡村提供养老、养生空间，帮助城市人安度退休和休闲时光，实现与自然和社会的和谐共生。

乡村让城市更向往，构成了"村中城"的底色，乡土气息，历史厚重，与现代都市的喧嚣融合。"村中城"，是乡村的延续，是城市的探寻，融合了古老与现代，是乡愁的延续，也是梦想的追寻……

关于"城中村"，已有不少基于珠三角、长三角工业化和城镇化经验进行的研究。比如，李培林在其富有影响力的《巨变：村落的终结——都市里的村庄研究》一文中，研究了广州"城中村"的一种典型类型，即"处于繁华市区、已经完全没有农用地的村落"，并由此探讨了"村落单位制"到"村落公司制"的转变，讨论城乡二元混合体的共生、共有和分红问题。在"城中村"村落特征中，他分析了城乡差异的三个体制因素。一是土地制度差异。城市土地产权归国家所有，村落土地产权归村集体所有，城市化进程中，国家可以征用作为农民生产资料的农用地，但难以征用作为农民生活资料的宅基地，故此，"城中村"嵌入市区的住宅用地和部分村集体房产用地，至今还是归村集体所有，这奠定了城中村管理与分配的制度基础。二是社会治理制度差异。城市社区由作为基层政府派出机关的"街道办事处"管理，管理费用由财政承担，而村落社区则由作为村民自治组织的"村民委员会"管理，管理费用由村集体承担，由此形成"村落单位制"。三是与土地制度和社会管理相联系的"村籍"制度。"城中村"的原村民虽然已转为城市户籍，但他们仍保留"村籍"，每年分红，使得"村籍"比"户籍"重要得多，他们宁可成为"村民"而不愿成为"市民"，形成了一种以按股分红为特征的"村落公司制"。

关于"村中城"，有不同版本的国内外表述。按照发展阶段和原因，我们大体可以看到有三个版本的"村中城"。第一个版本是乡村工业化推动的"村中城"。改革开放初期，珠三角、长三角等沿海发达农村地区率先推进乡村工业化。村村点火、户户冒烟，各类乡镇企业通过"离土不离乡""进厂不进城"等形式,吸收解决了大量洗脚上田的农村剩余劳动力,推动了乡村都市化。大规模制造业的集群式发展和集聚区建设,突破了城乡二元差别,推动了城乡延绵、城市连片集中的珠三角和长三角都市圈的形成与成熟,成为第一个版本的"村中城",体现了城镇化进程中的农村包围城市。第二个版本是乡村工业化和城镇化联合推动的"村中城"。改革开放中后期,珠三角、长三角等地区的不少乡村出现不完全的都市化,即产业结构由农业向非农产业转移,但人口与产业的空间转移与集聚未能完成,处于"半城市化"状态。改革开放初期就地城镇化的地区,除了演变成被城市包围的村(彻底的"村改居")和城市近郊的"城中村"(有限的"村改居"),还有一大批地处大城市远郊地带及城市联结地带被"村"包围的"城"。当时的珠三角地区,很多村落内或邻近村落间围绕特定市场和产业自发形成了"城",由此构成众多的"村"包围散落的"城"的空间格局。由于产业中心转移,它们未被纳入城镇化规划。这些"村中城"地处偏远,在政策和规划上很难被纳入城市中心,由此长期处于"村中城"状态。这种"村中城"由于地处城市郊区,就业出行方便,逐步发展成外来人口聚居区,经济繁荣,但生活条件配套较差,管理治理难度大,这是第二个版本的"村中城",属于"半城市化"状态下的农村包围城市。

总的来说,这两类"村中城",实际上如"城中村"一般,是不完全的工业化和城镇化导致的,主要出现在沿海发达地区。第三个版本则更为普遍,散落在各个乡村,是以建筑风格城镇化、生活方式城镇化为特征的"村中城"。目前大多数中国乡村,伴随人们的城市务工经历和财富积累,模仿城市生活方式,自下而上自发建设城市类型建筑风格的现象,十分普遍。自20世纪90年代至今,这种星罗棋布的城乡建筑交杂，极大改变了乡村的传统聚落形态。在国际上，也有韩国、印度等"村中城"运动的分析研究。近些年，我们在四川、重庆、福建、浙江等地的乡村，看到一场民间自发的"上山下乡"运动，不少市民下乡参与乡村生产生活，带来了新形态的"村中城"，以市民下乡带来现代生活，又主动融入乡村环境为特征。

如果对照李培林"城中村"村落特征的三个体制因素，我们可以对应提出"村中城"的三个体制因素，外加一个背景。一是产权明晰促流转。不同于"城中村"，大部分乡村农用地和宅基地都仍归村集体所有，但农户有经营权和租赁权，在"一户多宅"的情况下可以出租宅基地给新村民，即使是"一户一宅"，大量闲置的农宅也可以拿来流转，只要签订了相应的明晰产权关系的合同，新村民就可以进入这些已经沦为空心村的村庄，参与村庄生产和经营。二是市场完善促交易。有了供给者和需求者可以竞价交易的双边市场，就能为合理的价格生成与交易实现提供自由流转和交易的前提。这需要作为村民自治组织的"村民委员会"，能够搭载可信的产权交易平台，由此让"封闭的村落单位制"，变为"适度开放的村落单位制"，甚至可以更加开放，转化为入股分红、股份管理的"村落公司制"。三是组织有效促发展。与土地制度和社会管理相联系的"村籍"制度，对于大部分未能享受如"城中村"那样的工业化和城镇化红利的老村民而言，并无价值。但如果开放"村籍"，形成老村民、新村民、荣誉村民和云村民（如福建屏南四坪村和重庆巴南鱼池村的"四民村庄"）共享的乡村空间，推动城乡要素双向流动。第三个版本的"村中城"普遍出现，植根于乡土中国转型为城乡中国的大背景。

以第三个版本的"村中城"与"城中村"比较，我们可以发现："城中村"的皮囊是城市，内核是乡村，是乡村到城市的单向流动；

"村中城"的皮囊是乡村，内核是城市，是乡村和城市的双向互动。在乡村与城市的双向互动中，县域悄然崛起，成为乡村与城市的联结点，为城乡融合提供了一个小县大城的未来样态。

小县大城的四个典型案例

在城镇化的历史长河里，小县大城如同一颗遗珠，虽小却蕴含着无尽的生机与活力。它的前世，或许是默默无闻的小县城，深藏在群山之间，被时间遗忘，被世人忽视。然而，随着县域经济的崛起，一场悄然的变革开始在这里展开。

曾经的小县城因为人口的集聚和产业的崛起开始了蜕变之旅。一场县域产业化大潮席卷而来，带来了新的机遇和挑战。政府的政策扶持让小县城焕发出勃勃生机，成为经济增长的新引擎。县域主导产业的兴起，吸引了越来越多的人涌入这片土地，形成了小县大城的新样态。如今的小县大城，已然成为联结城乡的纽带。城关车水马龙，商铺密布，工厂林立。人们生活在这里，享受着城市的便利，却又不失乡村的宁静。小县城的发展并非止步于此，它们还拥有丰富的自然资源和文化底蕴，吸引着越来越多的游客前来观光，成为一颗颗璀璨的文化明珠。

然而，小县大城的前世今生，并非尽是辉煌。在人们追逐经济增长的同时，也带来了一些问题和挑战。城市化进程中的环境污染、资源紧缺等问题，小县大城都需要认真面对和解决。同时，县城的发展也面临着如何保护和传承本土文化的考验，如何平衡经济增长和生态环境保护的挑战……

小县大城作为一种要素集聚带来经济社会形态变迁的空间现象，并非城乡中国时代的独有现象，可以追溯到资本主义萌芽推动农业社会出现手工作坊和经营式农场，为农业劳动力流出乡村提供了可能。同时，江南沿海地区的一些城镇，因手工作坊和工商业发展，成了商品集散地和加工中心，吸引了更多人口集聚到城镇，伴随着城市与农村之间的商品流通更加顺畅，小县大城的城镇化模式渐具雏形。在城乡二元结构下，由于缺少健全的要素自由流动和资源配置机制，从清末民初直至改革开放之前，小县大城的规模和影响力都较为有限。直至改革开放后，伴随中国经济快速发展和城镇化进程加快，小县大城开始形成新模式，带领县域发展和新型城镇化进入"快车道"。

福建德化

德化县是福建省中部、泉州市西北部的千年古县。经过多年发展，德化县成为福建省具有鲜明小县大城特色的典范。在改革开放初期，德化县以农村轻工业为主，尤其是以陶瓷产业为核心。县政府通过集中发展陶瓷业的政策，促进了产业集聚，城镇化进程开始启动，但由于劳动力政策的限制，城乡仍有明显分割。

从20世纪90年代中期到21世纪初，德化县实行了小县大城发展模式，重点发展外向型经济。政府引导企业向城关地区集中，推动陶瓷产业集中发展，加速了城镇化进程，但乡镇企业的发展存在环境污染和规模效应不足的问题。从21世纪初到2010年前后，德化县开始实施"三统筹"城镇化战略，注重城乡综合平衡发展。政府大力发展现代服务业和高新技术产业，形成了以陶瓷制造业和服务业为主的城镇化格局。从2010年前后开始，德化县加大人才引进和培养力度，同时注重环境保护和技术创新。政府推动城乡一体化和城乡融合，旅游产业逐渐成为德化县的新支柱产业，形成了"文化+旅游+产业"的城乡融合发展格局。

德化县通过产业发展带动城镇化进程，实现了从落后小县到小县大城的转变。作为全国县城新型城镇化建设示范县，德化现有常住人口33.8万，常住人口城镇化率78.8%，位居福建省第二。政府引导产业向城关地区集中，同时注重人才引进和环境保护，促进了城乡一体化和可持续发展。德化县的经验为其他地方提供了有益的借鉴，尤其是在人口城镇化高位和城乡融合时代，其探索的路径具有重要的参考价值。

浙江云和

这是一个面积仅有989平方千米的山区县。2001年，云和县政府提出了小县大城发展战略，通过引导人口、产业、要素向县城、中心镇集聚，逐步提升城镇化发展水平。在这一战略的引领下，云和县政府鼓励农民返乡创业，让更多的农民能够变成城镇的居民，全县58%的农民下山转移、78%的农村劳动力向第二、第三产业转移，93.4%的学生、96%的企业集中在县城，城镇化率达74%。

经过20多年的发展，云和县已建成48个易地搬迁安置小区，在这个过程中，木制玩具产业成为云和的支柱产业。木制玩具产业已经发展了50年，如今，云和县是国内规模最大的木制玩具创制、出口基地，拥有超过1000家木制玩具生产企业，从业人口超过3.1万人，木制玩具产品产量占据世界同类产品的40%、全国的56%、浙江省的70%。因为小县大城战略的集聚效应，云和县的经济得到了迅速发展。2011—2021年，云和县工业总产值从73.75亿元增加到255亿元，农村居民人均收入也从7570元增加到2.46万元，走出了一条山区新型城镇化的发展道路。

四川邛崃

乡村集中居住区是邛崃实施小县大城战略的亮点。随着国家乡村振兴战略的推进和城镇化进程的加速，经历了土地整理、林盘整治、土坯房改造等项目，邛崃市加速了乡村集中居住区的建设。2004年成都市出台了"三个集中"政策（工业向集中发展区集中、农民向城镇集中、土地向规模经营集中），以城乡一体化促进了邛崃市集中居住区的快速发展。在这一背景下，邛崃市紧密围绕小县大城战略，旨在通过林盘修复和古村保护，打造出文旅融合发展的邛崃样板。

在县域城镇化过程中，邛崃市将乡村的自然景观、历史文化与旅游业相结合，形成了独特的乡村旅游资源。文旅融合不仅提升了乡村的知名度和影响力，还带动了当地旅游业的快速增长，促进了县域经济的发展。同时，林盘修复和古村保护也为乡村治理提供了新的思路和范例，推动了乡村振兴战略的有效实施，使得小县大城战略取得了显著成效，常住人口城镇化率达79.5%，为邛崃市乡村振兴注入了新的活力和动力。

甘肃民乐

民乐县作为小县大城战略的追随者，其大城关战略源于生态脆弱区的易地搬迁。民乐县以乡村振兴为引领，以城乡融合发展为重点，以生态及地质灾害避险搬迁为突破口，全面推进特色产业发展、农民增收致富，以及和美乡村建设等重点任务，致力于实施工业强县战略，打造小县大城示范样板。

民乐县积极推动城乡融合发展，持续推进生态及地质灾害搬迁，着力推进城镇化建设，以县城为核心，民乐新城为县域副中心，中心集镇为支撑，实施"一核多元"的集聚战略。该县通过大力推动产业发展，特别是工业发展，深入实施工业突破行动，优化营商环境，招商引资，加速农产品加工、生物医药、装备制造等主导产业发展。同时，该县通过生态及地质灾害搬迁项目，促进城乡融合发展，解决城乡发展不平衡问题，推动小县大城发展格局逐步形成，2003—2021

年，全县地区生产总值从 12.18 亿元增加至 98.06 亿元，增长 7.05 倍；城镇化率从 30.8% 提升至 73.4%，远超全国平均水平。

由此可见，小县大城的城镇化形态最先出现在东部沿海的山区县，并在近年延展到西部。这与资本主义萌芽下由市场自发驱动形成的小县大城雏形不同，改革开放以来，小县大城是经济、政治、社会的多重制度逻辑共同作用的结果。首先，小县大城需要良好的市场经济环境。改革开放以来，东部沿海地区经济快速发展，对外开放程度高，在较为完善的基础设施和产业链条引进的支撑下，更容易形成以制造业为主的县域经济主导产业。其次，小县大城离不开地方政府工业化和城镇化偏向的政策引导。在市场经济不完备的情况下，政府高位推动是大城关战略的核心驱动力。县域经济增长离不开产业支撑，地方政府对优势产业给予税收优惠和政策支持有助于形成产业集群。再次，伴随着大城市向周边县区延伸，进一步推动了小县城的人口集聚。东部沿海地区的社会禀赋具备优势，在集聚人口的同时，一些企业为了获得更大的市场优势，开始向小县城延伸，形成了一定的产业集聚和规模效应。最后，更为关键的因素是，小县大城的核心在于县域基本公共服务的虹吸效应。随着人口流动和集聚趋势不断加快，县域承接了本地非农业人口转入和外来人口迁入；同时，伴随着教育的撤点并校、县域医共体及房地产的扩张，城关镇的基本公共服务供给迅速与其他区域拉开较大差距，这进一步促进了县域人口往城关集聚。由此，在政府-市场-社会大三角的不断强化下，形成了高人口城镇化率和高乡村空心化率并存的小县城、大城关形态。

作为城镇化发展战略的小县大城

了解了小县大城的前世今生，我们不难发现：小县大城既是县域城镇化的发展方向，也曾是政府主导的城镇化发展的集聚战略。前者是广义的阐释，后者是狭义的理解。

小县大城战略，即政府在充分发挥市场配置资源作用的基础上，合理整合生产要素，把县城作为增长极来建立和发展，形成强大动力源，以此充分发挥城市在县域发展中的龙头作用，加速推进改革和现代化步伐，促进经济结构、社会结构变迁。

从经济结构变迁来看，小县大城的形成过程就是农业活动逐步向非农业活动转化和产业结构升级的过程；从社会结构变迁来看，小县大城的形成过程是农村人口转变为城镇人口并共享城镇文化、生活方式和价值观念的过程。这两种变迁在空间结构上，都表现为土地、资本、人口等各种生产要素向城镇聚集的小县大城特征。依据城市化演进的国际经验，其过程一般有三个阶段：第一阶段是人口向各种规模的城镇集中；第二阶段是小城镇人口向大中城市集中；第三阶段是人口以流向中小城镇为主，包括大城市人口的逆向流动，并逐渐呈现出多元城市生态。2020年前后中国城镇化由第二阶段转型进入第三阶段，小县大城将是以县城为载体的新型城镇化的重要选择。

作为未来县域城镇化的可能样态，小县大城战略是山多地窄、人多村散、产弱税少的县域行之有效的跨越式发展战略，在东南沿海的福建德化、长泰，浙江云和、天台、泰顺、武义等地，形成了小县城、大城关的典型模式，它们是落后小县优化资源要素、脱贫，甚至后发赶超的典型案例。

- **四种样态**

县级行政区划构成了中国行政区划的基础，并且在国家的经济社会发展中扮演着重要角色。2024年，中国共有2844个县级行政区划单位（台湾省的行政区划资料暂缺），包括市辖区、县级市、县、自治县、旗、自治旗、特区和林区。这些县级行政区划分布在33个省级行政区中。

中国幅员辽阔，县域广布，我们可以依据县域平均面积与县域城市建成区面积平均值两个维度将县域划分为四种类型。从县域面积来看，中国共有2844个县（台湾省的行政区划资料暂缺），占全国国土面积的90%左右，由此粗略估计出县域累计面积约为864万平方千米，每个县的平均面积约为3038平方千米。其中最大的县是新疆的若羌县，面积达到20多万平方千米，比中东部一些省的面积都大，约为两个浙江省的面积；最小的县是山东的长岛县，面积仅56平方千米。从城市建成区面积来看，CEIC（司尔司亚数据信息有限公司）的数据显示，2022年末中国城市建成区面积达到63676.4平方千米[①]，仅占我国土地面积的0.628%。通过上述两个维度的评价，能够将中国县域划分为四种类型，分别是大县大城、大县小城、小县小城及小县大城（见表2-2）。

表2-2 县域的四种类型

		县域面积	
		高于县域平均面积	低于县域平均面积
县域城市建成区面积平均值与县域面积的比值	高于平均比值	大县大城	小县大城
	低于平均比值	大县小城	小县小城

---

① 详见 https://www.ceicdata.com.cn/en。

类型Ⅰ：大县大城。全国百强县基本属于大县大城这一类别。大县大城类型的县域通常拥有广阔的土地面积，并且其城市建成区面积占比较高。这些县域往往具备较强的经济实力和较高的城镇化水平。例如，江苏的县域毗邻长三角城市群，在全国百强县中占据了25个席位。其中部分得益于20世纪七八十年代的乡镇工业化和90年代末的撤县设市，县域经济规模较大，产业多样化，基础设施完善，交通便利，外来投资和人才丰富，社会服务设施完善。

类型Ⅱ：小县大城。部分沿海山区突围进入全国百强县的县域基本属于小县大城类别。小县大城类型的县域虽然总面积不大，但城市建成区面积占比高，显示出较高的城镇化集中度。一方面，县域具有核心主导产业，服务业和高新技术产业较为发达，居民享有较高的生活水平和社会服务。另一方面，小县大城的县域土地利用效率较高，城镇功能区规划紧凑，但可能面临土地资源紧张、发展空间受限的问题。

类型Ⅲ：大县小城。东北和中西部县域基本属于大县小城的类别。大县小城类型的县域土地面积广阔，但城市建成区面积占比较低，表明城镇化水平仍有较大的提升空间。这些县域拥有丰富的农业资源或其他初级产业，但缺乏足够的工业和服务业支撑。受限于农业或资源型产业占主导，经济结构相对单一，导致人口分布较为分散，城市集聚度不高，进而导致基础设施和公共服务不够完善。虽然大县小城有较大的发展潜力，但是需要政策和资金支持。

类型Ⅳ：小县小城。东南沿海和云贵川山区的县域受制于地形地貌因素，基本属于小县小城类型。小县小城类型的共同特征是县域面积和城市建成区面积都较小，一部分小县小城通常经济发展水平和城镇化水平较低。这些县域面临着人口外流、产业落后等问题。县城功能较弱，经济规模较小，产业结构单一，这造成县域经济缺乏竞争力，对外部经济冲击的抵御能力较弱，未来存在撤并可能。另一部分小县小城通过提质增效，迈向了小县大城。

解剖麻雀，抓好典型。做好分类是理解县域组织形态的基本前提，分类有助于识别具体类型的共同特征以及不同类型间的差异。自1996年中国城镇化进入快速发展期以来，城镇化率从1996年的30%增长至2016年的57.35%。截至2024年，中国常住人口城镇化率为67%。面向以县城为载体的新型城镇化，中国城镇化率将在2035年达到70%，并进入一个相对稳定的平台期，城镇化的主要着力点在空间布局优化和公共服务质量提升。

上述关于县域的四种分类中，伴随着中国进入城镇化快速发展的中后期，大县大城类型已先于全国城镇化进程进入提质增效的平台期；大县小城类型的发展潜力在于县域产业迭代升级的公共服务配套；小县小城类型由于基本公共服务供给相对弱化，要么通过发展优势主导产业提质增效迈向小县大城类型，要么存在撤并可能。对此，在实施以人为本的新型城镇化战略过程中，对小县大城类型的县域展开研究正当其时。

功能类型划分

因地制宜、分类推进、循序渐进是推动以县城为载体的城镇化的基本方略。起步时间和禀赋条件共同决定了小县大城的发展类型。县域城镇化的起步时间反映了该地区在城市化和经济发展方面的相对先后顺序。起步时间较早的地区已经在城市化和产业发展方面积累了一定的经验和基础，而起步时间较晚的地区则需要借鉴其他地区的经验，进行后发追赶。禀赋条件决定了小县大城在城市化过程中的主要发展方向和战略选择。不同的禀赋条件决定不同的发展思路，主要表现为产业结构、城市规划、生态保护等方面是否具有跨越县域边界的跨域化特征和发展要素难以突破县域边界的在地化特征。基于以上两个因素，可以将小县大城分为产业驱动型、文旅融合型、生活集聚型和生态保护型四种类型（见表2-3）。

表2-3 小县大城战略的类型学划分

		起步时间	
		自主探索	后发追赶
禀赋条件	跨域化	产业驱动型	文旅融合型
	在地化	生活集聚型	生态保护型

产业驱动型

这类县城的城镇化起步时间较早，其发展思路主要以产业发展为驱动力。在初期阶段，它们依托本地资源或特色产业，开办乡镇企业吸纳镇村两级的人口在地化就业。随着乡镇企业改制和产业园区建设推动产业壮大，城关规模逐渐扩大，产业的外溢性较强，逐渐与周边县城形成同一产业的产业集群或上下游产业关联的产业链，产业的跨域化加快了县域城镇化进程。完善的工业园区建设、历经跨域化产业转型升级，以及城市规划与基础设施建设更新是产业驱动型的基本特征。

文旅融合型

这类县域的城镇化起步时间相对较晚，时空条件决定了这类县域不能走粗放的县域产业化道路，因此在发展思路上注重文化和旅游资源的开发利用。县域政府通过挖掘本地的历史文化、自然风光等资源，打造旅游目的地或特色小镇，吸引县域外的游客和外部投资，实现跨域化发展。文旅融合型县域的发展过程中，城市建设与文化保护相结合，注重打造具有地方特色和文化底蕴的小县大城形象。

生活集聚型

这类县城生态环境脆弱，所以县域内不适宜规划分散的居住区域，但距离省域中心城市远，人口要素难以实现跨域化流动。对此，县域政府通过推动人口向县域中心居住实现的就地就近县域城镇化，实现高质量的公共服务供给。在县域规划中，它们强调居住环境、社区建设、公共服务设施等，以满足居民的生活聚集需求。在新时代背景下，生活集聚型的小县大城样态将会更加广泛地出现在更多县域。

生态保护型

这类小县大城在起步时间较晚的基础上，由于县域禀赋条件与邻近县域具有明显的异质性和排他性，逐渐确立了以在地化的生态保护和可持续发展的发展思路。它们重视保护本地生态环境，保护传统文化和历史遗迹，同时注重发展生态旅游和绿色产业。在县域规划和建设中，它们强调生态环境保护，限制建成区扩张，推动低碳发展和循环经济。

地理空间分布

在中国广袤的国土上，每一个县域都承载着丰富的历史文化与各自不同的地理特征，小县大城样态正在以不同的形态与面貌崛起。然而，这些小县大城并非铺天盖地，它们的地理空间分布各具特色，呈现出多样的景象。从东部沿海的网状分布到西南部生态脆弱区的离散分布，每一种分布形态都诠释着不同的发展轨迹和地理空间特征（见表2-4）。

表 2-4　小县大城的地理空间分布特征

类型	分布形态	区位	列举
产业驱动型	网状分布	东部沿海地区	浙江云和、福建德化
文旅融合型	条带状分布	历史名城、沿江文化带	安徽庐江、四川邛崃
生活集聚型	点状分布	西北部易地搬迁	甘肃民乐
生态保护型	离散分布	西南部生态脆弱或生态保护区	西藏林芝

产业驱动型的小县大城以网状分布为主要特征，集中分布在中国东部沿海地区，如浙江、福建等省份。由于地理位置优越、交通相对便利，并抓住了早期乡镇企业化的浪潮，吸引了大量的产业投资和人口流入。这些小县大城早期打造了以轻工业、手工业为主导的产业体系，并在现阶段通过产业集聚和政府规划形成了一定规模的工业园区和产业集群，在地理空间分布上形成了沿产业链或交通线分布的网状格局。

文旅融合型的小县大城以条带状分布为主要特征，主要集中在历史名城和沿江文化带地区。它们凭借悠久的历史文化积淀和丰富的自然资源，借助第三产业的发展，打造热门的旅游业态。同时，这些地区也拥有一定的经济基础和城镇化水平，为文化旅游产业的发展提供了良好的条件。安徽的庐江县和四川的邛崃市就是典型的文旅融合型小县大城，它们依托丰富的历史文化和自然景观，形成了县域间条带状的地理空间分布格局。

生活集聚型的小县大城以点状分布为主要特征，主要集中在中国西北部地区的山区。这些地区地势较为复杂，生态环境脆弱，经济发展相对落后。它们借助易地扶贫搬迁和省域的基本公共服务供给规划，形成了点状分布的地理空间分布。

生态保护型的小县大城以离散分布为主要特征，主要集中在中国西南部地区，如云南、贵州、四川及西藏等省份。这些地区地理环境优美，生态资源丰富，但也面临着生态环境脆弱和生态保护的问题。因此，县域政府采取了一系列保护措施，限制了人口和经济活动的规模和密度，形成了不规则的离散分布的地理空间形态。

每一种样态的小县大城都是中国县域的多彩拼图，以其独特的方式，共同绘制出祖国山河的壮美蓝图。

构成要素

城市与乡村是现代人类的主要居住形态，作为城与乡的联结点，县域在城镇化进程中有城市建成区扩大和农业转移劳动力两个主要特征。在大国大城的涌现和农业劳动力转移过程中，在县域中出现了小县大城的现实样态。

· **县域人口变迁**

新中国成立以来，县域人口变迁如同一部跌宕起伏的史诗，展现着国家发展的脉络和人民生活的变迁。1949年中华人民共和国成立，城乡二元结构下农业人口占据了绝大部分。1978年后，沿海地区县域人口密度急剧攀升，而内陆地区和一些偏远山区的人口密度则相对较低，这是当时经济发展不均衡的真实写照。进入21世纪，县域人口不断流向东部沿海与大城市。中国县域户籍人口数量由2016年的9.15亿人减少至2019年的8.97亿人，2019年中国县域户籍人口数量占全国户籍人口总数的63.9%。就区域分布来看，县域户籍人口的分布在空间上较为均衡，东部地区（含东北）占比为36.6%，中部地区占比为33.0%,西部地区占比为30.4%。乡村振兴战略实施以来,沿海地区的县域人口密度略有下降,而中西部地区和一些资源丰富的省份人口密度则逐渐上升,这是中国县域发展的新趋势。

由图2-1可见,决定未来县域发展格局及城乡关系变迁的根本力量在于人口迁移,核心在于农民市民化进程中的农民分化与代际变化。随着城镇化的高歌猛进,农民群体发生高度分化,农二代的经济社会行为特征已经发生革命性变化,但鉴于城市权利视角下农二代权利滞后的严峻事实,伴随着农民进城的同时,在农二代、农三代相继离土难进城的情况下,农民进城回县的客观事实不容忽视。

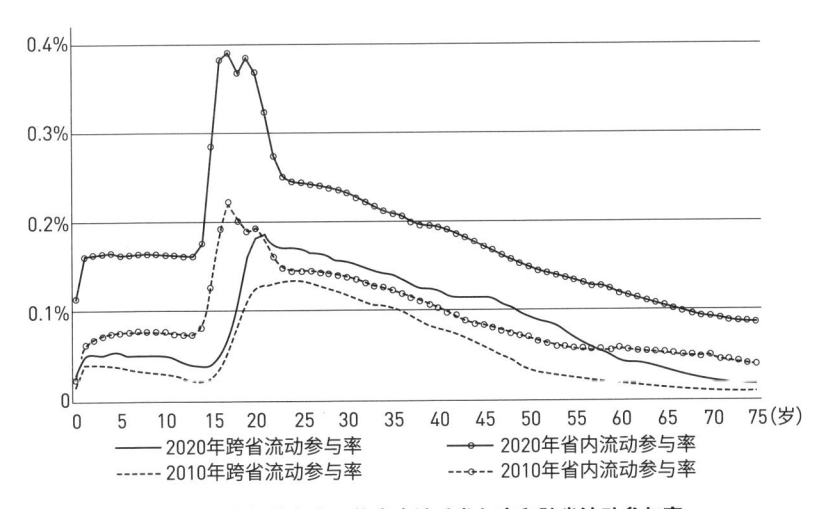

图2-1 各年龄段人口的省内流动参与率和跨省流动参与率

资料来源:《中国人口普查年鉴2010》《中国人口普查年鉴2020》。每个年龄段的流动参与率为该年龄的流动人口数与该年龄段的人口总数的比值。

在家庭生命周期视角下,代际间的职业发展、家庭婚育与养老流向是三个重要选择窗口。由图2-2可见,在家庭生命周期的形成期,经历早期城镇化阶段的农一代是否选择非农就业影响了后续的家

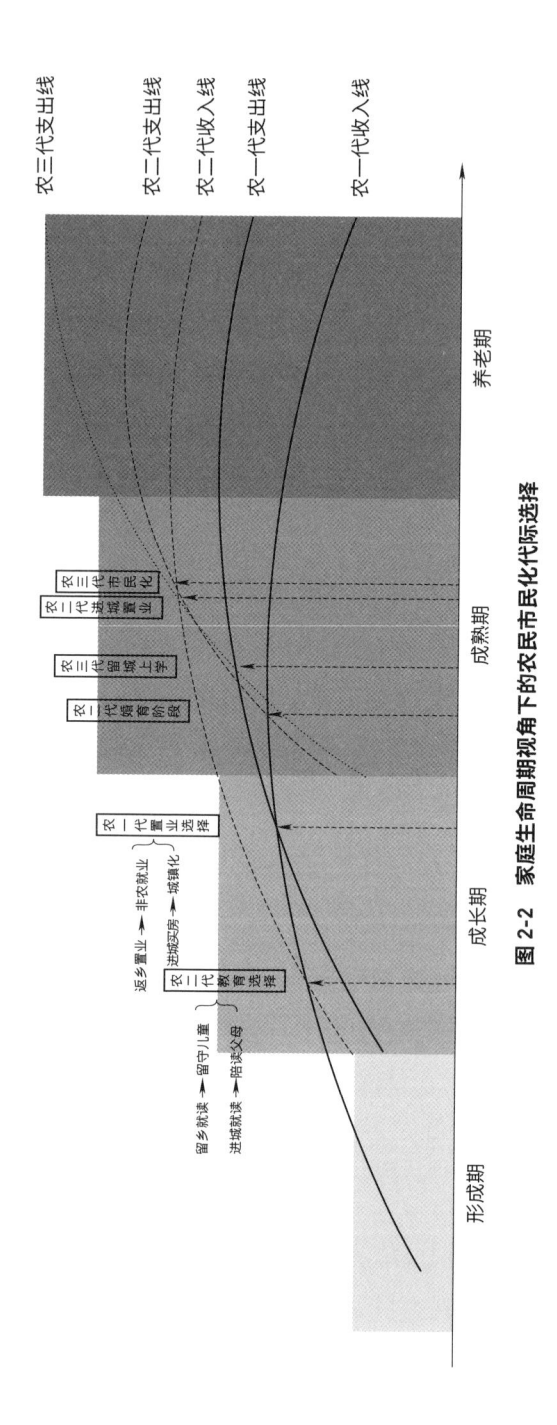

图 2-2 家庭生命周期视角下的农民市民化代际选择

庭代际选择，农一代进城务工将面临农二代教育与自身置业的进一步选择。如果农一代选择农业就业，农二代择业时将面临父辈同样的选择。在家庭生命周期的成长期，如果农一代选择了非农就业，那么在城镇化中期的农二代面临着与父辈不同的职业分化选择，进而影响农三代能否实现市民化的选择。在家庭生命周期的成熟期，伴随着农三代的人口市民化，农一代的养老选择更加多元，随着城乡融合发展，农一代既能够选择留在城市照料家庭，也能够选择回乡回县养老。

在家庭生命周期视角下，农业劳动力转移与人口市民化对小县大城成为未来县域城镇化的趋势有着重要影响。首先，随着农业劳动力向城镇转移，农村地区的人口结构发生了变化。农业人口非农就业使得大量农业剩余劳动力流向城镇的同时，为农业适度规模经营提供了有利条件。随着农一代的进城务工及农二代的教育和就业选择，农村人口的流出是大趋势，而大城市无法承接跨区域流入的大量人口，小县大城成为未来县域城镇化的趋势更加明显，就地村镇化和就近市民化推动了县域城镇化的发展。其次，人口市民化也在家庭生命周期中发挥着重要作用。随着农民的非农化就业使其家庭逐渐融入城市生活，家庭的生活方式、消费习惯和价值观念也发生了变化。最后，人口市民化还带动了城市基础设施和公共服务的提升，使得小县大城更具吸引力，这进一步推动了县域城镇化的进程。因此，在农业劳动力转移与人口市民化的双重影响下，未来小县大城将成为县域城镇化的主要趋势。随着中国城镇化进程进入高速发展阶段，县域城镇化将更加深入，县域的规模和功能将不断扩大，这为县域经济的发展和城乡关系的变迁提供了新的动力和机遇。

改革开放后的劳动力洪流

改革开放以来，中国的城乡劳动力活跃流动为县域城镇化提供了可能。农村劳动力纷纷涌入城市，部分流入县域为小县大城模式提供了人力基础。随着乡村振兴战略的实施，县域为非农业人口就地就近就业提供了新选项。农民工的涌入，带动了小县城的建设和发展，推动了经济结构的转型升级，为小县城发展注入了新活力，使得县域焕发出城乡融合发展的生机和活力。

非农就业的增加也是小县大城模式形成的重要推动力量。随着经济发展和产业结构调整，县城逐渐发展起了多样化的产业体系，吸引了大量的外来务工人员和投资者。制造业、服务业、文化创意产业等行业的兴起，为县城提供了丰富的就业机会，吸引了乡村人口流入和县域人口就业。

刘守英基于国家统计局7万抽样农户数据发现，中国经济在2010年前后总体上到达刘易斯拐点。同时，他认为刘易斯拐点的到来仅仅意味着农村富余劳动力被消耗完毕，在今后相当长的时间内，劳动力成本会上升，但这并不意味着劳动力是短缺的。此外，由于中国幅员辽阔，刘易斯拐点的到来存在区域的先后，将呈现出由东至西的逐次到来，支撑传统增长方式的富余劳动力亟待转型。春江水暖鸭先知，小县大城的县域将会最先迎接拐点，并寻找转型出路的窗口，这将为解决单向城市化导致的城市病和乡村衰败提供解决方案。

近20年来，随着城镇化率的提高，农业人口的非农就业规模不断扩大。国家统计局发布的历年《农民工监测调查报告》数据显示，伴随着农民工流动数在2018年达到顶峰后，劳动流动人口在省内流动数超过跨省流动数并将成为未来的趋势（见图2-3）。这表明，农业人口非农就业的去向由跨省域、大城市转变为省域内、县域内的趋势。在这一过程中，大量农业转移人口在县域内实现人口市民化，小县大城的星星之火渐成燎原之势。

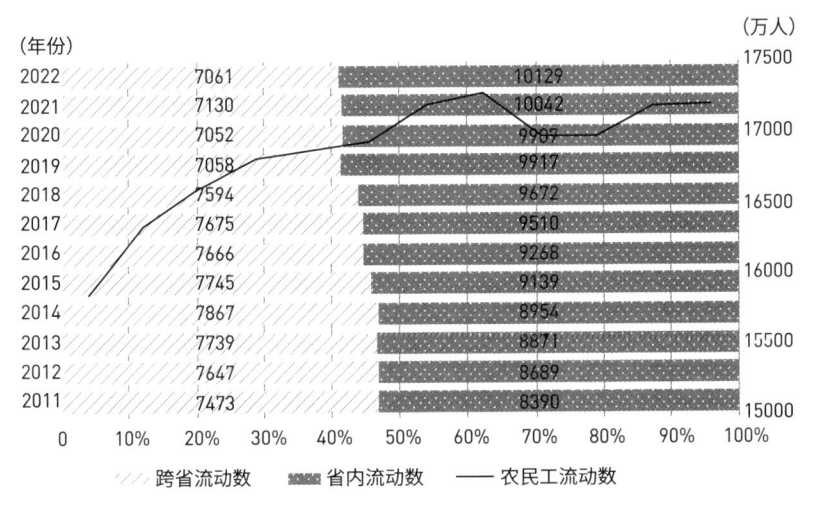

(年份)	跨省流动数	省内流动数	农民工流动数(万人)
2022	7061	10129	
2021	7130	10042	
2020	7052	9907	
2019	7058	9917	
2018	7594	9672	
2017	7675	9510	
2016	7666	9268	
2015	7745	9139	
2014	7867	8954	
2013	7739	8871	
2012	7647	8689	
2011	7473	8390	

图 2-3　劳动流动人口数与跨省 / 省内流动数的变动趋势

资料来源：国家统计局《农民工监测调查报告》(2011—2022 年)。

▪ 迈向城乡均衡发展

县域是一个城乡间的地理空间、经济活动空间、公共和社会关系空间的集合，也是联结城乡、促进城乡融合的载体。乡村振兴战略提出以来，生产要素在城乡之间配置活跃，城乡之间的分工与互联互通增强的进程中，县域在城乡之间的作用和地位凸显。继而周其仁、刘守英等提出"城乡中国"、杨华提出"县乡中国"等概念，我们在一步步地告别城乡二分法的同时，将城乡融合的载体一步步地指向县域。对此，县域将会成为理解转型中国结构形态的重要窗口。

迈向基本公共服务均等化的城乡融合格局不仅是中国城乡发展

的必然选择，也成了推动小县大城模式的重要动力之一。首先，城乡融合促进了资源要素的有效配置和利用。随着城乡融合的深入，城市和乡村之间的资源、资金、技术等要素流动更加便捷，这有利于将城市的先进技术和管理经验引入县域，推动县域产业升级和经济转型，从而助推小县大城模式的发展。其次，城乡融合提升了基本公共服务的均等化水平。在城乡融合的进程中，政府加大了对县乡地区基础设施建设、教育、医疗等方面的投入，使得县域居民能够享受到与城市居民相当甚至更好的公共服务，从而缩小了城乡之间的发展差距，为小县大城模式的实施提供了良好的政策环境和物质基础。最后，城乡融合带动了城乡居民的交流与互动。随着城乡融合的不断推进，城市与乡村之间的联系日益紧密，城市居民对县域的投资和消费增加，乡村居民也更多地参与到县域的生产和生活中来。这种城乡互动的加强有助于促进城乡居民之间的交流与合作，推动小县大城模式的创新性发展。

如图2-4所示，进入21世纪的第二个十年，尽管在过"紧日子"

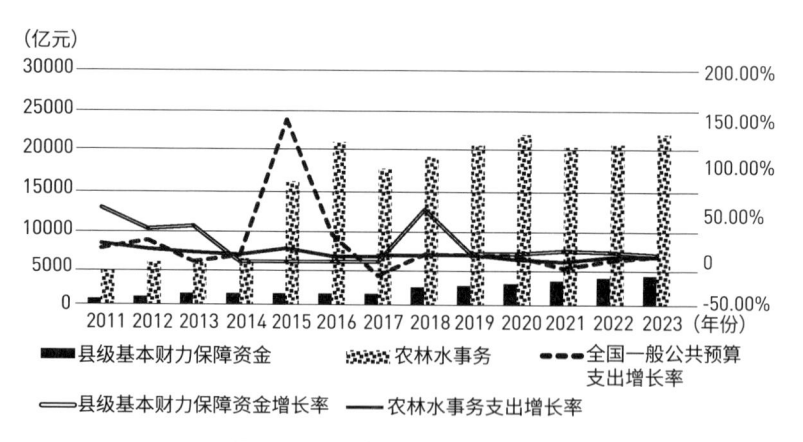

图2-4 国家财政对县域发展的支持

资料来源：根据国家发展和改革委员会历年财政收支情况和财政部《中央财政县级基本财力保障机制奖补资金管理办法》的数据整理。

的情况下，国家财政对县域发展支持的力度不断加大，以增长率作为衡量标准，全国一般公共预算支出增长率较为平稳，但事关县域公共服务供给的县级基本财力保障资金和事关乡村振兴基础设施投入的农林水事务支出的增长率高于全国一般公共预算支出增长率。

城乡中国新时代下的小县大城

乡土中国呈现的是与土地紧密相连的乡村生活：一个以土地为根基，以家族和地缘关系为纽带的社会形态。人们的生活方式、道德观念、社会关系都深深植根于土地，形成了一种稳定而深厚的文化传统。随着中国经济高速发展，尤其是城镇化进程的加快，城乡之间的界限逐渐模糊，城市的生活方式、价值观念开始影响乡村，而乡村的传统文化和生活方式也在城市的舞台上展现出新的意义，浓缩在联结城与乡的县域载体上。

进入新时代的历史方位，中国工农城乡关系发生了从乡土中国转向城乡中国的历史性变迁。县域作为方法、实践作为立场，就必须从工农城乡关系的历史性变迁去理解小县大城。

• 从乡土中国到城乡中国

工农城乡关系的历史性变迁

回顾中国工农城乡关系的四个演进阶段，依次是重化优先、乡村贡献的"大抽取"阶段（1949—1978年），以工促农、城市优先的

"大缓和"阶段（1978—2003年），以工补农、以城带乡的"大转型"阶段（2003—2012年），以及当下的乡村振兴、城乡互动的"大融合"阶段（2012年至今）。在工农城乡关系的多阶段演进下，中国的城乡关系已由乡土中国转为城乡中国。费孝通提及的乡土中国已经转变为城乡中国的三大特征发生了结构性变化：一是乡村人口不再占绝大多数，而是城乡人口各半；二是农民收入不再以土地产出为主，而是收入多元；三是社会生活已经高度流动，不再是终老是乡。城乡人口结构、收入结构和居住结构的三大历史性变迁也表明，中国城乡关系正经历从乡土中国到城乡中国的历史性转变。其中，从要素配置的视角能够更系统地理顺工农城乡关系，准确地把握工农城乡关系的变迁逻辑。本节沿袭要素配置的视角，将工农城乡关系的历史演变分为四个演进阶段，并加以说明。

阶段I：重化优先、乡村贡献的"大抽取"阶段（1949—1978年）

新中国成立之初，百废待兴，在列强环伺的国际环境下，实施重化优先的工业化战略势在必行。然而，重工业是典型的资本密集型产业，仅依靠工业部门自身难以满足其基本的原始积累要求，因此这一重担便落在了农业部门肩上。国家在20世纪50年代构建了包括财政、金融、价格和科学技术在内的较为完整的政策体系，推动以重工业为中心的"倾斜发展战略"的实施。

一方面，实行统购统销制度、人民公社制度和户籍制度及工农产品"剪刀差"等制度安排，将农业农村的资源不断输送到城市，保证了国家工业化的资金来源。改革开放前的20多年里，国家以工农产品"剪刀差"的形式从农业提取的经济剩余高达6000亿~8000亿元。同时，农业人口－非农业人口的户籍制度限制了劳动力的自由流动，加剧了城与乡、工与农对立的二元结构体系。

另一方面，金融机构为国家工业化和城市扮演储蓄动员机器的角色，行政主导的金融体系快速建立起来，带来了由社会主导转向行政主导的"行政捕获"（详见周立刊发在《中国农村经济》上的《中国农村金融体系的政治经济逻辑（1949~2019年）》）。处于国家垄断下的金融体系像抽水泵一样不断汲取农村资源，将其输送给城市和国家工业部门，金融资本这一生产要素呈现出极不对等的流动。1954—1979年，农村信用社在农村地区累计吸收存款就达到1941亿元，而对农村的贷款仅为530亿元，高达73%的资金由农村流向城市。

在"大抽取"时期，中国在很短的时间内，从无到有建立起一整套现代工业基础。一系列做法虽然推动了重工业优先的国家目标的实现，但是也造成了产业结构的不平衡，极大削弱了农民生产的积极性，束缚了生产力的发展，形成了相互对立的城乡二元结构体系。

阶段Ⅱ：以工促农、城市优先的"大缓和"阶段（1978—2003年）

1978年12月，党的十一届三中全会召开，农业部门向工业部门的单向流动状况有所缓和，并从以下四个方面改变了原有的"大抽取"体制，推动了城乡、工农之间要素的流动。一是家庭联产承包责任制，包干到户调动了农民的积极性，极大解放了农民的生产力。二是户籍制度松动，允许农民自理口粮进集镇落户和"农转非"指标的出台，使得农村的劳动力可以在城市之间相对自由地流动，农民开始从"离土不离乡"到"离土又离乡"的转变，越来越多的农民工进城务工，或者跨市跨省务工，促进了城镇和农村的全面发展。三是粮食流通制度改革，统购统销制度的正式解体，促进了农产品的自由流动。农产品流通体制改革改善了小农户与大市场的对接，拓宽了农民的收入渠道。四是乡镇企业异军突起，就地吸纳了农村剩余劳动力，增加农民收入，打破了农村传统的单一所有制结构、产业结构和收入结构，在促进小城镇发展上发挥了重要作用。

在以工促农、城市优先的"大缓和"阶段，对内改革、对外开放是主要特征。以家庭联产承包责任制推行作为标志，对内改革率先在农村展开，迅速拓展到城市，相继开展了农产品价格、城乡户籍管理制度等一系列改革。在此期间，工农城乡间的要素配置效率得到提高，推动了农业增产和农户增收。1979—1983年的5个年份中，有4个年份农民人均收入增长速度超过10%，是历史上最高的水平，城乡居民收入差距不断缩小，城乡关系出现实质性缓和。[①] 不过，随着改革的中心从农村转移到城市，各种资源又逐渐偏向城市，城市集聚生产要素的能力增强，工农城乡之间在发展基础和比较优势之下又开始拉开差距，这不仅表现在城乡居民收入上，还表现在城乡之间基础设施和公共服务差异较大上。制度化的城乡二元结构所积累的各种问题集中表现在农业、农村、农民领域。至此，如何解决"三农"问题、推动工农城乡关系转型被提上了政策议程。

阶段Ⅲ：以工补农、以城带乡的"大转型"阶段（2003—2012年）

随着改革开放的进一步深入，中国设定了建设小康社会的发展目标。"小康不小康，关键看老乡"，农民收入停滞、城乡地区收入差距扩大等问题引起了各方重视。其中，大量剩余劳动力留在农业农村领域是产生"三农"问题的主要原因，如何推动农村剩余劳动力转移成为解决"三农"问题的关键。因此，2003年，《农业部关于做好农村富余劳动力转移就业服务工作的意见》出台，国家通过加强富余劳动力转移就业服务工作、职业技能培训及保障外出农民的土地权益等

---

① 资料来源：高帆. 割裂到融合：中国城乡经济关系演变的政治经济学[M]. 上海：复旦大学出版社.

方式促进了农村富余劳动力的非农就业，农村人均收入水平有所提高。此外，国家以打造小城镇为着力点，做出户籍制度改革的创新尝试，吸引更多的农民进城，工农城乡关系进入了转型阶段。

2006年，国家全面取消农业税，并陆续推行包括农业补贴政策、提升农村公共服务水平政策和农村社会保障政策等一系列"以工补农，以城带乡"政策措施，统筹城乡的政策和制度体系初步形成，标志着国家的资源逐渐加大向农村注入，实现了由"取"到"予"的历史性变革。以资本要素为例，国家通过财政的方式大力支持农业农村发展。从《中国财政年鉴》中整理的数据可知，2004—2012年，中央财政"三农"投入累计超过6万亿元。在总量上，中央财政"三农"投入从2003年的2144亿元增加到2012年的1.228万亿元，增加约5倍；在速度上，投入年均增长21%，高于同期财政支出年增长率4.5个百分点；在比重上，"三农"投入占财政支出的比重从13.7%提高到19.2%，达到将近1/5。这十年间新农村建设成效显著，具体体现在农村基础设施、公共服务水平和农民收入都大幅度提高，缩小了城乡差距，改善了城乡公共服务格局和城乡关系。在土地要素方面，较低的耕地补偿标准极大地推动了城市的资本、技术、人才等要素开始下乡，为城镇化建设提供了巨大空间。

阶段 IV：乡村振兴、城乡互动的"大融合"阶段（2012年至今）

党的十八大以来，城乡统筹发展取得长足进展，城乡工农关系得到明显改善，标志着工农城乡关系进入了"大融合"阶段。十八届三中全会也明确提出，加快破解城乡二元结构，形成"以工促农、以城带乡、工农互惠、城乡一体"的新型工农关系，让广大农民平等参与现代化进程，共同分享现代化成果。党的十九大对于工农城乡关系的进一步调整具有里程碑意义，将工农城乡关系的政策取向定位为

"城乡融合发展",同时提出以"产业兴旺、生态宜居、乡风文明、治理有效、生活富裕"为总要求的"乡村振兴战略",这表明了城乡融合发展的体制机制和政策体系的初步确立。接着,党的十九届五中全会对工农关系提出了更高的要求,会议指出要推动形成"工农互促、城乡互补、协调发展、共同繁荣"的新型工农城乡关系。由此可见,我国工农城乡关系历经了从"城乡统筹"到城乡一体化,再到"城乡融合"的动态演进过程。

城乡间要素的双向流动日益频繁。首先是信息和数据等新的生产要素借助互联网、大数据等新型技术进入乡村,农村电商蓬勃发展是例证。2023年农村网络零售额达到24900亿元,同比增长14.7%,且随着农村网络基础设施不断完善,农村网民规模不断扩大,2023年中国农产品网络零售额为5900亿元,同比增长11.0%。此外,大数据、人工智能、区块链等新兴技术在农业发展、农村金融和乡村治理等领域的广泛应用,破解了乡村发展的诸多瓶颈。其次是人才下乡,2023年返乡创业的人数超过1320万,比上年增加100多万,有力地带动了农村新增就业岗位。就脱贫攻坚来说,中国政府网2021年披露的《人类减贫的中国实践》(白皮书)显示,全国累计选派25.5万个驻村工作队、300多万名第一书记和驻村干部,同近200万名乡镇干部和数百万名村干部一道奋战在扶贫一线。最后是中央仍在不断加大财政"三农"投入,财政部数据显示,2016—2019年四年间全国财政一般预算累计安排农业农村相关支出6.07万亿元,年均增长率8.8%,高于全国一般公共预算支出平均增幅。2021年开始,每年有超万亿资金投入乡村振兴,重点用来保障国家粮食安全,支持乡村基建、公共服务、现代农业等。

随着城乡要素互动的日益频繁,城乡融合发展取得了跨时代的成效。以城乡收入差距作为衡量指标，2014年以来，我国农村居民人均可支配收入年均增加近千元，增速连年高于GDP增速和城镇居民人均可支配收入增速。2024年，中国农村居民人均可支配收入为23119元，比上年增长6.6%，实现城乡收入的绝对差距和相对差距"双缩小"。就城镇化水平来说，第七次全国人口普查的数据显示，我国居住在城镇的人口为901991162人，城镇化率达到63.89%，同2010年第六次人口普查相比，城镇人口增加236415856，城镇化率上升14.21%。与此同时，户籍城镇化率也提高到45.4%。在乡村全面振兴和乡村建设行动的推进下，我国将在工农城乡的"大融合"新阶段实现高质量发展。

新型工农城乡关系的时代特征

工农关系经历了重化优先、乡村贡献的"大抽取"阶段，以工促农、城市优先的"大缓和"阶段，以工补农、以城带乡的"大转型"阶段以及乡村振兴、城乡互动的"大融合"阶段。工农之间不同的互动模式很大部分取决于当时的时代背景。如何看待当前的工农关系，还需对当前中国社会的时代特征及工农互动的时代特点有清晰的把握。

特征1：从乡土中国到城乡中国

按照费孝通在20世纪40年代的概括，中国几千年来的本质特征是乡土性。乡土中国有三个基本内涵：第一是乡村人口占绝大多数，第二是农民生产生活不离土，第三是社会生活的落叶归根处是乡村。1949年中华人民共和国刚成立的时候，中国城市人口的比例只有10.64%，89.36%的人都生活在农村；改革开放时，城市人口上升到17.92%，仍然有82.08%的人生活在农村。[1]经过四十年工业化和城市化的快速推进，费孝通提到的乡土中国的三个内涵，已经悄然变化。

首先，城乡人口比例已经发生翻转，乡村人口不再占绝大多数，而是城乡各半。《中华人民共和国2023年国民经济和社会发展统计公报》显示，2023年末，我国常住人口城镇化率超过66.17%，户籍人口城镇化率也达到48.43%。显然，无论是哪种计算方式，城镇人口数量都非常庞大，城乡大体相当的基本格局已经形成，并将长期存在。[2]所以，现在我们看中国，不仅要看到乡土中国，也要看到城市中国，这就是我们将长期所处的过渡时期——城乡中国。

其次，从收入结构上看，农民生产生活不再全部寄托于土地，出现了许多"离土不离乡""离土又离乡"的农民，收入也变得更加多元化。经过多年的劳动人口转移，2.86亿农民进城务工，成为"农民工"，或者在沿海地区继续务农，做了"农民农"。农业收入不再成为农民主要的收入来源，非农收入占可支配收入的比例超过一半。就外出务工人员而言，第一代农民工还是对土地和农村社区有着割舍不断的感情，他们中大多数人最终都会回到农村。但21世纪以来，超过一半的农二代成为农民工的主力军。他们虽然保持了农民身份，但是离乡、离土后与土地和农村社区的关系较为疏浅，不像父辈一样，在农忙时还会回乡做农活，他们中有90%左右的人从来没有从事过农业生产活动。他们是实实在在的"离土又离乡"，而且从事的职业也更多倾向于制造业和服务业，还有部分技术性工种、自营劳动或作为

---

[1] 资料来源：周立，岳晓文旭.城乡中国时代的乡村治理[J].国家治理，2018,(35): 40-45.
[2] 周立，罗建章，方平.谁来养活21世纪的中国？——疫情危机、全球本土化与有组织地负起责任[J].国际经济评论，2021,5.

雇主生产经营。制度化了的"半工半农"在收入上越来越不依赖于土地，而是"两条腿"甚至"多条腿"走路。

最后，从居住结构上看，社会生活的高度流动，城乡往来更加频繁。城乡往返的候鸟式生活和乡土情怀，使得农一代通常是城乡两栖，从流而不迁，到流而复返。但是农二代面对着高度流动和日益分化的农村，以及特殊的留守经历，存在双重脱嵌。第一重脱嵌是"传统型脱嵌"，农二代在空间上已经脱离了农村社会，在感情认同上对农业生产、农村生活、农民身份等都无特殊感情，客观上的关系纽带和主观上的情感认同都已经脱离传统的乡土中国。第二重脱嵌是"现代性脱嵌"，因为城乡二元结构带来的弊端，使得他们在城市的就业、住房、教育、社保、公共服务等方面享受不到同等的待遇，还是难以融入现代的城市制度安排。近3亿的农民进入城乡两栖的生活状态，加上人口的高度流动，也显示着中国传统乡土与中国熟人社会描述的"终老是乡"一去不复返了。

以上三个特征的转变，让我们意识到中国社会已经不再是费孝通所说的乡土中国，而进入了城乡中国新阶段。① 城乡中国的新格局，要求我们在解决城市问题时离不开乡村，解决乡村问题时离不开城市。在城乡中国时代，城乡要融合，乡村要振兴，就必须在城乡良性互动中找到新出路。

特征Ⅱ：城与乡、工与农频繁互动

城乡互动是指从区域发展的角度出发，通过市场机制使用资源、资金。技术在城乡之间、不同产业之间有序流动和优化组合可以促使

---

① 刘守英，王一鸽. 从乡土中国到城乡中国——中国转型的乡村变迁视角[J]. 管理世界. 2018，10.

城乡经济健康发展。[1] 在城乡之间要素配置效率驱动和城乡二元体制作用下，中国城镇化的基本特征就是劳动力、资本和土地从乡村流向城市，带来了城市的高速发展。城乡生产要素的高频率交流、融合是当前工农关系的显著特征。资本下乡、项目下乡的速度和规模在不断加大，外出沿海地区打工的劳动力部分开始返回内地，乡村的经济活动变化刺激建设用地需求激增。在城乡中国和供给侧结构性改革进一步深化的背景下，城市和工业生产过剩的产能需要农村广阔市场来消化吸收，农民和农业也要以城市的消费需求为导向调节生产。城乡间的互动不再是农村农业单向地给城市提供农产品，城市的工业品也加速下乡，城乡互动在商品互需、产品互换、资源互流的过程中不断迈向良性循环。

特征Ⅲ：城与乡、工与农分工有序

随着城乡互动的程度加深，大城市、城镇和乡村的功能都呈现出独有的特征，三者的分工也越来越清晰、明确。在城乡中国时代，城市持续发挥着人才、资金、科技、知识、产业、创新等资源集聚作用，始终扮演着城乡人口就业、创造收入机会的角色，并形成"城市带""城市群""城市圈"等新的城市发展模式；反观乡村，城乡中国时代乡村进一步分化，离城市较远的乡村注重深度挖掘当地历史、文化产业资源，在城乡互动中开始复活、振兴；城乡之间的城镇，则会承接城市的许多功能，比如产业转移、人口转移等，成为城乡之间的驿站或过渡地带。在未来很长一段时间里，城乡在整个产业业态分布上会朝着不同的方向发展，城市主要依托人才和技术发展高精尖产业，乡村主要依托自然环境和农业多功能性发展休闲康养产业，农业

---

[1] 范海燕，李洪山. 城乡互动发展模式的探讨[J]. 中国软科学. 2005, 3.

通过一、二、三产业融合，实现与农业现代化发展密切相连。

特征Ⅳ：城与乡、工与农文明共生

在现代文明主导的理论和话语体系中，城市和乡村属于两个不同等级的概念。城市是时代文明、进步的标准，乡村是时代落后、愚昧的代名词。然而，我们将视野从工业文明时代这个有限时空拉长到人类文明历史这个大时空中，则可以清楚地认识到，乡村与城市的关系并不是先进与落后的关系。城市与乡村都是人类文明演化信息的携带者，它们之间是一种不可分割、相互不可替代的关系。不平等的城乡关系没有消灭乡村文明，反而暴露出城市文明的诸多弊病。空气差、水质差、交通堵等城市病影响和困扰着"城里人"的经济生活和社会生活，他们会主动到乡村去寻找自然文明的慰藉。[①] 土特产、农家乐、民俗、乡村旅游等的需求直线上升，实际上是城市文明对乡村文明的呼唤。人们也开始逐渐意识到，城市文明和乡村文明之间不是高与低、优与劣的关系，它们只是两种不同的文明形态，都是人类社会发展所必不可少的。在城乡中国时代，城市文明与乡村文明更加体现出相互需要、互为补充的关系，共存与呼应是基本特征。城市和乡村两种文明共生共融发展，推动着城市和农村的进步、繁荣。

由表2-5可见，历经近百年的结构转变及由此带来的人地关系与制度性变革，中国已经从以农为本、以土为生、以村而治、根植于土的乡土中国，进入乡土成故土、告别农业过密化、乡村变故乡、城乡互动的城乡中国。城乡中国将是中国未来一个时期的基本结构特征，也是理解中国式现代化的一个重要范式。从国际经验来看，在工业化

---

① 张孝德. 新文明观：乡村、城市平等观——乡村文明复兴引领生态文明新时代[J]. 中国农业大学学报（社会科学版）. 2015，5.

达到一定程度后，城乡经济、社会结构表现出与快速城市化阶段明显不同的特征，即城乡融合。以人口、经济、空间、思想观念融合为特征的城乡融合是城乡转型进程的一个阶段。当前中国已经进入城乡融合阶段，但县域研究的理论与县域发展的实践仍停留在传统的单向城镇化认知。本书强调探索乡村振兴与县域发展的制度供给和路径选择应置于城乡中国形态，摒弃城乡二分范式，以小县大城作为理解县域发展的窗口。

表 2-5 城乡融合发展阶段的基本指标

指标	城乡分割	城乡统筹	城乡一体	城乡融合	2024年
城镇化率	<30%	30%~50%	50%~70%	>70%	67%
城乡收入比	1.5~2.5	2.5~4.0	1.5~2.5	1.1~1.5	2.34
人均GDP	<1400	1400~3500	3500~10500	>10500	13445
第一产业占比	>40%	22%~40%	10%~22%	<10%	6.8%

注：人均GDP单位为美元，按照人民币与美元汇率换算。
资料来源：《中华人民共和国2023年国民经济和社会发展统计公报》

城乡中国时代，城乡互动模式不再是简单的"农民进城""产品进城"的乡-城单向流动，而是相伴而生了"市民下乡""消费下乡"等城乡双向互动。城市居民对乡村优质的食物、清新的空气、优美的景观、健康自然的生活方式，以及乡村文化、风俗体验等充满向往，"四洗三慢两养"的新需求催生了节假日出城游、乡村休闲养生与健康养老等新业态。据估算，"四洗三慢两养"产生的新需求每年会超过12万亿元，在促进农民增收、农村可持续发展中发挥的作用不可限量。而农业的多功能性使得乡村具有满足城市居民休闲旅游、文化教育、生态环境等新需求的潜力。城乡中国时代的到来，作为城乡融合联结点的县域，提供了发展为小县大城的机遇。

- **乡土中国与城乡分割**

在乡土中国背景下，传统社会的封闭性和保守性导致中国社会的僵化和落后，而城乡二元结构导致的城乡差距也成为制约中国式现代化进程的重要因素。改革开放前，城市偏向型战略使我国的生产要素从农村向城市单向流动，生产要素向城市集聚；改革开放后，在市场因素的影响下，生产要素以逐利为目标，继续向城市单向流动，形成了惯性，一时无法扭转。

一是乡村人口向城市单向流动。改革开放前，中国实行的是城乡二元社会体制，严格限制农村人口向城市流动和迁移。在这一时期，中国逐渐建立起城乡分割的体制，服务于重工业优先发展战略，农业的功能被限定在为城市居民提供廉价的粮食和为工业发展提供资金。这种城市偏向型战略导致生产要素从农村向城市的单向流动，生产要素向城市集聚，农业剩余不断地被转移到城市工业当中。改革开放后，随着中国从计划经济向市场经济转型，城乡分割的体制不断被打破，城乡关系的调整成为推动中国社会经济发展的重要力量。在市场因素的影响下，生产要素继续向城市单向流动。这一时期，人口迁移流动高度活跃，流动人口规模显著增加，改革开放初期全国省际流动人口不过几百万，而到2023年全国流动人口达到2.47亿。由此，长期以来中国的农村地区一直存在大量的人口外流现象，大部分农村劳动力都流向了城市，尤其是经济发达的沿海和东部地区。这导致农村劳动力的大量外流，造成了乡村空心化和城市承载力不足的问题（见图2-5）。

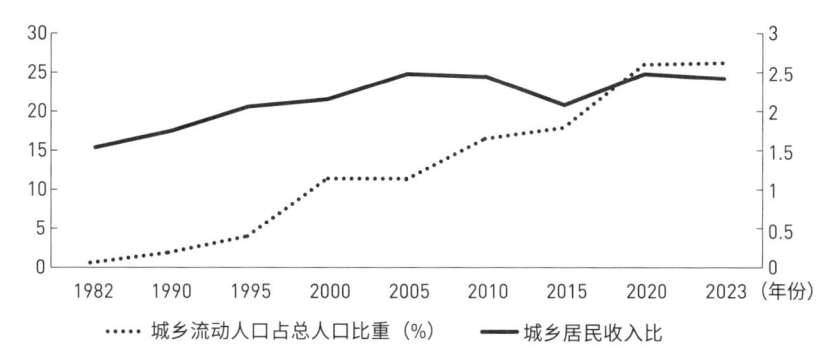

图 2-5　1982—2023 年城乡流动人口与城乡居民收入比的变化趋势

二是资源要素从乡村净流出。城市通常拥有更丰富的资源和更先进的生产要素，而农村地区则缺乏资源，生产力水平相对较低。大量资源、资金和技术都倾向于流向城市，这造成城乡之间资源配置的不均衡。周振、伍振军、孔祥智经测算得出：按 2012 年价格折算，1978—2012 年农村通过农村信用社、农村商业银行、中国农业银行以及中国邮政储蓄银行流向城市的资金净流出额为 66256.89 亿元，年均 1893.05 亿元，金融机构是农村资金外流的重要渠道。自 20 世纪 90 年代末期起，农村资金净外流速度放缓，但整体规模依旧庞大。

三是工业部门与农业部门二元对立。工业、城市偏向政策催生了工业与农业的二元结构，并形成三重城乡差异。其一，生产效率差异。工业化进程加快以来，工业部门的生产率高于农业部门。随着技术进步和资本积累，工业部门的生产效率不断提升，而农业部门由于土地资源的有限性，生产效率提升相对缓慢。其二，收入水平差异。伴随着工农业的生产效率差异，工业部门的劳动者通常能获得比农业部门的劳动者更高的收入，收入差距是推动劳动力转移的重要因素。其三，城乡差距。城市通常与工业部门相关联，而农村则与农业部门紧密相关。在城市化进程中，城市获得了更多的发展机会和资源，而农村地区则可能面临资源流失和发展滞后的问题。由此，城市通常拥有更多的产业和就业机会，而农村地区则以农业为主，产业结构单一。因此，许多农村居民为了谋求更好的发展和生活条件，选择外出务工或者迁徙到城市，这导致城市的人口规模增长，农村人口减少，形成了此消彼长、乡村凋敝的局面。

- **城乡中国与城乡互动**

乡土中国的概念，是费孝通对中国20世纪传统社会的一种类型学阐述。时至今日，尽管乡土中国的部分痕迹在乡土社会依旧可察，但随着城市与乡村社会经济的变迁，乡土中国的基本内涵已经发生根本转变，城乡中国的时代背景日渐为学界所认可。

一是乡村人口不再占绝大多数，或是人口城乡各半。过去的乡土中国，田野里稻谷飘香，村庄里孩童嬉戏，老人们坐在门前晒太阳，一派安逸祥和的景象。然而，如今城市高楼大厦林立，车水马龙，人潮涌动，形成了一个个繁华的城市群。而农村，尤其是一些偏远地区，村庄荒凉，留守的老人和孩童成了寂寞的守望者。城镇化进程的加速推进，大部分乡村人口如候鸟般季节性地往返于城乡，部分乡村人口选择了就近的县域，2010年前后城乡人口比例已经呈现出了城乡各占一半的趋势（见图2-6）。

二是农民收入不再以土地产出为主，而是收入多元。面朝黄土背朝天是乡土中国背景下农民的真实写照，土地是农民主要的生计来源，同时数以亿计的农民也被这片土地深深捆绑。随着城市化发展和劳动生产效率提高，非农就业成为"用脚投票"的唯一选项。农民的收入不再单一依赖于土地产出，而是变得多元化。除了农业生产，农

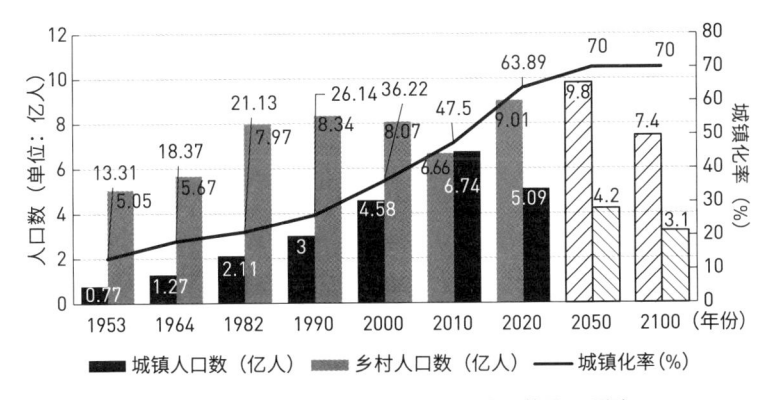

图 2-6　中国七次人口普查中的城乡人口数量及预测

注：1954—2020 年的数据，来自国家统计局发布的全国人口普查主要数据公报。2050 年和 2100 年的数据，是基于联合国中位数预期 15 亿人和 13 亿人，以及 70% 城镇化率做出的预测，详见：United Nation, Department of Economic and Social Affairs, Population Division（2019）. World Population Prospect 2019。
资料来源：国家统计局。

民还可以通过务工、经商、种植养殖副业等多种途径获取收入。随着数字乡村建设，小农户与大市场的衔接更加紧密，农民生计呈现出了多元化发展的新趋势。

三是社会生活已经高度流动，不再是终老是乡。过去的乡土中国，人们的生活生于斯、长于斯、老于斯，很少有人愿意离开故土。然而，随着经济的发展和社会的进步，人们的生活方式发生了根本性变化，越来越多的农民开始外出务工、进城打工或者迁往县城定居（见表 2-6）。

表 2-6　不同代际农民工定居城镇类型的变迁

（单位：%）

类别	农一代	农二代	农三代
一线城市	7.4	9.7	13.5

（续表）

类别	农一代	农二代	农三代
省会城市	16.1	9.7	26.9
地级市	27.5	27.6	23.3
县城	38.9	39.3	31.3
乡镇	10.1	13.8	5.1

资料来源：盛来运：《大国城镇化：新实践 新探索》，中国统计出版社。

城乡人口结构、收入结构和居住结构的三大历史性变迁表明，中国城乡关系正经历从乡土中国到城乡中国的历史性转变。在这一历史性变迁的过程中，县域正在以一种新姿态悄然崛起。以县城为载体的新型城镇化战略实施以来，城镇化率提升明显，常住人口城镇化率从2012年的53.1%提高至2024年的67%。但城镇化发展还面临一些问题，一些小城市和县域对产业和人口的承载能力不足，超大及特大城市对周边的辐射带动作用发挥不够，部分城市安全韧性存在短板弱项。对此，迈向以人为本的新型城镇化，需要在挖掘农业转移人口市民化的重要意义的基础上，做出多元城市生态的路径探索。

- **城乡中国与小县大城**

在城乡中国时代，人们的关注点要么在城市，要么在乡村，处于城与乡之间的县域被许多人忽视。城乡二元结构由来已久，随着城乡中国时代的到来，乡村全面振兴和城市更新的进程加快，城乡二元结构在当前并未转向一元结构，而伴随着县域经济的崛起，逐渐形成了三元结构的形态。

中国在早期乡镇工业化时期曾出现过由农业经济部门、农村工业经济部门和城市工业经济部门共同组成的相互作用、相互依存的三元结构。时过境迁，县域作为城与乡的联结点，逐渐成为理解城乡中国的窗口。

21世纪的第二个十年以来，县域经济占国民经济的比重一直在36%~38%徘徊，难以突破40%的大关，与县域人口规模占全国人口比重为52.5%的地位不匹配。同时，县级行政区中，县域年度生产总值的差异很大，如千亿县仅占2%，县域年度生产总值突破500亿元的县级行政区仅占8%，突破百亿元大关的百亿县占比为62%，仍有38%的县级行政区的年度生产总值低于100亿元（见图2-7）。由此看来，县域经济对国民经济增长的潜在贡献空间较大。对于小县城而言，能否抓住当前要素加速流动的城乡中国契机，将是下一步县域城镇化深入推进的关键。

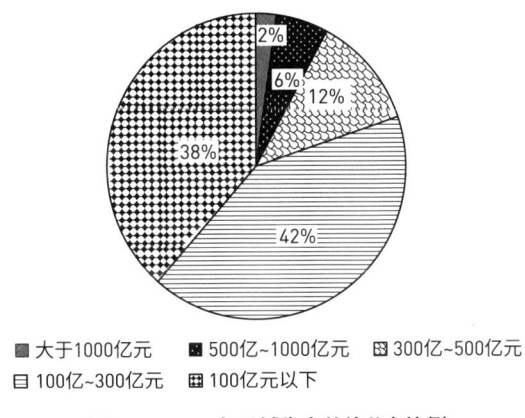

图2-7 2020年县域生产总值分布比例

资料来源：依据《中国县域统计年鉴（乡镇卷、县市卷）—2021》整理。

小县大城作为县域城镇化的典型

中国历经 40 年城镇化浪潮，主要通过农业人口到城市落户和到城镇落户两种方式实现农业人口的非农化转移，大城市已经趋近饱和甚至趋向逆城市化，而小县城仍是虚位以待。县城作为"城尾乡头"，正迎来新一轮人口增长，未来县域城镇化仍有潜力。

由此可见，小县大城可作为县域城镇化的典型，通过有限资源要素的高效利用和参差多态的自然环境，以较小的空间体量实现较高的城镇化率。

小县大城作为就地城镇化的代表

随着城乡融合发展，县乡两级的基本公共服务供给逐渐追赶上城市。面对农二代、农三代"融不进城市、回不去故乡"的现状和城里人对诗意田园的向往，县域成为市民下乡、青年回乡的选择。2023 年，县域城镇人口占全国城镇常住人口的比重达到了 52.5%，与第六次全国人口普查相比，城镇人口增加了。城关镇占县域人口比重从十年前的 15.2% 提高到 21.24%。随着数字技术和新质生产力的发展，就地城镇化可能发展为就村镇化，人们能够在县乡享受到城市基本公共服务的同时，获得城市所难以触及的山水田园。2020 年以来，农民工回流趋势加快，以县城为重要载体的就地城镇化趋势越来越明显。2023 年，40 周岁以下农民工回流比例为 22%，40 至 45 周岁比例为 67%。

小县大城作为区域协调发展的方略

区域间发展不平衡、不充分及不同步的现状依旧存在，未来区域协调发展将是迈向高质量发展的重点。其中人口流动是引导要素流动的重要因素，能够促进流动区域间的协调发展。第七次全国人口普查数据显示，2020年，省内流动人口和跨省流动人口分别为2.51亿人和1.25亿人，分别比2010年增加1.15亿人和0.39亿人，增长了84.5%和45.3%。同时，省内流动人口占全部流动人口的比重由2010年的61.2%进一步提升至2020年的66.8%，大约三分之二的流动人口属于省内流动人口。广东"百县千镇万村"工程实施设计，就以小县大城作为推动粤东、粤西、粤北协调发展的方略。当前，城镇地区仍是90%流动人口选择的目的地，其中乡-城流动占流动人口的66.3%，城-城流动为21.8%，乡-乡流动为10.3%，城-乡流动为1.6%。小县大城通过政策驱动、市场主导和社会支撑的协同发力，能够成为缩小区域发展差距、挖掘欠发达区域发展潜能及生产生活生态功能同步推进的有效方略。

春江水暖鸭先知的小县大城

小县大城缘起于县域经济发展的大城关战略，早于县域城镇化政策的出台，经过40年的实践检验后，在当前逐渐形成县域发展方略。一方面，小县大城能够快速捕捉大城市发展的辐射效应，并快速发现大城市发展带来的负面影响，如"小城镇、大问题"的解决；另一方面，小县大城能够直接联结乡村，作为城乡之间的联结点，小县大城既能够畅通城乡要素流动，也能够对风险做出及时响应，如疫情时期"大疫止于乡野"就为风险软着陆提供了缓冲空间。

| 第三章 |

形成机制

CHAPTER THREE

引子:"你在大城市奋斗,我在小县城享受?"

"大城市的卷,相比县城的惬意毫无性价比",事实是否如此?其实,这是存在于返乡见闻落差背后的幸福悖论。从宏观数据来看,县城的状况并不算好。2023 年,36 个直辖市、计划单列市及省会城市的合计名义经济增速是 5.2%,而剩余城市的平均名义增速只有 3.5%。其中省会及以上城市占全国 GDP 的比例从 2022 年的 38.4% 提高到 38.8%,而相应的其他城市的占比下降了 0.4%。从 2022 年的人口数据来看,省会以下城市的人口从 2020 年以来减少了 525 万人,人口占比也从 73.6% 降到了 73.2%。从宏观数据来看,大城市的经济和人口增长优于县域地区,人口从县乡流动到大都市的趋势也从未停止。从县域层面数据来看,中西部的县域人口出现大幅回流。如果县城真的那么"香",为什么每年数以百万计的青年仍"用脚投票"离开县城,同时又有青年认为"大城市的卷毫无性价比"呢?

基于我们的观察,可能的解释是宏观数据呈现的县域向都市流入的大趋势背后还存在城市向县域流入的反向流动。过去几十年,"孔雀东南飞"是人口大迁徙的常态:从中西部流向东部、从北方奔向南方、从小县城涌入大城市。然而,最近几年,中西部和东北地区开始迎来人口回流，就连一些面临劳动力持续流失之困的小县城，也迎来反弹时刻。这些县域主要集中在我国中东部的地区，如东南沿海的福建德化县、闽侯县，广东揭阳普宁市、茂名高州市，中西部的四川成都邛崃市等。这些崛起县域的共同特征是有明显的产业优势和市场规模。得益于数字经济发展和国内大循环格局的形成，县域为人民的生活方式、职业发展及生活品质提供了新的选择。

一是县域在"内卷"和"躺平"之间提供了第三种生活方式。大城市拥有更多发展机遇的背后是更大的竞争和压力，随着人们对"内卷"的反思，"躺平"一度成为社会热词，在"卷又卷不赢、躺又躺不平"的时候，县域的"慢生活"状态提供了一种新的生活方式，这让青年奋斗者兼顾事业的同时，能够抽身回归家庭和社区，享受小县城的宁静和和谐。这种生活方式强调的是平衡、简单和舒适，与大城市的竞争和压力相比，前者更注重内心的平静和生活品质。

二是县域为"业随人走"提供了新载体。古往今来，"人随业走"一直是产业发展和城市集聚的核心因素，但随着数字技术的发展，数字产业衍生出的新产业、新业态和新消费能够在较短时间实现产业的链接和转移，而具有成本和空间优势的县域成为承载新业态的载体。近年来，大城市出现的本地零售、直播电商等新经济，迅速在广大县城得以复制；过去只能在大城市体验的剧本杀、猫咪咖啡馆、围炉煮茶、新式烘焙店，如今在县城早已遍地开花。

三是县域为提高生活品质提供了新选择。虽然"城市让生活更美好"在未来仍是一个现在进行时，但"乡村让城市更向往"成为人们的新选项。中国中等收入群体已超四亿人，他们有在乡村生活中"洗胃""洗肺""洗眼""洗心"，享受乡村的慢食、慢村、慢生活，在乡村养老、养生的"四洗三慢两养"新需求。不过，人们也会常常揶揄道,"城市套路深,我要回农村;农村道路滑,人心更复杂"。随着新基建的开展和乡村的全面振兴,县域作为联结城市与乡村的纽带,逐渐成为人们追求生活品质的新选择。在市民下乡和青年返乡的浪潮中,也出现了城里人"我在村里有亩田""我在山上有棵树"等新现象。

由此可见,县域是一个宜居宜业的选择,国内诸多县域近年来实现了人口、产业的快速集聚,形成了许多"小县域、大城关"的样态,这些县域是如何逐渐由一个小县城成为集聚县域内大部分人口并使其安居乐业的载体的?本章希望通过剖析小县大城的形成机制,厘清小县大城的来龙去脉。

县域作为联结城乡的行政层级和社会单位,逐渐成为新的城乡二元结构的中间层,也成为城镇化的新一轮承接载体。这种类型的城镇化被称为小县大城,即附近乡村人口流入县城、为县城制造业发展提供劳动力的就地城镇化模式。几十年来,这一模式创造出不少山区县后发赶超、后发先至的城镇化奇迹。

这一城镇化奇迹何以形成?

政策驱动:一只看得见的手

县域经济作为国民经济的基本单元,是中国城镇体系的重要组成部分。2024年底,中国城镇常住人口超过9.4亿人,县城及县级市城区人口占全国城镇常住人口的近30%,县及县级市数量占县级行政区划数量的约65%,这65%的小县变成大城离不开地方政府工业化和城镇化偏向的政策引导。县域治理兼具上级政策执行和地方发展的多重角色,需要解决好经济发展指标、重点工程项目建设、社会事务提升及社会稳定维护等多元目标,而城镇化进程恰恰囊括了上述提及的四个目标的实施过程。在市场经济不完备的情况下,政府高位推动是大城关战略的核心驱动力。政府高位推动的政策驱动力来源可大体分为县域间的横向竞争与合作及央地关系互动。

- **县域间的晋升锦标赛和竞争达标赛**

在央地关系视角下,地方政府间的竞争与合作被视为理解中国经济增长的关键。周黎安教授认为,中国经济增长的关键之一是地方政府之间的竞争,这种竞争有力地促使地方政府为了吸引投资、促进发展，提供更好的政策和服务，从而推动经济增长，由此形成了中国特色政治经济学的晋升锦标赛假说。其中有两个关键的解释性概念。一是行政发包制，即上级政府将任务和责任下放给下级政府，地方官员需要完成特定的经济社会发展目标以寻求晋升，层层发包的制度安排在中国的政府层级中非常普遍，这对中国的经济发展产生了重要影响。二是晋升激励，地方官员的晋升激励是推动地方经济发展的重要因素。地方官员为了晋升，会努力推动本地区的经济增长，这种激励机制在一定程度上解释了中国快速的经济发展。

晋升锦标赛

改革开放以来，经济发展成了地方政府的首要目标，在追求目标的过程中，需要面对发展性指标的维持与强化，以及层级间的发展指标层层加码问题。周黎安的晋升锦标赛理论能够为理解县域大城关战略实施提供视角。在中国的分权体制下，地方政府拥有相对较大的自主权，这促使县域间通过经济增长和城市发展来提升地方的地位和影响力，晋升锦标赛就是这种地方政府间的竞争的产物。在小县大城发展的早期阶段，地方政府可能参与了一个"竞争锦标赛"，争夺地方发展的机会。这包括通过招商引资、提供税收优惠、建设基础设施等方式，吸引企业和资本进驻，从而推动县域的产业发展和城镇化。

地方官员为了获得晋升机会，会围绕经济增长等可量化的指标展开竞争。城镇化作为县域政府发展的重要抓手，地方政府在晋升锦标赛中涉及如下县域发展指标（见表3-1）。

表 3-1 县域发展指标列举

类目	指标列举	发展指标的含义
增长类指标	地区生产总值增长率（%）	衡量县域经济活力和发展潜力
	第一产业增加值增长率（%）	反映农业生产效率及农产品价格需求
	规模以上工业增加值增长率（%）	反映工业生产效率及技术创新能力
	服务业增加值增长率（%）	反映营商环境、消费需求及服务质量
	地方公共财政增加幅度（%）	反映县域财政健康程度和财政能力
增加值指标	社会消费品零售总额（亿元）	反映县域居民生活水平和消费能力
	固定资产投资总额（亿元）	反映产业升级与投资者的未来预期
	工业投资总额（亿元）	反映工业规模扩大和技术创新能力
新设数据指标	园区建设工业产值增速（%）	反映县域主导产业的集群化和集中度
	规模以上服务业企业入库（家）	反映服务业市场的扩大和成熟
	现代经济产业标准化基地建设（万亩）	反映产业升级和结构调整的趋势
	交通运输投资额（亿元）	反映区域经济发展和民生环境改善
	民间投资总额（亿元）	反映非公有制经济活跃度和经济多元化
	招商引资到位资金（亿元）	反映营商环境和政府招商引资力度

发展要素的集聚是开展晋升锦标赛的前提，政策驱动是晋升锦标赛的主要开展策略。中国的政绩考核制度通常以经济增长和城市发展为核心指标，地方政府官员的晋升和考核往往与地方经济发展密切相关。周黎安指出，地方政府追求经济增长和城市发展成了一种刚性需求，各地政府为了实现自己的发展目标而展开了晋升锦标赛。在中国早期城乡二元结构对立的时期，县域缺少产业发展的资金，但不缺土地和劳动力，如何通过农业人口的非农就业和土地增减挂钩来撬动发展要素，并将其集聚到县域层面是关键，而政策驱动是盘活这盘棋的

关键一环。

县域的资源分配机制通常是按照地区经济发展水平和城镇化程度来进行的，县域政府可以通过经济增长和城市发展来获得更多的资源分配。在晋升锦标赛的驱动下，县域间的竞争首先通过出台一系列政策和措施，引导和吸引资金、人才、技术等发展要素向县域集聚，形成经济增长的基本盘。接着，政府通过基础设施建设、产业园区建设、科研机构建设等方式为招商引资和产业转移创造良好条件。再进一步，县域政府会根据地方的产业优势和特点，制定产业发展规划和政策，引导和扶持特定的产业向县域集聚，形成产业集群和产业链条，提升县域的产业竞争力和吸引力。

由此可见，县域间的晋升锦标赛使得城镇建成区规模不断扩大、农业人口不断向城镇产业转移，以及资金要素进一步向县域集聚，形成了"人随业走，县随业兴"的发展要素集聚格局。值得注意的是，晋升锦标赛驱动下的小县大城快速发展格局往往离不开当时的主政者，这些主政者通常具有高度的执行力和战略眼光，能够依据县域的禀赋特征，有效地制定和实施各项政策措施，在集聚要素、推动产业发展的过程中起到了关键推动者和领航者的角色。不过，县域间的晋升锦标赛主要关注城镇规模的扩张和经济增长，其核心是数量导向的发展，政府追求数量上的增长，而忽视了对经济发展质量和人民生活质量的关注，进而出现了如费孝通所言的"小城镇、大问题"。

竞争达标赛

晋升锦标赛在推动经济快速增长的同时，也可能导致对单一经济增长指标的过度重视，从而忽视了社会治理的其他重要方面，如环境保护、社会服务等。这种激励结构的扭曲可能导致社会治理效能不彰，难以满足社会治理多领域统筹发展的需要。晋升锦标赛推动的城镇化高速发展的几十年，不少县域出现了"小城镇、大问题"。小城镇位于农村和大城市之间，人口规模较小，经济发展水平相对较低。费孝通指出，虽然这些小城镇规模较小，但面临着与大城市相似甚至更加复杂的经济、社会和环境问题，这主要体现在县域产业结构单一带来的经济增长滞缓问题，县域教育、医疗及养老供给有限带来的基本公共服务不足问题，县域就业机会有限引致的妇女就业困难、适龄儿童上学难、老年人照料难问题，以及城乡差距扩大和城镇以牺牲环境获得发展的遗留问题。

解铃还须系铃人。随着时间的推移，地方政府逐渐转向竞争达标赛模式。与晋升锦标赛关注单一经济增长指标不同，竞争达标赛通过设置清晰的目标和达标激励，引导地方官员在追求经济政绩的同时，兼顾社会治理各领域的底线达标要求。这种机制通过基准达标规则和达标底线监督，完善地方多元政绩考核体系，并有效约束政府治理行为，减少激励扭曲、动力衰竭和行动偏差等负面效应，进而促进实现有效治理。类似地，袁方成教授等提出"以赛促治"的达标锦标赛成为理解当前地方政府关于非经济领域的治理动向的关键，意味着县域之间开始追求更为全面的发展目标，不仅是吸引产业和资本，还包括提升基本公共服务、改善人居环境、促进乡村振兴等。这要求政府通过制定综合性的规划和政策，引导县域在全方位、宽领域取得更高的发展水平，围绕基础设施建设、企业数量增长、公共服务优化及社会稳定维系，实现发展转向。

竞争达标赛对理解当前县域治理具有两方面的现实意义。一是强调县域发展需要重点关注非经济领域的底线思维。在传统的以 GDP 增长为核心的晋升锦标赛模式下，地方政府往往过于关注经济增长，而忽视了社会治理的其他重要方面,如教育、医疗、环境治理等,这导致了发展不平衡和社会问题的出现。而竞争达标赛机制通过设置清晰的目标和达标激励,促使地方政府在追求经济增长的同时,也必须兼顾社会治理各领域的底线达标要求。这种机制通过基准达标规则和达标底线监督,完善地方多元政绩考核体系,并有效约束政府治理行为,减少锦标赛可能产生的激励扭曲、动力衰竭和行动偏差等负面效应,进而促进实现有效治理。二是解放了地方竞争的单一指标约束,为县域政府寻求差异化发展提供可能。在晋升锦标赛中,地方政府往往围绕单一的经济增长指标展开竞争,这限制了地方竞争的多样性和创新性。相比之下,竞争达标赛解放了地方竞争的单一指标约束,鼓励地方政府根据本地实际情况和发展优势,制定差异化的发展策略。这种机制不仅允许地方政府在某些领域具有比较优势的地区脱颖而出,而且还鼓励地方政府在非经济领域进行创新和改革,从而实现更加均衡和可持续的发展。

- **发展模式的转向**

在县域城镇化过程中,虽然县域竞争仍是社会发展的主要驱动力,但竞争达标赛中的发展模式转型推动县域政府逐渐调整和改变发展战略和方式,以适应新的发展需求和挑战。

一是从速度型向质量型转变。在晋升锦标赛阶段,"规模冲动"和"速度情结"迫使县域政府主要追求经济增长速度的提升,采取一些快速发展的措施来争取更高的地位和排名。进入摆脱"唯GDP论"的竞争达标赛,发展模式从速度型发展转向质量型发展,注重经济增长的可持续性和综合效益。同时,随着国家对生态环境的重视,许多山区县城凭借良好的生态环境发展生态经济，并逐渐在县域竞争中崭露头角。

二是从单一产业向多业态转型。县域经济过度依赖某一产业或某几个产业，导致产业结构单一，风险高。在兼顾可持续的县域经济发展态势下，聚焦特色优势产业实现差异化发展，可以作为县域经济转型发展的主要路径。但是，除了少数具有优越地理区位和显著资源优势的县域，大部分县域缺乏大规模集聚多类产业的能力。如何激发特色产业以及县域经济的内生发展动力，使发展更具有可持续性，成为当前面临的主要问题。

三是从政府主导推动向市场配置转型。在高歌猛进的城镇化进程阶段，政府往往扮演着重要角色，通过政策引导和资源配置来推动经济发展。然而，过度的政府干预可能会扭曲市场机制，阻碍经济活力的释放。东南沿海地区的县域经济可以通过政府简政放权比较快速地实现市场导向型经济，甚至可以跨地区吸纳劳动力就业。但是，对于自然地理条件不好的山区县，县域经济的增长空间就受其所在区位要素的约束，靠近大城市的外溢效应吸纳就业的能力有限，所以大量本地农民留在县域，形成了小城关集聚大量非农就业人口的局面。

从单一竞争向县域协同转变。在晋升锦标赛中，各县域之间可能存在激烈的竞争，甚至会出现零和博弈的情况。然而，随着发展观念的调整和区域协作的加强，县域间的合作相继涌现，比如跨越行政边界，推动特色产业在县域间壮大成为大规模的产业集群，以此激发特色产业和县域经济的内生发展动力，使发展更具有可持续性，实现合作共赢的局面。

- **上下级的层层分包和策略回应**

县域间的横向竞争是县域城镇化的重要驱动力，同时不能忽视的是上下级府际关系对县域政策的影响。纵向府际关系指的是不同行政层级之间的关系，特别是在县域发展中，省级政府与县级政府之间的互动和协作。以省直管县为例，一般的县政府对上需要服从省级政府的直接管理和上级市政府的直接协调，对下需要管理若干乡镇。而省直管县的特点之一就是由省级政府直接管理，省级政府对直管县的政策制定、资源调配、项目安排等具有直接的指导和影响力。同时，由于省直管县直接受省级政府管理，省直管县通常会享受一定的优先发展地位。不过相应的县域发展政策和资源调配权力有所限制，以及由于省直管县的地方政府行政级别相对较低，地方政府在服务保障和社会管理等方面的责任边界不够清晰，这可能导致责任落实不到位，影响政府治理效能。对此，在处理府际关系的过程中，各级政府逐渐形成了自上而下的层层分包和自下而上的策略回应现象。

层层分包

在地方政府中，通常是将一些行政职能和事务分解到县级或以下单位进行管理和执行，这被称为层层分包。在小县大城的发展过程中，地方政府在实施大城关战略时，曾采取了一种层层分包的模式。在这种模式下，中央政府通过制定宏观政策和战略，将其下达到省级政府。省级政府再将任务和责任分包到地市、县一级。在这个过程中，政策逐级传导，县一级政府需按照上级要求完成任务，实施相应的产业发展和城镇化政策。

自上而下的层层分包是一种高位引导、下位自主的央地关系策略。上级将部分行政权力下放到县级及以下地方政府或机构，可以更好地适应地方的实际情况和发展需求，提高决策的灵活性和适应性。同时通过分包管理，可以明确各级政府或机构的职责和任务，使地方政府在服务保障、经济发展、社会管理等方面的责任更加明确，提高政府治理的效能。不过层层分包就如同剥洋葱一般分解，到了府际关系末端的乡镇往往会出现"上面千条线，下面一根针"的情况。此外，在城镇化建设过程中，分包管理导致资源分散和重复建设的问题。市县乡各级政府在城镇化建设时可能出现重复投资、功能重叠及层层加码等问题，同时高层级的规制和公共服务配套往往优于下级，即使市县乡三级的城镇功能配套完善，但县乡两级人口仍会不断往更高层级流入，造成资源浪费和效率降低。

策略回应

荣敬本等较早基于河南某县的县乡政治体制运行的调查，提出了县乡压力型体制的政治运行体制，即下级采取分解任务的管理方式和可测度比较的评价体系，以完成上级下达的各项指标。在城镇化进行的初期，压力型体制关键是指标的层层分解和完成评价，十分容易理解为何能够在特定的条件约束下实现了快速发展，但也出现了冯军旗所言的"干部出数字、数字出干部"的现象。

县乡干部是理性的行动者，具有自利行为，但也要受到环境、政策及条块机构设置的制度制约。从政策执行来看，县乡干部执行上级的层层分包具有策略性，主要体现为重点和亮点的政绩性政策执行较好，指导性和例行化的政策执行较差的"上有政策、下有对策"现象。

然而，随着小县大城模式的发展，地方政府逐渐认识到层层分包可能带来的问题，如信息传递不畅、政策执行不到位等。因此，地方政府开始转向一种更加灵活、主动的策略回应模式。在这个模式下，地方政府更加关注本地的实际情况和需求，根据实际情况主动制定符合当地特点的产业和城镇化政策，而不是简单地执行上级的任务。

策略回应分为忠实执行、变通执行及拒不执行三类，其中变通执行是许多创造小县大城发展奇迹的主政者采用最多的策略，这种策略回应模式使地方政府更加灵活、主动地应对发展需求，有利于更精准地制定产业政策和城镇化规划。同时，这也有助于推动小县大城模式的可持续发展，更好地适应地方的经济结构和社会需求。由此形成了"上下来去"的良性府际互动关系，推动了城镇化的进程。

▪ 撤县设区"急刹车"下的前路不明

县域间的竞争锦标赛和竞争达标赛，从县域主政者层面驱动了城镇化战略一路狂飙。央地关系之间自上而下的层层发包到自下而上的策略回应，使得各地城镇化的推进各具地方特色的创造性。改革开放以来，中国出现了一场人类历史上速度最快、规模最大的城市化奇迹，城镇化率从1978年的17.92%猛增至2011年的51.27%，首次突破50%大关。不同于发达国家以市场机制为主要推动力的城市发展模式，中国城市化依托土地公有制呈现了政府主导、大规模快速化的整体推进特征，中央及地方政府推动城市化进程的强有力工具之一是行政区划调整。这既曾是县域间晋升锦标赛的关键角逐项目，也曾是数以千万计农民洗脚上田的盼望。

从撤县设市到撤县设区

改革开放以来，与城市有关的行政区划调整政策主要有两类：撤县设市和撤县设区，前者主要与城市数量增长有关，后者主要与城市规模扩张有关。通常行政区划调整需经中央政府批准，但是地方政府可以凭借掌握的辖区不对称信息优势提出具体的设区申请方案，从而使行政区划调整也带有地方政府经济、政治等方面的诉求。如香港大学的蔡洪滨和北京大学的周黎安的早期研究分别指出，经济分权和政治上民主集中的混合激励结构是中国式分权的核心内涵，传统的政治表现转向经济绩效的晋升考核体制使地方政府为 GDP 增长而展开竞争。这一视角解释了 1978—1997 年，地方政府掀起的一轮撤县设市高潮。可见，在中国式分权下，"县"升"县级市"的确是中央政府对地方政府经济增长的一种激励手段。不过，县区升格为地级市是有效的正向激励，但中国鲜有因地方经济增长缓慢而将地级市降格为县区的挑战，因此撤县设市这种不可逆转的政策使县级政府为了获得事后更高的行政权力和更庞大的行政机构采取了事前促增长策略，并未带来日后的良性城市化和经济增长。

由表 3-2 可见，撤县设区虽然也是政府推动型城市化的一种重要行政工具，但与撤县设市存在本质区别，涉及地级城市与所辖周边县市的利益博弈。这种冲突或博弈源于中国独特的地区行政区划体制。地级城市所辖的县市为宪法所设定的省辖行政单位，具有财权、事权、人权的相对独立性；而市辖区作为地级城市的组成部分，受地级市的直接管辖，自主权相对有限。事实上，撤县设区的城市化路径的主要推动力来自上一级政府，而被撤县市的意愿则较少被考虑，地方政府面临"向上负责"和"向上走"的政治激励，这使撤县设区的增长绩效成为利益攸关方特别是地级市政府关注的焦点。改革开放后，撤县设区在世纪之交迎来第一波高潮，此后三年撤县设区呈现爆发式增长，直至 2003 年回落。第二波高潮从 2011 年开始至今未退，且数量远超第一波，并在2016年达到峰值。2021年以来，全国多地的"十四五"规划提出有序推进撤县设区的目标。但2021年，国家发展改革委提出"慎重撤县设区"。2022年初，这一表述升格为"慎重从严把握撤县（市）改区，严控省会城市规模扩张"。2000—2020年，县级行政区划单位数量由2074个减少到1871个，市辖区数量由787个增至973个，总量增加186个（见表3-3）。

表3-2　县域视角的三种行政区划类别

比较维度	县	县级市	市辖区
经济考核指标	农业指标是重点	二、三产业是重点	二、三产业是重点
县域财政	独立财政和税收	独立财政和税收	不独立
财政支出责任	维持本级财政运转	维持本级财政运转	地级市财政统管
社会经济管理权	独立	独立，还有城建配套	不独立
主政者行政级别	正处级	正处级，兼任市委常委	正处级，核心区为市委常委
职能部门独立性	独立体系和决策	相对独立	相对不独立
职能重点	"三农"工作是重点	城乡协调是关键	城市建设是核心

注：行政级别不包括直辖市和计划单列市等特殊情况。

表3-3　20世纪90年代以来中国县级行政区数量变化

年份	县级行政区数	建制县	市辖区	县级市
1990	1903	1723	651	279
2000	2861	1503	787	400
2010	2859	1463	856	368
2020	2822	1312	973	387

资料来源：依据《中华人民共和国行政区划》1990—2020年资料整理。表中为包括常年数量相对稳定的自治县117个、自治旗（旗）52个及共计3个林区、特区。

作为晋升锦标赛关键角逐项目的撤县设区

在中国地方政府之间进行的城市化竞争中，撤县设区成为一项重要的政治任务和经济竞争手段。撤县设区作为地方政府的晋升锦标赛关键角逐项目，意味着在城镇化进程中，地方政府通过提升行政级别和地位来展示自身的政绩和能力，争取更多的资源和政策支持。在这一过程中，县升格为区往往伴随着更大的行政权力和更丰厚的财政资源，这对地方政府的地位和影响力都具有重要的意义。

从主政者角度来看，撤县设区意味着原先的县级行政区被提升为地级所属行政区，县域主政者因此有机会晋升为地级市主政者，行政级别的晋升是政治生涯的重要里程碑，可以提升个人政治地位和影响力。进一步，撤县设区通常伴随着城市化、经济发展和基础设施建设等方面的政策支持，县域主政者在推动撤县设区过程中，能够展现自己的政绩和执政能力，为政治晋升提供有力论据。此外，地方政府之间存在激烈的竞争压力，撤县设区是提升地方经济和社会发展水平的关键举措之一。如果一个县域不能及时跟上撤县设区的步伐，就会落后于其他地方，县域主政者因此面临着巨大的政治压力和竞争挑战。因此在撤县设区的过程中，地方政府之间展开了一场激烈的角逐和竞争。各地政府为了争取撤县设区的机会，会竭尽全力提升自身的经济发展水平和城市化水平，通过推动经济增长、优化城市规划、改善基础设施等方式来提升地方的发展潜力和吸引力。同时，政府间的竞争也促使地方政府不断创新政策和机制，加速城市化进程，推动地方经济的快速发展和社会进步。

作为脱农入城、洗脚上田象征的撤县设区

对于广大农民、县乡居民而言，撤县设区也是他们的期盼。一方面是户籍身份的转变。以往对老百姓而言,想要将农业户口转变为非农业户口,往往只有通过高考来改变命运,而撤县设区通常伴随着行政区划的调整和城市地位的提升,这意味着原先农村居民的户籍身份将会发生转变,享受与城市居民相近的权利和福利。这种户籍身份的转变代表着社会地位和身份认同的改变,对农民来说具有重要的象征意义。另一方面是农地转换为城市用地的社会增值。随着县域地位的提升和城市化进程的推进,原先的农村土地往往会被划分为城市用地,其价值也随之提升。对农民来说,拥有的土地资产可能会得到更高的评估,并被更好地开发利用,从而带来财富增值。这种土地资产增值对农民来说是一种重要的经济收益,能够改善他们的生活条件和提升社会地位。

撤县设区"踩刹车"

县级行政区在我国行政区层级结构中承上启下,其合理设置与调整优化关系到国家长治久安。撤县设区的一路狂飙经历了快速增长（1997—2002年）、调控收紧（2004—2009年）、再次升温（2010—2021年）三个阶段。县越来越少,市辖区逐年增多。民政部数据显示,2009年底,全国有1464个县,855个市辖区;到2019年底,已缩减至1323个县,市辖区增至965个。也就是说,10年之间,全国共撤销了141个县（平均每年减少14个县）,相应地增加了110个市辖区。截至2023年4月的最新统计表明,县已缩减至1299个,市辖区增至977个。北京、上海、广州、深圳、天津、南京、厦门等多个城市陆续进入"无县"时代……被调整的县域,也往往迎来了科教文卫等城市功能定位与市政配套设施的大幅升级。

随着撤县设区的三大政策目标逐渐实现,政策层面对撤县设区踩下了"急刹车":一是城镇化率进入了高位,城市发展迈向高质量发展;二是中心城市带动了大批都市圈崛起后,下一步是推动乡村全面振兴;三是完善城乡之间的链接载体,促进城乡融合发展。此外,撤县设区后,虽然原本的经济社会管理权限被削弱,财政也需由管辖市支配,但也意味着相关县域可以更快地融入城市,享受到城区教育、医疗、交通等公共设施的辐射,甚至债务也可能由市里解决。不过现实却是,撤县设区后的城市建成区面积扩大了,但那些原本是县城的区在经济上并没有什么发展,只是单纯改变了行政建制,村镇里的农民也只是换个户口本,城市的基建与综合保障并未跟上,这造成中心难以辐射周边的城市空间结构。

小县大城"踩油门"

在撤县设区政策"踩刹车"的背景下,小县大城迎来了历史机遇,2000—2015年,中国县域土地城镇化率年均增长2.77%,其中近40%的区县城镇化率年均增长高于3%。这主要是因为以下几个因素。

一是县域城镇化进程的需要。随着城市化进程的加速推进,城市规模不断扩大,大城市已经趋近饱和甚至出现逆城市化,而小县城则成为城市化的新动力源。撤县设区政策的调控收紧使得原本的县级行政区域无法再升格为地级市,但小县城仍然具有较高的城市化潜力。受到大城市、城市群经济辐射带动的周边县市,成为城市产业转移外迁、乡村人口聚集和就地城镇化的主要承接地,县域经济发展水平得到稳步提升。

二是城乡区域协调发展。撤县设区政策的调控收紧意味着政府更加注重城乡融合发展和区域协调发展。小县城作为联结城市与乡村的重要节点,具有促进城乡一体化发展的重要作用。早期受自然环境本底条件约束，一些地处山地丘陵、资源禀赋较差的西部地区普遍面临农业生产、村镇建设和发展空间不足等实际问题，由于地域资源保障与产业支撑能力弱，导致青壮劳动力跨区县、省市外流，这加剧了部分县域人口持续流失。当前，伴随着县域经济的崛起和地方特色产业的发展，外出流动人口回流县域。如广东省的"百千万工程"明确提出小县大城战略，通过加大对小县城的投资扶持，推动其成为区域发展的重要引擎，促进城乡融合发展。

三是更有利的资源配置机制。撤县设区政策的调控收紧使得原本的县级行政区域无法单独存在，而需要依附于地级市。这就意味着原本的县级行政区域在资源配置上会受到更多的限制和约束。而小县城作为地级市下属的一个重要组成部分，将会受到更多的政府资源和资金的支持，从而实现资源配置的优化，提升小县城的发展水平。

市场主导：那只看不见的手

从城乡分割到城乡融合发展，县域经济的稀缺资源配置逻辑由剪刀差转向了强县域。在城乡分割的时期，城市相对于农村拥有更多的资源和发展机会，这导致了县乡发展要素净流出，县域经济具有明显的城市偏向特征。随着城乡融合发展，县域经济逐渐摆脱了对城市的偏向，逐渐通过市场机制更加平等地参与资源配置。这种转变推动了县域主导产业的发展，形成了县域经济的增长极。

- **剪刀差带来的汲取型结构**

在城乡分割的背景下，由于工业-城市偏向的经济发展策略推动，形成了一种剪刀差现象。剪刀差最早由苏联的托洛茨基提出，最早指苏联工业和农业之间的差距类似一把剪刀，工业代表剪刀的一个侧刃，农业代表另一个侧刃，二者的差距就像是剪刀的两个侧刃之间形成了一个明显的差距或分隔。

"剪刀差"被引入中国后，得到了中国人民大学严瑞珍教授等人的深化，用于测量和核算级差土地收入的产量比，为农地的分等估价和测算城乡差距提供了理论支撑。在汲取型结构中，城市和工业部门通过价格、财政、金融等手段，从农村和农业部门汲取资源和剩余产品，以支持城市的工业化和城市化进程。这种结构通常导致农村地区的发展滞后，城乡差距扩大，农民的生活水平提高缓慢。中华人民共和国初期，为了快速实现工业化，实行了一系列政策，如统购统销制度、户籍制度等，这些政策在一定程度上加剧了城乡之间的剪刀差，形成了城市对农村的资源汲取型结构。农业税费改革不仅减轻了农民的负担，还促进了政府职能的转变。改革前，农民向国家缴纳的税收主要是农业税，而改革后，农业税被逐步降低直至取消。然而，税费改革也带来了一些新的问题和挑战。随着农业税的取消，基层政府的财政收入主要依赖于上级政府尤其是中央政府的转移支付补助。这种变化导致了基层政府财政的空壳化，乡镇政府的行为模式发生了变化，开始依赖于借贷和向上级政府"跑钱"。这种依赖关系使得基层政权的运作基础发生了改变，形成了所谓的"悬浮型"基层政权特征。

至今"剪刀差"泛指城乡之间在经济、社会和发展水平上的差距，强调了城乡发展不平衡的现实，并指出了城乡之间在资源、机会和发展水平上的差异。这种剪刀差的现象使得乡村劳动力更愿意向县城等城市中心聚集，成为后来小县大城模式形成的宏观制度背景。

▪ 强县域能否走出"三低循环"

城乡融合带来了更加均衡的发展机会，小县城不再受制于城市资源的垄断，而是通过市场经济的机制更加平等地参与资源配置。在这种城乡融合背景下，小县城有机会发挥自身的优势，形成独特的产业布局，吸引更多的投资和人口流入。

迈向县域高质量发展，需要以强县域走出"三低循环"。一是低质量。由于缺乏标准化生产，农产品的质量无法得到保证，这直接影响了消费者的购买意愿和产品的市场竞争力。二是低品牌。县域农产品往往缺乏品牌建设和市场推广，导致产品难以在市场上形成品牌效应，消费者对产品的认知度低。三是低价格。非标准化的农产品难以实现价值溢价，企业为了争夺市场份额，往往采取低价竞争的策略，这导致整个行业陷入低价竞争的恶性循环。迈向县域高质量发展需要立足县域禀赋优势（找准品类），提升县域生产生活生态及消费场景的品质（提升品质），形成县域区域公用品牌效应（形成品牌）。

强县域为城乡资源配置优势互补提供了载体。经历数十年的经济发展，中国城市形成了广阔的消费场景，但农产品常常因为非标准化带来的低质量、低品牌及低价格的特征而陷入"三低循环"，难以实现小农户与大市场的衔接。县域作为城乡的过渡地带，具备承接城市工业的载体和对接小而散的农村生产要素的渠道，为乡村产品提供了提质增效的空间载体。强县域通过加强与周边城市和农村的对接，实现了城乡资源的共享和优势互补的同时，推动了县域经济的崛起。强县域强调了县域在市场导向下配置资源的主体地位。过去，县域经济处于城市的辐射和支配之下，发展受到限制。但在城乡融合的新局面下，县域被赋予了更多的自主权和发展机会，通过整合城乡资源、优化产业结构、提升创新能力等方式，为实现更为均衡和可持续的县域城镇提供了可能。

- **保重点让小县城得到新机遇**

重点工程项目是当前县域发展的重点，县域经济发展需要大项目和重点工程推动，在实施过程中带动县域上下游产业和相关配套的发展，形成县域城镇化的根本支撑。县域经济增长离不开产业和市场支撑。伴随着大城市向周边县区延伸，进一步推动了小县城的人口集聚。强产业的县域经济发展策略，一端连着广阔城市消费市场的需求，一端连着乡村生产要素的供给，一定规模的产业支撑带动了非农就业增加和政府税收增长。

"如果将县域经济比作汪洋大海，高大上的城市经济就是一个个岛屿，形成我国经济分散与集中的结构。"《中国县城经济发展报告（2024）》用此比喻刻画城乡连续体中城市与县域的关系。不过，受限于县域承载空间有限、县城辐射带动能力不足、发展环境有待优化等现实瓶颈，在当下财政承载能力下，县域发展无法做到"大水漫灌"。对于经济发展较为落后的小县城，中央和地方财政转移支付是其财政收入的重要来源。笔者团队早期在西部某县的调研发现，该县财政转移支付占全县财政的86%，但城镇化率不足40%。基于有限的财政资金实现最大限度的发展，保证重点项目是关键，重点就是县域核心产业。

人随业走，县随业兴。以强产业为抓手，县域的基本公共服务得到逐步完善，优质的产业和就业机会吸引了大量的外来人口流入，使小县城的人口规模不断壮大。随着人口的增加，商业、服务业等相关产业也得到了发展，县域的功能得到了进一步提升。人口从农村向县城及乡镇聚集的过程中，大部分人口选择在原有的农村或县城附近安家落户，并在这些地方寻找就业机会，而不是迁移到距离较远的大城市，实现了就地城镇化和就地村镇化。

反观一些缺乏主导产业和资源型经济的县域，由于缺乏强产业，难以吸引外部投资和人口流入，县域财政运作依赖中央财政转移支付，人口大量外流导致县域人口逐年减少，常住人口老龄化问题突出，城镇面貌和基本公共服务停滞，部分县域常住人口规模甚至小于发达地区的集镇。

社会支撑：挥舞两只手的身体

随着人口流动和集聚的趋势不断加快，县域承接了本地非农人口转入和外来人口迁入；同时，伴随着教育的撤点并校、县域医共体及房地产的扩张，城关镇的基本公共服务供给迅速与其他区域拉开较大差距，这进一步促进了县域人口往城关集聚，公共服务配套成为小县大城的稳定器。

民生工作和公共服务创新是县域城镇化和县域经济发展的两大稳定器。民生工作和社会稳定密切相关。发展伴随风险，越是发展快，社会稳定的潜在风险越突出，这是治理过程中的普遍现象。以城镇化为例，各种拆迁、项目建设及社会投资都伴随着不确定因素，而社会维稳成为县域治理过程中的一个重要难题。

▪ 让人忧心忡忡的教育

教育是国家现代化建设的基石。20世纪80年代中期以前，中国农村学校布局基本以"村村有小学，乡乡有初中"为原则。许多县教育部门规定学校要在村庄2.5千米之内，以便学生就近上学。经过近二十年的"城市教育政府办,农村教育农民办"的"穷国办大教育",中国完成了基本普及九年义务教育和基本扫除青壮年文盲两项工作。进入21世纪,随着计划生育政策的深入和城镇化速度的加快,农村义务教育适龄人口减少,出现了大量规模小、生源少、条件差、质量低的"麻雀"学校,这类学校的存在与教育领域倡导的均衡发展、提高效益等理念格格不入。2001年正式开始的一场对全国农村中小学重新布局结构调整的"教育改革",大量撤销农村原有的中小学,使学生集中到小部分城镇学校。1997—2010年的14年间,全国减少小学371470所,其中农村小学减少302099所,占全国小学总减少量的81.3%。

农村中小学撤点并校是在加快推进城镇化进程中,农村教育转型发展最鲜明的特征。农村中小学撤点并校在优化教育资源、提高教育效率的同时,也在一定程度上产生了损害教育公平、恶化教育生态、制约乡村社会发展等问题。进入21世纪,德化县的农村小学由1997年的198所调整至158所,"调整面"为20.2%,初小教学点由207点调整至56点,"调整面"高达72.95%,实现"基本普及九年义务教育,基本扫除青壮年文盲"的"两基"目标。撤点并校后,县中、县小依托优质的办学条件承接了县乡的优质生源的教育。到2004年,德化县中小学外来学生超过了当地户籍学生,其中小学占比为60%,初中占比为40%以上,进城务工农民子女大量进城就学带来的问题是农村中小学生数大幅锐减,超过60所乡村小学因生源问题而闲置,同时形成了城区教育资源的高度紧张。随着城乡居民收入差距的缩小,县乡家庭由过去的"租房陪读"转变为到县城"购房陪读",众多"陪读妈妈"在县域落户谋生,形成了63%的小学生、48%的初中生及83.9%的高中生在城区就读的局面。教育产业化在提升"办学效益"的同时，也成为房地产经济和人口城镇化的推动器。2011—2023 年，义务教育各阶段的城乡生均教育经费支出，如表 3-4 所示。

表 3-4　2011—2023 年，义务教育各阶段的城乡生均教育经费支出

（单位：元）

年份	小学阶段		初中阶段		高中阶段	
	城镇	农村	城镇	农村	城镇	农村
2011	18309.06	7760.56	22573.39	17005.49	12691.99	18809.18
2012	21693.77	10585.60	39531.62	23324.05	16313.72	30982.05
2013	25115.33	14427.10	46215.62	33135.69	34513.06	32751.61
2014	27509.08	17758.50	51210.38	41766.26	42672.56	41882.09
2015	24093.58	18612.80	47453.54	45867.34	21043.19	13982.69
2016	27040.52	20312.60	53472.22	49738.34	24227.01	15663.02
2017	39258.75	22351.11	48408.83	54962.79	—	22457.66
2018	39894.04	23905.43	50982.39	56965.77	—	22872.35
2019	11949.08	11126.64	17319.04	15196.86	17821.21	—
2020	12330.58	11541.34	17803.60	15731.01	18671.83	—
2021	12380.73	—	17772.06		18808.71	—
2022	12791.64	11541.34	18151.98	15731.01	19117.92	—
2023	15895	—	22054		25811	

资料来源：历年《中国教育统计年鉴》《中国教育经费统计年鉴》。

《县中的孩子》一书中提出了"县域教育的困局和变局"的命题，指出"中国的基础教育管理体制改革在改革开放以来的 40 余年中一直因应基层教育的现实问题不断做调整，采取了一条将地方财税制度作为基本前提、利用政府条块分割的行政组织制度所决定的组织资

源，逐步推进、融合市场所释放的自由活动空间和自由流动资源而形成的渐进改革道路"。但无论如何，学习成绩依旧是县域内部的学生跨越城乡的"硬通货"。改革开放以来，兴办农村教育遇到的两大掣肘因素被认定为财政经费不足和教师教学质量低下，而后者也因为"如果提高农村教师待遇，则教师教学质量会相应提升"成为前者的结果。因此，20世纪90年代以来县级政府作为一个独立单位组织教育资源，融合市场所释放的自由活动空间和自由流动资源开展渐进式改革，形成了"以县为主"的基础教育管理体制。正如《县中的孩子》所言："论及县域教育，一般人都会把'经济不够发达'的说法与之相连。"

在广袤的县域大地上，教育如同一道斑驳的光影，投射出希望与忧虑交织的复杂图景。这里，孩子们的笑声与翻动书本的声音，伴随着乡村的晨雾和城市的灯火，共同编织着中国教育的基层脉络。然而，这片土地上的教育也承受着质量不均、资源匮乏的重压，诉说着城乡之间的鸿沟、财政的拮据和师资的流失。这不仅是对孩子们未来的忧虑，更是对整个社会进步的深切思考。在这样的背景下，县域教育的振兴成为一个迫切的呼唤，它需要的不仅是政策的春风和资金的雨露，更需要全社会共同呵护与灌溉，以确保每一个孩子都能在知识的海洋中扬帆远航，追逐他们心中最璀璨的星辰。

• 让人负担不起的医疗

从新中国成立初期的医疗资源极度匮乏，到如今建立起世界上最大的医疗保障网，中国基本医保参保人数达到13.34亿人，参保覆盖面稳定在95%以上。这一成就标志着中国医疗保障制度体系的全面覆盖和显著增强的医疗保障能力。

20世纪50年代以来,为了解决中国农村地区医疗资源匮乏、卫生条件差的问题,"赤脚医生"亦农亦医,农忙时务农,农闲时行医,或是白天务农,晚上行医,实现了当时乡村的医疗供给。随着城乡二元结构的打破,县乡人口逐渐涌向城市医疗系统,但因供给不足出现了"看病难、看病贵"的问题。随着中国的城乡医疗体制改革,城乡医疗统筹成为一项重要的政策举措。如何实现城乡医疗资源的均衡配置和公平分配,解决城乡之间医疗资源不均衡的问题?重点是将医疗卫生资源下沉到县域。随着人口流动和医共体建设的完善,县域不断整合医疗资源,提升了城关镇的综合服务水平,增强了城关镇的吸引力。国家卫生健康委的数据显示,虽然全国有2062家县医院参加县医院医疗服务能力评估,覆盖全国98.6%的县域,其中1894家县医院达到二级以上医院医疗服务能力,1163家医院达到三级医院医疗服务能力,这表明县域医疗服务能力得到了提升,但是城乡之间医疗资源的分配仍然存在不均衡现象,这导致农村地区居民在获取医疗服务时面临诸多困难。

近年来,中国大力推进紧密型县域医共体建设,以提高县域医疗卫生资源配置和使用效率,促进医保、医疗、医药协同发展。通过县域医共体的建设,实现了医疗资源的优化配置,提升了基层医疗卫生服务能力,使得县域内居民能够在本县享受到优质医疗服务,推动了分级诊疗秩序的建立。随着县域医共体的建设,基层医疗卫生服务能力得到了显著提升。例如,2024年全国已有2100多个县区开展了紧密型县域医共体建设,实现了以省为单位的全面推开,紧密型医共体数量已发展到2171个,县域内就诊率达到94%,基本实现了"大病不出县"的目标。

- **让人踟蹰不前的养老**

随着人口老龄化趋势的加剧，养老服务也成为县域公共服务一个不可忽视的问题。不过，居家养老仍然是县乡居民的主流选择。"生于斯、长于斯、老于斯"的观念使得许多老年人更倾向于在自己熟悉的生活环境中度过晚年，这能够更好地保持老年人的社会关系和生活习惯，提升他们的生活质量和幸福感。对此，能进城、能返乡的县域成为养老的选择。在小县大城模式下，地方政府通过推动养老服务的提升和公共服务设施的适老化改造，满足未来居民的城乡养老需求。这样的举措既能够吸引更多老年人在城关镇居住，也提升了城关镇的社会稳定性。

新中国成立以来，不同发展阶段的城乡关系变迁与城乡政策和乡村建设重点直接影响农村养老模式的变化，农村养老事业的发展将会持续受到城乡关系变迁的影响。

城乡二元化阶段：农村家庭养老与集体养老相结合

1949—1977年为城乡分裂阶段，二元格局逐渐形成。新中国成立，实行以公有制为主体，多种所有制经济共同发展的基本经济体制，到1958年建立人民公社之前，城乡人员、资源要素互动对流，工农城乡互相支持；农村以家庭养老为主。1958年后农村集体化时期正值乡村贡献城市的工业化建设阶段。国家实行统购统销和人民公社制度以及工农产品剪刀差制度，这种工农产品的不对等交换以及国家垄断下的金融体系对农村经济的抽取使农村资源要素大量流向城市，据统计，农业部门以剪刀差形式流向非农业部门的生产价值占总体的四分之一。

计划经济时期产生了以户籍为表现的城乡二元财政和福利体制，全国土地改革使农民分到土地走上农业合作化和合作社养老道路，农村养老以家庭、村集体内部自养为主，没有明确的养老制度，而农村土地集体化对家庭生产和父辈权威有所瓦解，家庭养老功能也被削弱。1956 年建立"五保供养制度"，我国初步探索了社会养老制度。1962 年我国颁布的《农村人民公社工作条例》规定了生产队的社会保险和群众福利。集体生产时期留下了对农民有效组织动员、集中力量办大事的宝贵经验。

城乡二元格局破冰阶段：农村家庭养老衰落

1978—2001 年为城乡二元格局破冰阶段，城乡二元壁垒松动，城乡关系缓和。1978 年党的十一届三中全会开启了改革开放和社会主义现代化建设的新征程，以经济建设为中心，开始由计划经济转向社会主义市场经济，采取的是以农村为开端、以家庭联产承包责任制为引线的经济上"农村包围城市"的策略，家庭再次成为生产单位，这促使农村家庭养老替代了集体养老。一方面，经济发展和计划生育政策导致家庭小型化、核心化；另一方面，大量农村剩余劳动力向城镇转移导致农村空心化。总体上，在这个阶段农村家庭养老功能不断衰退。

同时国家开始向乡村放权推进乡村建设，农村水电、道路等基础设施建设得到改善。自 1986 年国家开始对传统农村养老保险的探索试点，农民的医疗、教育、养老逐步纳入国家社会保障体系，1992 年出台了《县级农村社会养老保险基本方案》，之后相继成立专门机构、建构农村养老保险体系蓝图，于 1999 年尝试试点工作。分税制改革之前乡镇企业是乡村经济发展的主力军，促进了农村剩余劳动力的就地吸纳，这在一定程度供给了农村养老服务资源。分税制改革之后，乡镇企业对农村养老事业的支持有所减弱。

城乡统筹阶段：农村社会养老发展

2003—2012年为城乡统筹阶段，2002年党的十六大报告首次提出"统筹城乡经济社会发展"来破解城乡二元格局，同年我国将农村社会养老保险理念付诸实践，进行大范围试点工作。党的十六届五中全会开始推进建设"社会主义新农村"。2006年中国取消了农业税。2007年党的十七大提出"以工促农，以城带乡"的长效机制，为农村赋权进行制度创新，使城乡公共服务格局发生变化。研究表明，2004—2012年中央财政"三农"投入累计超过6万亿元，增幅达21倍。

2008年，全国开始实施城乡居民养老保险办法，这打破了城乡户籍界限，确立了城乡居民统一的养老保障制度。同时，全国老龄委办公室等多部门联合发布了《关于全面推进居家养老服务工作的意见》，旨在提高老年人生活质量，推进居家养老服务工作。2009年全国推行新型农村社会养老保险试点，强调"保基本、广覆盖、有弹性、可持续"的原则，把政府补贴、集体补助和个人缴费三种方式结合在一起。

城乡融合阶段：农村养老事业城乡一体化发展

2013年至今为城乡融合阶段，在城乡统筹一体化的基础上，推进城乡融合发展。2014年新一轮户籍制度改革消除了城乡居民迁移制度障碍，同年国务院发布《关于建立统一的城乡居民基本养老保险制度的意见》，实现了"新农保"和"城居保"两项保险制度的合并。相继又建立完善了农村教育、医疗的保障保险制度。2018年中央一号文件明确要求建立"工农互促、城乡互补、全面融合、共同繁荣"的新型工农城乡关系。2019年我国进一步推进城乡融合顶层设计和试点工作，城乡基本公共服务进一步并轨，城乡要素双向流动得以畅通，县城在城乡融合中成为重要单元。但农村建设的"历史欠账"使城乡发展不平衡、不充分矛盾依然突出。2017年党的十九大报告首次提出实施乡村振兴战略。习近平总书记的《扎实推动共同富裕》（2021年）和《促进我国社会保障事业高质量发展、可持续发展》（2022年）、《正确认识和把握我国发展重大理论和实践问题》（2022年）均涉及扎实推动共同富裕、社会保障事业高质量发展和可持续发展等若干重大理论与实践问题的总体要求。

迷人的城镇化之梦

中国经济发展已经由高速增长阶段转向了高质量发展阶段,加速狂奔的城镇化进程也已经转换为建设以人为中心的县域城镇。2020年以来,中国县域第三产业占比稳步提升,逐渐超越第二产业。但从区域分布来看,第二产业或第三产业主导县域经济结构并无明显的东西分野,反而出现了以山区丘陵地形为主的山区县,其县域经济结构仍是以第二产业为主导,平原县域经济结构的第三产业占比正稳步提升。

- **继续创造经济奇迹?**

人们通常的认识是,发展县域经济既可以缓解中国区域不平衡和城乡不平衡问题,又可以为乡村振兴提供战略支点,还可以为共同富裕目标的实现提供扎实基础。中国发展不平衡,最大的不平衡就是城乡不平衡,县域经济的发展对增加农民就业和收入,缓解城乡不平衡,具有特别关键的作用。因此,全国几乎所有省级政府都进行了扩权强县改革,以期推动县域经济的快速发展。县级领导人也都在积极经营县城,以推动县域经济超常规发展。研究也证明,中国实现经济奇迹的一个很重要的原因是地方法团主义，也就是地方政府类似公司在推动地方经济增长。中国有两千多个县，如果每个县的积极性都被充分调动起来，每个县都通过经营县城，将所有资源调配用于推动县域经济发展，中国经济就具有巨大活力，也必然可以创造出持续高速增长的经济奇迹。

由图3-1可以了解到，县域经济的产业结构趋向良性变动。总体而言，县域经济的传统优势在于第一产业，尤其是农业。但随着经济的发展，第二产业和第三产业在县域经济中的比重逐渐增加。第一产业，即农业，仍然是县域经济的基础。但随着现代化农业的发展，农业的产值和效率都在提升。第二产业，包括制造业和建筑业，是推动县域经济发展的重要力量。一些县域通过发展特色产业和工业园区，促进了第二产业的发展。第三产业，尤其是服务业，随着城镇化的推进和居民生活水平的提高，在县域经济中的比重不断上升。旅游业、商贸流通、电子商务等服务业在一些县域经济中表现突出。此外，在县域经济产业结构变动趋势之外的现象是，县域经济发展正逐渐从单一的农业生产向多元化的产业结构转变，一、二、三产的融合发展

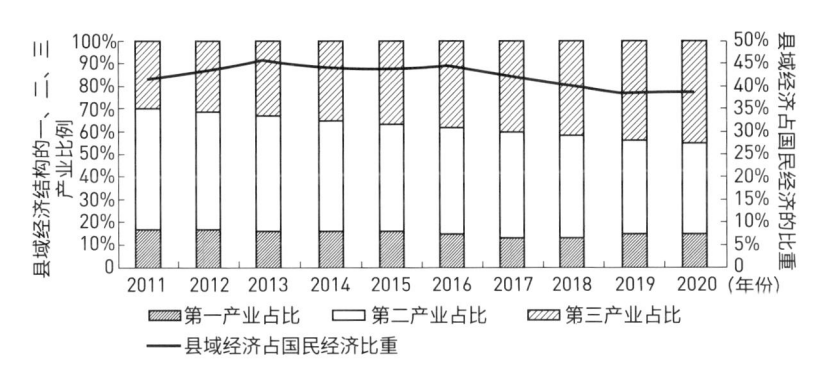

图3-1　2011—2020年，县域经济的产业结构及其占国民经济比重的变化趋势

趋势日益明显。随着国家对县域城镇化和乡村振兴战略的推进，县域经济结构调整也呈现新的趋势，如发展定位从国内大循环"供给泵"向双循环末端"压舱石"加速转变（见表3-5）。县域经济的健康发展对于缩小城乡差距、实现区域均衡发展具有重要作用。

表 3-5 县域城镇体系的等级层次

等级	层次	体系定位	行政属性
一	城关镇	县人民政府驻地，一般是县域政治、经济、文化中心；以政治、经济、文化功能为主导；具有集聚和扩散辐射带动作用	国家批准设置的建制镇
二	非城关建制镇	县域内次级小城镇，镇域内的政治、经济、文化和生活服务中心；承担镇域内政治、经济、文化等功能；集聚人口和产业并辐射带动农村地域发展	
三	乡集镇	乡人民政府所在地，乡范围内政治、经济、文化和生活服务中心；承担乡域内政治、经济、文化等功能；集聚人口和产业并辐射带动农村地域发展	有可能发展为建制镇或特定功能的集镇
四	其他集镇	一定地域发展水平较高的集镇，承担一定的经济和商贸服务功能或其他特殊功能；在一定范围内发挥集聚扩散作用	

资料来源：朱建达，《小城镇空间形态发展规律：未来规划设计的新理念、新方法》，东南大学出版社，2014年。

- **重新加载洗脚上田梦？**

从作为流入者的农民市民化角度来看，城镇化承载着一个个告别面朝黄土背朝天的洗脚上田梦。城镇化是农民市民化的重要拉力，农业人口非农转移也是推动农民这一称谓由身份象征转向职业象征的起点。农民告别沉重的农活，取而代之的是新型职业农民，享受着城市文明和现代化带来的种种便利和机遇。城市让生活更美好的同时，乡村也让城市更向往。

虽然每年的统计数据显示农民人均可支配收入远高于城镇居民人均可支配收入，但受限于早期的城乡二元结构带来的城乡收入差距的基数较大，21世纪的第二个十年以来，城乡人均可支配收入的差距仍在扩大（见图3-2）。其背后的原因在于，第一，长期以来的工农产品价格剪刀差导致的城乡收入剪刀差，农民与城镇居民之间的收入起点存在较大差异。第二，城乡收入结构的差异，城镇居民的收入来源相对多元化，包括工资、退休金、投资收益等，而农民的收入更多依赖于农业生产和劳务输出，同时农民从土地流转、房屋出租等获得的财产性收入相对较低。第三，城乡教育的代际差异。教育资源在城乡之间的分配不均，城镇居民通常能够获得更高质量的教育，这影响了农民及其子女的就业机会和收入水平。由此可见，国家虽然已经实施了一系列政策以缩小城乡差距，但这些政策效果的显现需要时间。

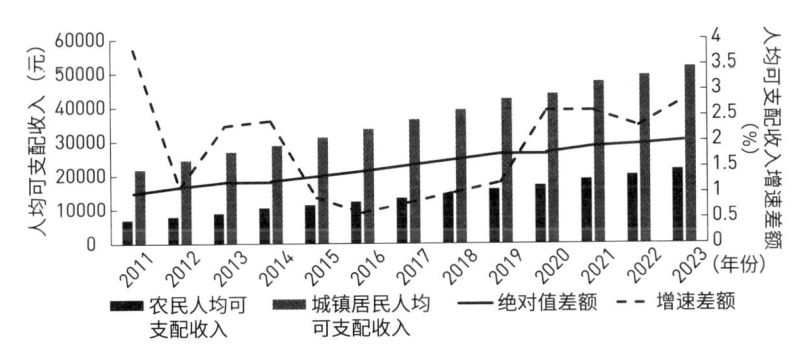

图 3-2　城乡收入差距的变动趋势

注：由于历年来农民人均可支配收入增速高于城镇居民人均可支配收入增速，故人均可支配收入增速的差额 = 农民人均可支配收入增速 − 城镇居民人均可支配收入增速。

从作为主政者的县域城镇化角度来看,城镇化是"为官一任、造福一方"的最好体现。推动城镇化进程,主政者可以有效地提升县域的综合实力和竞争力,改善人民群众的生活水平,实现经济的可持续发展。同时,城镇化还可以带动就业增长,促进产业升级,改善城乡环境,为县域的长远发展打下坚实基础。对主政者而言,积极推进城镇化进程不仅是对自身政绩的检验,更是对百姓福祉的责任和对县域未来的承诺。城镇化的三种主要类型,如表3-6所示。

表3-6 城镇化的三种主要类型

比较维度	异地城镇化	就地城镇化	就近城镇化
定义	人口从农村迁移到城市或其他地区	人口在本地农村地区实现城镇化	人口迁移到邻近的城镇
人口流动	跨区域的大规模流动	人口流动较小,主要在本地范围内	人口流动范围适中,限于邻近地区
发展重点	城市基础设施建设和产业发展	乡村地区的基础设施改善	强化县城或中心镇的基础设施
政策目标	人口向城市集中促进城市化进程	改善农村地区的基础设施	促进区域均衡发展,缓解大城市压力
乡村影响	农村人口减少、城乡差距扩大	有助于保护农村文化和生态环境	有助于区域经济的互补和协同发展
发展需求	更多的就业机会和公共服务	支持乡村特色产业发展	县城和中心镇的建设与产业发展
社会效益	城市拥挤、房价上涨等	有助于维持农村社区的稳定与和谐	有助于缓解城市化带来的社会问题
经济效应	城市经济增长,提高整体经济效率	农村经济多元化,提高农民收入	区域经济均衡发展的增长点
环境影响	可能加剧城市环境压力	推动乡村环境可持续发展	合理利用资源,减轻环境压力
具体做法	进城落户	村改居	易地搬迁

通过推动城镇化实现晋升的县乡干部也不胜枚举。一旦县域选准了小县大城这种集聚要素发展城关镇的实施策略，县乡干部将获得强化城镇化战略的权威地位，并给予资源和政策倾斜的"路径依赖"。

县乡干部在推动小县大城发展策略中扮演着至关重要的角色，所谓"火车跑得快，全靠车头带"，主政者的政治智慧和行政能力直接影响着城镇化进程和县域经济的繁荣。"火车头"们通常具备敏锐的政策洞察力和强大的资源调配能力，能够将上级政府的任务和目标分解为具体的行动计划，并确保这些计划得到有效实施。

在行政体系中，县域主政者的职位和晋升路径往往与他们的政绩紧密相关。通过推动城镇化和经济发展，他们不仅能够为当地居民带来实实在在的福祉，也能够为自己的职业生涯铺平道路。这种以政绩为导向的晋升机制，激励着县乡干部不断寻求创新的发展模式，以实现个人价值和地方发展的双重目标。

城镇化政绩是衡量县乡干部工作成效的重要标准。在这一过程中，通过优化城市规划，提升基础设施建设，吸引外来投资等手段，可以促进人口和资源集聚，增强县城的综合承载能力和辐射带动作用。一旦县乡干部在城镇化建设中取得显著成效，他们往往会获得更多的资源和政策支持，进一步巩固和扩大其在城镇化战略中的权威地位。然而，县乡干部在推动城镇化的过程中也面临着不少挑战。资源有限、政策执行难度大、地方利益协调复杂等问题，都考验着他们的智慧和能力。成功的县乡干部能够通过创新思维和有效协调，克服这些困难，推动地方经济的持续健康发展。他们的晋升去向通常与城镇化政绩密切相关。

然而，县域发展往往因特定阶段的杰出主政者的特质，出现"成也萧何，败也萧何"的现象。正如我们与小县大城的几位亲历者访谈时，他们说："在咱们县，人走茶凉这出戏可不鲜见。说白了，就是当家的领导一走,他那些心血来潮或者深思熟虑的政策,也就跟着烟消云散了。这种现象,可能因为什么呢?是领导太有个人魅力,还是政策本身就没扎下根?又或者是大家本来就对这些政策不买账?还是新官上任三把火,新领导想烧出自己的新天地?"有些老同志接着说:"要让政策不随着领导更迭而人走茶凉,咱们得想想办法。首先,得把政策的根扎深,让它成为咱们这个地方的常青树,不能随便换个园丁就拔了重栽。这就得靠制度,得让政策有法可依、有章可循。其次,咱们得看得远一些,别只顾眼前那点利益,得想想这些政策十年或八年后还能不能用,能不能帮助咱们的子孙后代。这就要求在制定政策的时候,得听取多方意见,让大家都认同,觉得它们靠谱,愿意跟着走。""说到底,避免人走政息,不是一两个人的事,而是大家的事。只有咱们一起努力,一起参与,一起监督,才能让好政策持续发力,让咱们的家乡越来越好。这就像是种树,小树苗不是一朝一夕就能长成参天大树的,得有耐心、恒心、决心。咱们一起努力,让政策的种子在咱们的土地上生根发芽,长成支撑咱们县域发展的大树。"

从经济结构变迁来看,小县大城的形成过程就是农业活动逐步向非农业活动转化和产业结构升级的县域城镇化过程;从社会结构变迁来看,小县大城的形成过程就是农村人口逐步转变为城镇人口并共享城镇文化、生活方式和价值观念的过程。这两种变迁在空间结构上,都表现为土地、资本、人口等各种生产要素向城镇聚集的小县大城特征。依据城市化的国际经验和启示,城市化一般会经历三个阶段,逐渐会呈现出多元城市生态:第一阶段是人口向各种规模的城镇集中,第二阶段是小城镇人口向大中城市集中,第三阶段是人口以流向中小城镇为主,包括大城市人口的逆向流动。当前中国城镇化正在进入第三阶段,小县大城将是以县城为载体的新型城镇化的未来样态。

多元城市生态图景

中国改革开放以来，城镇化率不断提升，大国大城是中国特色的典型模式。大国大城是指在全球化和区域一体化背景下，一个国家通过发展大城市和城市群，形成强大的经济中心，以带动整个国家的经济发展和区域均衡。大城市能够更有效地配置资源，提高生产率，创造更多就业机会，并通过规模经济和创新能力的提升，增强国家的国际竞争力。伴随着大型城市化进程的推进，特大城市偏向的单一城市生态面临着日益扩大的城乡差别和城乡人口分布的日益极化。在城市越加"欧洲化"的同时，乡村的"非洲化"也更加突出。与此同时，中国的城乡人口分布两极分化更加突出。对此，沈晓杰明确指出，城乡人口建设用地倍差加剧、大城市人口适度疏解刻不容缓，以及小城市和乡镇要转危为机三大因素决定了大国大城的城镇化道路难以为继。[1]

---

[1] 沈晓杰：“十四五”城镇化：开启中国小城镇时代，详见 https://idei.nju.edu.cn/26/09/c26515a534025/page.htm。

- **大国大城与小县大城水火不容？**

大国大城与小县大城的形成机制受到政策引导、经济集聚和基础设施建设的共同影响，但大国大城通常具有更大规模和更广泛的区域影响力，依赖于高新技术产业和现代服务业的发展，以及更完善的市场机制和公共服务体系；而小县大城则在较小的地理范围内形成，更多依赖于地方特色产业和传统产业，以及地方政府的规划和扶持，其发展动力和资源分配相对集中于地方层面（见图3-3）。

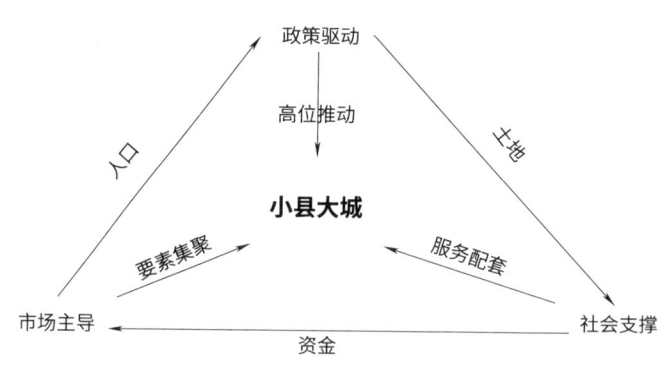

图3-3 小县大城的形成机制

一是政策驱动——以产兴城。产业兴，百业兴。富民产业的定位与规划是前提，产业园区与新质生产力建设是关键，产城融合与城乡服务功能完善是保障。推动产业与城镇的融合发展，以产业为枢纽促进城乡关系的良性互动。一方面，对于潜力地区城镇化，应以"一县一策"的方式选优扶强，培育特色优势产业，形成以县城为载体的产业集群。另一方面，对于现代化都市圈建设，转变超大特大城市发展方式，强化对周边的辐射带动作用，培育发展现代化都市圈，推动中心城市基础设施向周边延伸、优质公共服务资源向周边覆盖、部分产业向周边转移,促进大中小城市和小城镇协调发展。

二是社会支撑——以城聚人。城市让生活更美好,乡村让城市更向往。以城聚人,即通过新型城镇化促进转移人口分层级向城镇集聚,形成多元城市生态。第一,完善农业转移人口市民化激励政策;第二,健全进城落户农民农村权益维护政策;第三,增强城镇综合承载能力。核心在于分层次加大基础设施建设投入,满足农业转移人口的差异化公共服务需求。

三是市场主导——以人兴业。人的现代化是现代化的本质。以人兴业关键在于人力资本投资促进农业转移人口在市民化过程中推动产业发展和城镇繁荣。第一,重视农业转移人口的人力资本投资。加强多层级、宽领域的教育体系建设。第二,优化转移人口市民化的创新创业环境优化,提升转移人口在市民化进程中的成就感和归属感。第三,优化人力资源的合理配置,推动产业升级和转型,通过人力资源的再培训和转岗,促进劳动力从传统产业向新兴产业流动,实现人力资源的有效利用。

小县大城的圆梦计划

小县大城的发展带来了虹吸效应,即城关镇作为中心,形成了辐射带动周边地区的趋势。人口、资金、产业等要素在城关镇聚集,形成了一个相对强大的经济中心。2020年全国县城人口(含暂住人口)为15846.39万人,约占全国城镇人口的17.6%。这种虹吸效应使得城关镇不仅能够实现自身的快速发展,同时也带动了镇村地区的发展。

在县域经济发展过程中,城关镇与周边乡镇的发展态势可以划分为三个阶段(见图3-4)。

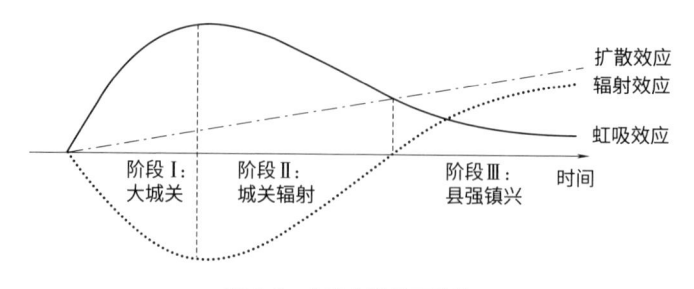

图 3-4 小县大城的三阶段

阶段 I：大城关。城关镇或中心镇是县域城镇化的核心。城关镇由于经济规模、发展水平和基础设施等方面的优势，对周边乡镇的资源产生了强烈的吸引力。周边乡镇的资本、人才和技术等资源被吸引到城关镇，城关镇成为县域经济的增长极，在引领县域经济发展的同时，单向吸纳了县域内的各类要素，产生集聚效应，周边乡镇的发展潜力受到限制。2020 年全国县城平均人口规模为 10.6 万人，比 2001 年的 5.43 万人增长近 1 倍；平均建成区面积 13.96 平方千米，比 2001 年的 6.28 平方千米增长 1.2 倍。总体上看，县城本身的人口集聚规模在不断提升。

阶段 II：城关辐射。随着城关镇的进一步发展形成了一定的发展路径，周边乡镇通过类比移植城关镇发展模式。随着城关镇经济活动和人口增长达到一定饱和状态，周边乡镇成为辐射带。这一阶段，虹吸效应仍然存在，但扩散效应开始显现，城关镇的一些功能和产业的上下游配套产业开始布局周边乡镇，形成了双向互动的辐射 - 互补模式，县域发展的均衡性得到改善。

阶段 III：县强镇兴。得益于县域内部的互补性和协同性，随着城关镇的创新、技术和管理经验等开始向周边乡镇溢出，形成辐射效应。周边乡镇通过吸收城关镇的溢出效应，实现产业升级和经济增长，县域经济体内部的协同发展水平提高。不过，往往受限于县域经济的有限和得益于县域交通的发展，城关镇凭借着较好的公共服务供给，形成了人口在县域内部日常流动的现象。

小县大城是不是圆梦城镇化的选择？我们需要进一步把握小县大城的基本特征与治理逻辑，由此做出县域城镇化的趋势性判断。

| 第四章 |

治理逻辑

CHAPTER FOUR

引子：小县城的"大三角"

小县大城作为一种要素集聚带来经济社会形态变迁的空间现象，并非城乡中国时代独有，而是可以追溯到资本主义萌芽时期，资本主义萌芽的出现推动农业社会中的手工作坊和经营式农场出现，为农业劳动力流出乡村提供了可能。同时，沿海地区的一些城镇手工作坊和工商业发展成了商品的集散地和加工中心，吸引了更多人口集聚到城镇，伴随着城市与农村之间的商品流通更加顺畅，小县大城的城镇化渐具雏形。在城乡二元结构下，由于缺少健全的要素自由流动和资源配置机制，从清末民初直至改革开放之前，小县大城的规模和影响力都较为有限。改革开放后，中国经济快速发展和城镇化进程的加快，小县大城带领县域发展进入"快车道"。

改革开放后，小县大城这一模式在东南沿海的山区县取得显著成效，并扩展至西南和西北的县域。从 20 世纪 80 年代东南沿海的城关建设到福建省德化县自 1992 年实施大城关战略，小县大城模式已有 40 年的实践，这一模式的逻辑是在市场配置资源的基础上，山区劳动力向平原地区的城关镇快速集聚，为县域主导产业提供丰富的劳动力，促进了以加工制造业为主的第二产业发展。

为何小县大城在以县城为载体的新型城镇化进程中大放异彩？为何小县大城的城镇化形态最先出现在东部沿海的山区县，并在近期延展到西南一带？与资本主义萌芽下由市场自发驱动形成的小县大城雏形不同，改革开放以来，小县大城是"经济—政治—社会"大三角的多重制度逻辑共同作用的结果。

本章将以福建省德化县作为案例，剖析小县大城的四大特征与治理逻辑。德化县城集中了全县超过三分之二的劳动力、经济总量、税收，以及95%的中小学生，开创了以产兴城、以城聚人、产城融合模式，是全国为数不多的"大城关"发展模式，在以县城为载体推进新型城镇化的新时期，小县大城已经成为全国多地统筹新型工业化、新型城镇化和乡村振兴的重要抓手，其中，产城融合是理解小县大城的密钥。从城乡关系观察小县大城，两个维度是至为关键的：一是人口与产业的关系，二是人口与县域的关系。第一个维度是小县大城的内核，早期县域的经济活动基本围绕农民进城与产业发展的关系展开，在新型城镇化进程中，加快农业转移人口市民化是重点。第二个维度是小县大城的表面，县域治理活动主要围绕人口城镇化与县域配套规划的关系展开，确保重点项目、发展县域核心产业是县域振兴的核心。

德化县是一个典型的内陆山区县，其地形地貌复杂，山脉连绵，溪流密布，平地少，农业可用耕地更少，农业禀赋条件很大程度上决定了德化的县域人口承载力。具体而言，德化县域版图中，东西长62.1千米，南北宽60.4千米，总面积2232.16平方千米，其中山地面积273万亩，占总面积的81.6%，耕地面积为19万亩，占总面积的5.6%，人均耕地仅为0.62亩。值得说明的是，作为一个县域，德化县没有一块超过1000亩的平地，仅在城关镇区域有少数河谷盆地。全县75%以上的村庄都在海拔600~900米的低中山地，绝大多数地区山高、坡陡、谷深，由此导致县域内部的乡镇之间、村庄之间的相对闭塞、交通不便。德化县作为千年古县，在历史上既无发展大规模农业的自然条件，也因交通不便不具备发展商业贸易的区位条件，这对于城镇化而言可谓先天不足。

德化县位于福建省中部、泉州市西北部，是中国陶瓷文化的重要发祥地之一，与江西景德镇、湖南醴陵并称为中国的三大瓷都。德化县的历史沿革悠久，其疆域在建县前分属尤溪县、永泰县管辖。唐贞元年间（785—795年），析永泰县归义乡置归德场，场址设在今德化县城，隶属永泰县，初具德化县雏形。五代后唐长兴四年、闽龙启元年（933年），由永泰县析出归德场置德化县，这是德化县正式设立的开始。虽然区位禀赋条件使德化县在城镇化发展上有先天不足，但其在陶瓷业发展上则是天赋异禀。得益于德化县处在有"闽中屋脊"之称的戴云山脉，此处适用于制造陶瓷的高岭土广布且质地优良，这为陶瓷产业提供了得天独厚的条件。德化具备得天独厚的瓷石原料，它是怎么一步步通过发展陶瓷业，进而探索出一条强县富民的小县大城路径的呢？

四阶段发展逻辑

产业规模有多大,城市的空间就有多大。德化县拥有1000多年的陶瓷发展史,但改革开放前,德化陶瓷规模小,以日用瓷为主。改革开放后,随着工艺瓷、日用瓷的日益创新,欧美市场的持续拓展,德化陶瓷业的发展进入了前所未有的快车道,打造了极具竞争力的出口产业集群。瓷兴人聚,德化的城镇化发展,便迎来前所未有的历史阶段。从浐溪两岸几万人家的小城,迅速扩张为环山抱水、生机勃勃的现代山城,县城人口跃升至20多万,占全县总人口的70%以上,德化县只用了短短30多年。

图4-1展示了小县大城的发展逻辑。在大城关战略框架下,政府首先"以县兴产",强调了县域作为经济发展的基本单元,通过优化本地资源配置,发展特色产业,提升基础设施等措施,激发县域经济的活力。在起步阶段,土地财政是县域产业发展的关键,其汲取能力直接影响到产业的培育和成长。接着,市场"以产兴城",表明产业的繁荣对城镇化进程的推动作用。当产业发展壮大时,会带动就业机会的增加,吸引人口流入,促进城市规模的扩大和功能的完善。产业的集聚效应,也会促进城市经济的繁荣和城市形象的提升,形成产

城融合的雏形。然后，城镇化"以城聚人"，揭示了城镇化对人口集聚的吸引力。随着县域城镇化进程的推进，城关镇将提供更多的就业机会、更好的生活条件和更丰富的文化生活，吸引更多的人口流入。最后，人才"以人兴县"，突出了人才在县域发展中的关键作用。人才是集聚县域的人流、物流、资金流的风向标，通过引进和培养各类人才，提升了县域的创新能力和竞争力。人才的聚集，也会带动文化、教育等社会事业的发展，提高县域的整体发展水平。人口的增加，又会进一步推动城市的扩张和产业的发展，形成良性循环。

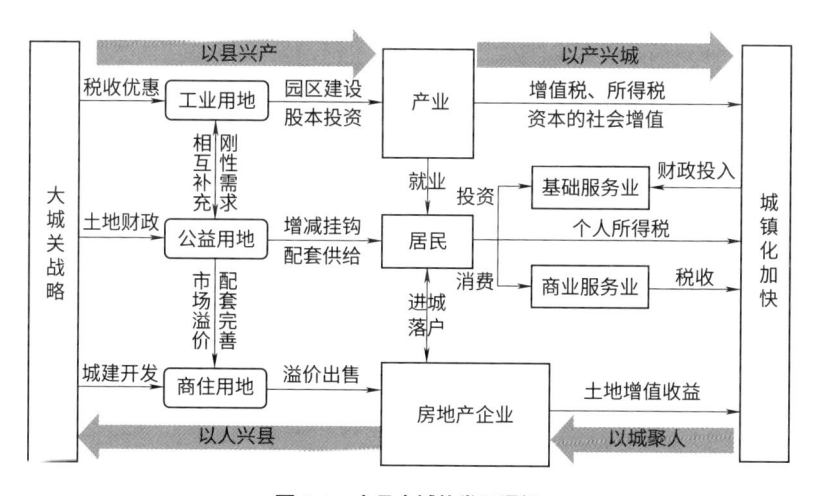

图 4-1 小县大城的发展逻辑

在以县兴产、以产兴城的产城融合逻辑中，产业发展脉络是理解小县大城发展逻辑的关键。人类早期的聚落形成标志着乡村的起源，乡村不仅是农业生产的基础，更是社会结构和文化发展的摇篮。随着农业技术的进步和生产效率的提高，乡村地区出现了食物剩余，促进了社会分工的细化和人口的集中。这些变化催生了贸易、手工业和其他非农业活动的发展，逐渐在某些地区形成了更为密集和复杂的人类居住点。最终，生产与生活相对分离的人类居住点发展成为城市，其中劳动分工使得百业从农业（属于第一产业）中孕育出来。

- **产业发展的阶段演进**

纵观近代工业革命以来的城市史，除了古老的政治中心，产业对新兴城市的催生作用尤其明显。纺织业纺出了英国纺织之都、世界首个工业城市曼彻斯特，煤炭业催生了德国鲁尔，航运业造就了荷兰鹿特丹，商业贸易撑起了意大利水城威尼斯，汽车和钢铁则成就了美国工业名城底特律和匹兹堡……在中国，近代以来崛起的发达城市，也大多与一定的特色产业密切相连。

德化县的兴起，在一定程度上是制陶业发展的结果。制陶业的兴起最早可以追溯到唐代后期的《陶业法》，这是第一部有文字记载的陶瓷工艺专著。后唐长兴四年，德化建县。宋代以降，中国海外贸易发达，德化陶瓷成为"海上丝绸之路"的重要商品，其中的例证便是 2007 年在广东省阳江市海陵岛附近海域打捞出的南宋古沉船"南海一号"的货箱中大部分是德化白瓷。宋元时期，德化瓷器随着泉州港的繁荣和海外贸易的发展而畅销国外，成为海上丝绸之路的重要输出商品。明代是德化窑陶瓷生产的高峰时期，德化瓷器的器物造型、烧制技术、产品质量、生产品种、工艺水平、装饰艺术等远在宋元之上，明代的德化白瓷以其材质的独特，在国际上享有很高的声誉，备受西方人的青睐，被誉为"中国白"。除去朝代更迭带来的战乱影响，德化陶瓷业逐步发展壮大，并在道光九年（1829 年）达到顶峰，当时德化全县人口达 12 万人，但受限于陶瓷工坊主要分布在当今城关的盆地地带，德化未能孕育出更多的密集市镇。即使到中华人民共和国成立,受限于对人口流动的严格限制,德化城镇化基本处于停滞状态,直至改革开放后的乡镇企业崛起,陶瓷产业孕育出了一个小县大城的德化探索。

乡村工业化

中华人民共和国成立后,因福建的特殊地理位置,国家重大项目设施投资集中在重工业和三线建设,沿海地区投资较少,因此德化县经济长期处于以农业为主的自给、半自给状态。1949—1978年的29年间,全县生产总值由937万元增加到3855万元,增长3.11倍,年均增长2.2%。因此当时德化白瓷产业主要是完成国家下发任务,以礼品性质工艺品为主。德化县先后设立了德化瓷厂、德化红旗瓷厂及工艺美术瓷厂等几家国有企业。德化县基于"保护性发展"的方针,完整地保留了德化陶瓷"中国白"的历史遗产。以1958年为例,两个国营瓷厂职工不足3000人,年产日用瓷3055万件,总产值173.86万元,其中出口瓷239万件,出口份额不到8%。进入20世纪60年代,在"以粮为纲"的号召下,德化乡村以农业大生产为主,陶瓷产业相对式微。到60年代中后期,在以阶级斗争为纲的影响下,大量技艺大师外流。20世纪70年代农村集体修建小水电工程浪潮为后来德化瓷窑开展"柴煤改电"奠定了基础。在改革开放之前,德化陶瓷业的主要功能在于外交礼品和出口创汇,并不属于当时围绕国家快速工业化体系下的采煤、采矿、炼铁方面兴办以"小洋群"和"小土群"为特征的地方企业名录。

20世纪40年代,南斗村乡贤陈其英,依托屈斗宫白瓷窑的历史积淀,打通了德化白瓷的外销通道,同时留下了一批产业工人和工艺大师,为改革开放后的德化陶瓷业崛起埋下了种子。1978年,党的十一届三中全会以后，德化县开始探索农村经济体制改革，调整农业结构向商品经济转向。如何寻找就地利用资源和劳动力开办多层次、多种经营形式的企业？陶瓷产业是重要突破口，对此德化县通过"四个轮子"，即乡镇办、村里办、联户办、个体办，推动德化乡镇企业异军突起。1982年，全县所有陶瓷厂大力推广窑炉改造，落实"以电代柴"，实现了用泥巴换取美元的梦想，并于1989年实现了农村初级电气化，成为全国第一批100个农村初级电气化达标县之一。

德化县的乡村工业化历程，从20世纪40年代的开拓精神，到中华人民共和国成立后的保护性发展，再到60年代的农业大生产，70年代的技术创新，改革开放后的乡镇企业异军突起，以及1982年的窑炉改造，为后续产业发展保留了火种。

乡镇工业化

1978年，党的十一届三中全会提出"社队企业要有一个大发展"。1979年7月，国务院下发《关于发展社队企业若干问题的规定（试行草案）》，其中明确肯定了社队企业在国民经济中的地位。自此，分散在广大乡村地区的社队企业和乡镇企业迎来了大发展阶段，也成为改革开放初期中国经济快速增长的重要动力。社队企业和乡镇企业的发展，一方面源于计划经济时代供给不足所引致的市场机会以及农村家庭联产承包责任制实行后的农村劳动力过剩，另一方面依托传统乡村地区社队企业形成的工业基础和农民创业的传统。20世纪七八十年代，德化陶瓷一厂和二厂成为德化瓷生产的主要力量。其中，一厂雇用了南斗村的产业工人和工艺大师，二厂由劳改农场改建而来，两厂成为德化陶瓷业发展的基础。20世纪80年代，德化陶瓷产业进入了国营转向民营的过程。在乡镇工业化时期，原先的一厂和二厂的工艺大师和产业工人纷纷回乡建厂，迎来了德化陶瓷发展的"村村点火、户户冒烟"的局面。到1986年前后，以三班乡奎斗村为例，形成了一个以农、林、牧、副、渔和陶瓷为主体，综合经营的多层次的农村新型产业结构。这是乡镇工业化以后，陶瓷作为一个重要的产业单元，逐渐出现在德化县各镇村的产业结构中。

邓小平曾对乡镇企业给予高度评价："农村改革中，我们完全没有预料到的最大的收获，就是乡镇企业发展起来了，突然冒出搞多种行业，搞商品经济，搞各种小型企业，异军突起。"[①]1990年前后，德化全县乡镇企业突破3200家，从业人数突破2万人，总产值突破1.2亿元，首次达到亿元企业县。其中涌现了一批年产值超百万元的陶瓷厂和超千万元的乡镇，以及浔中、隆泰、宝美及阳山等年收入百万元的企业村。乡镇企业崛起的背后离不开20世纪80年代德化县委、县政府提出了"相对集中全县的人力、物力和财力，首先支持城关地区发展乡镇企业，特别是陶瓷业"的发展思路，引导全县生产要素向城区流动。不过，"村村点火、户户冒烟"的乡镇企业崛起过程中，德化陶瓷企业发展也存在同时期中国乡镇企业的通病。在镇村工业分散化布局下，一批批耕地被侵占为非农业用地，同时乡村环境污染和生态破坏问题，影响了农业农村的后续发展。此外，从当下来看，即使当时乡镇企业发展让德化人民的腰包鼓起来了，但由于缺少规划、企业规模小、生产技术落后，效益也不好。具体的例证便是，1984年以前，德化工业企业在城关的数量仅占全县工业企业总数的13.06%，产值仅占29.03%，分布在镇街和乡村的陶瓷工坊背靠青山，就地取材，同时产业工人受限于人口流动政策"离土不离乡"。乡镇

---

① 资料来源：邓小平. 邓小平文选[M]. 北京：人民出版社，1993：238.

企业的崛起虽然带来了人口的增长与流入，但在这一时期德化县的人口结构并未发生太大改变。以1984年的数据为例，德化全县共有户籍人口24.4万人，其中非农业人口仅有1.9万人，占比仅为7.8%，其中有1.8万人为早期居住在城关的人口，县域大部分人口分散在全县的各个乡村。尽管在1987年，德化县以陶瓷为主的工业总产值首次超过了农业总产值，但德化陶瓷企业密集化发展的效果并不理想。即使到1990年，全县户籍人口增长到了28.2万人，非农业人口数为2.5万人，城关常住人口为2.62万人，城关吸纳了一部分非农转移人口，但镇村两级就地吸纳的能力依旧强劲，德化陶瓷业也难有质的提升，城镇化进程没有根本改观。由此带来的问题是，陶瓷产业在乡镇野蛮生长，产业布局"小、乱、散"，未能促进城镇化的发展，这一局面直至德化县委提出"小县大城关"战略才有所改变。

  肇始于社队企业及之后乡镇企业的大发展，将我国乡镇工业化的发展推向了一个新的高度，集聚在农村和乡镇的大量富余劳动力表现出"离土不离乡""进厂不进城"的新生产方式，不仅迅速填补了计划经济时代市场供给的不足，也极大地提高了农民的收入，更为在改革开放进一步深化背景下推进城镇化奠定了坚实的基础。1992年7月，德化县委召开第七届第六次全体（扩大）会议，首次提出以瓷为主，以城带乡"强化城关、发展集镇、推进东西、共奔小康"的"小县大城关"发展战略，形成了小县大城的雏形。从效果来看，早期小县大城的目的在于推动县域产业和镇村两级人口向城关镇集中。2007年是"小县大城关"战略实施的第十五年，德化城关常住人口突破了17万人，容纳了全县总人口的56.1%。其中有10.3万非城关镇人口流入城关镇。大城关战略推动了德化陶瓷产业快速发展，在创造非农就业岗位的同时，为农业人口到县域实现非农转移提供了基本公共服务配套。人口和产业向城关镇集中，一方面使城镇土地等资源得到了优化配置，农业农村生态资源得以恢复；另一方面，城乡二元结构的逐步破除，使农村剩余劳动力向非农部门转移，农民收入持续增长。德化乡镇工业化的历程是中国乡村经济转型的一个缩影，具有深远的历史意义。随着 80 年代国营向民营的转型，乡镇工业化催生了"村村点火、户户冒烟"的繁荣景象，促进了德化陶瓷产业的蓬勃发展。1998 年，德化县的陶瓷产值突破 20 亿元，占工农业总产值的 53.7%，陶瓷业成为县域重点支柱产业，缴纳税收占财政收入的 60%，并带动了矿山开采、水电开发及包装运输等产业发展。然而，这 过程中也伴随着耕地被侵占、环境污染等问题，反映了当时中国乡镇企业的普遍挑战。尽管如此，德化乡镇工业化的成功，为后续的城镇化和产业升级奠定了坚实基础，展现了乡村工业化在促进地方经济发展、改善居民生活，以及推动社会进步中的重要作用。

产业集群化

所谓产业集群化，是指在一定地理区域内，相同或相关联的产业中的企业以及相关服务机构，如供应商、服务商、金融机构和研究机构等高度集中的现象。产业集群化不仅体现在企业的空间分布上，还体现在它们之间紧密的联系和互动。产业集群化能够促进企业间的信息交流和技术合作，增强整个区域的创新能力和竞争力。在产业集群中，企业可以享受到地理位置接近带来的各种好处，比如降低物流成本，促进知识和技术的快速传播，提高劳动力市场的灵活性，以及强化企业间的协同效应。此外，产业集群还能形成区域品牌，吸引更多的投资和人才，从而推动区域经济发展，并提升区域的整体竞争力。大企业依靠本身的优势在企业内部形成规模经济，而中小企业可以通过企业集群形成外部规模经济。外部规模经济不同于内部规模经济。内部规模经济是企业的规模经济，产业的效益提高得益于其自身规模的扩大，可能与其所在的行业规模无关。外部规模经济指同行业的企业利用地理接近性，通过规模经济，使学习经验曲线中的生产成本处于或接近最低状态，使无法获得内部规模经济的单个中小企业通过外部合作获得规模经济。产业集群产生的外部规模经济包括知识的溢出效应、劳动力和中间投入的专门化、竞争的激化、信任和合作的加强等。

产业集群化是德化陶瓷产业提质增效，并赋能县域城镇化的关键（见图4-2）。具体做法是工业园区建设：一方面给予入驻园区的企业政策和税收优惠，将镇村两级的陶瓷企业迁往城关镇；另一方面收紧镇村两级工业用地，促使新增企业往园区集中，由此通过产业集群产生规模效应。截至目前，德化县已经建成位于龙浔镇、浔中镇及三班镇的三个工业园区。

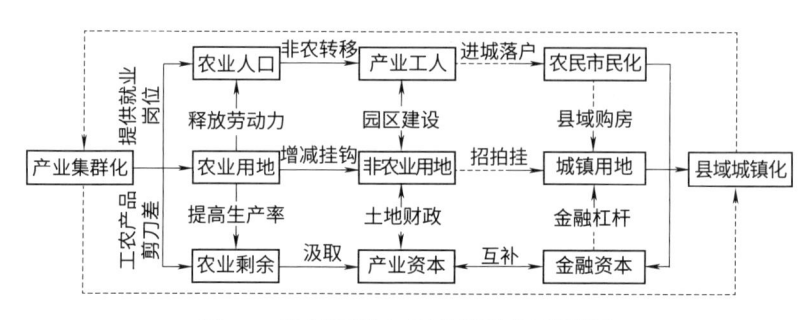

图4-2　产业集群化与县域城镇化的互促关系

配合产业集群化，推进小县大城战略有五个关键的时间节点。第一个时间节点是1986年。标志性事件是福建省政府批准实施的《德化县城市总体规划》，这一规划确定了德化县城的性质是以发展瓷器生产为主的城镇，提出规划区面积为2.72平方千米，人口发展规模

5万人,并提出以项目园区和重点工程建设为载体,旧城改造与新区建设并举的方式,集中全县资源建设城关地区。1992年,德化县完成了上述目标。

第二个关键时间节点是1992年。基于县域总体城市规划的发展成就,城关逐渐成为县域经济增长的引擎,德化县委进一步明确提出了"大城关"战略,为支撑经济发展和城镇化,德化县加大了基础设施建设投入,以土地的开发和利用为抓手,通过出让土地使用权来增加财政收入。德化县域产业及其他相关配套产业开始向城关地区集聚,形成了产业集群效应,提高了产业链的完整性和竞争力。城关的扩张和产业的发展促进了城乡一体化进程,农村地区的劳动力和资源开始向城市转移。

第三个时间节点是2003年。德化县提出了建设现代化瓷都的构想,以政策引导和项目带动为抓手,着力发展陶瓷业、矿产业与服务业,推动人口向城镇集中、企业向园区集中、居民向社区集中、农林业向集约化经营集中。2004年,德化县实现了从以电代柴到天然气烧瓷的第二次能源革命。全县陶瓷企业的煤气炉全部销毁,现代化瓷都建设使得德化成为由瓷而生、伴瓷而兴、因瓷而名的名片,陶瓷成为德化的支柱产业、民生产业、经济命脉。

第四个时间节点是2011年,德化县以生态旅游宜居城市为定位,推动产业结构调整优化。得益于前期的能源替代,德化县森林覆盖率从20世纪90年代的56.9%提高到接近80%,破解了制约陶瓷业的"林-瓷"矛盾,人居环境质量跃居福建省首位,成为没有烟囱的绿色陶瓷基地。这为德化定位为生态旅游宜居、推动产业结构调整提供了可能,形成了农业基础稳固、工业生产能力全面提升、服务业全面发展的格局。

第五个时间节点是2021年前后，德化县响应国家提出的城乡融合发展，着力解决小县大城面临的县域内发展不平衡问题。立足40年来的以县兴产、以产兴城、以城聚人、以产强县的发展历程，打造"进城党群城市家园"，畅通城乡一体化服务体系。由此形成了"城关优先发展陶瓷业—小县大城关—大城关—一流瓷城—现代化瓷都—现代化绿色瓷都—城乡统筹发展—城乡融合发展"的小县大城德化探索历程。

由表4-1可见，在大城关政策的影响下，德化城关地区企业的集中度明显提高，转折出现在1987年，并于1997年开始，城关企业的主体地位趋向稳固。为何转折出现在1987年？因为转折的关键在于德化陶瓷产业外向型发展模式的确立。背景是1985年德化县第五瓷厂的温克仁出国考察，从西欧带回了西洋小工艺瓷，这成为德化陶瓷业发展外向型经济的起点。由于订单经济的标准化和市场化程度高，产业集群化发展有助于承接大订单、降成本、增效益、造品牌（见图4-3）。

表4-1　1984—2024年，德化城关企业数与企业产值占全县的比重

年份	城关企业数所占百分比（%）	城关企业产值占比（%）
1984	13.06	29.03
1987	40.08	37.57
1994	42.14	48.13
1997	45.77	62.99
2004	59.96	65.30
2014	65.00	73.00
2024	71.00	75.60

资料来源：《美丽德化 生态瓷都——中国瓷都·福建省德化县城镇化探索》，2024年的数据为作者依据调研情况估算。

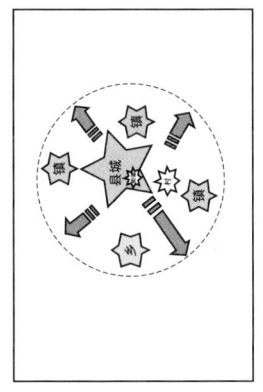

图4-3 **产业集群化的阶段演进**

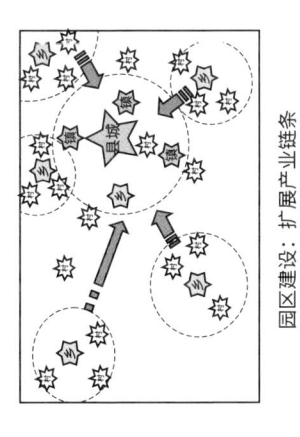

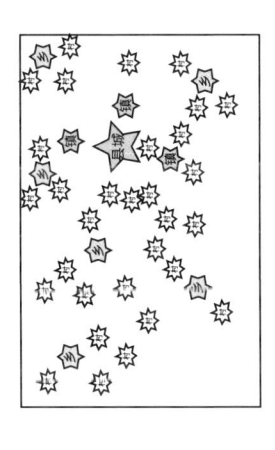

第四章 治理逻辑

地方产业集群的成长和发展在提升县域工业化水平方面发挥着重要作用,它通过集聚相关产业,形成规模效应和协同效应,有效促进了地方经济的繁荣。这样的产业集群不仅为农村地区带来了先进的生产技术和管理经验,还提高了农产品的附加值,加速了农业现代化的步伐。同时,地方产业集群的发展有利于农村劳动力的空间转移,为农村剩余劳动力提供了丰富的就业机会,推动了人口向城镇的流动和集聚。这种转移不仅缓解了农村的人地矛盾,还促进了区域城镇化水平的提高,加速了城镇基础设施和服务功能的完善,为城镇经济社会发展注入了新的活力。

此外,地方产业集群的成长和发展在促进区域空间经济结构演变的同时,也影响了城镇地域空间结构的变化特征。产业集群通过吸引相关的上下游企业和服务行业,推动了城市产业的集聚和优化,增强了城市的产业基础和综合竞争力。这种以产业集群为核心的城市发展模式,有助于形成特色鲜明、功能互补的城镇发展格局,提升城市的综合承载能力和辐射带动作用。

产业集群化何以支撑小县大城跑出县域城镇化的加速度?下面我将以一场接力赛的视角讲述小县大城的发展逻辑。

▪ 小县大城的县域发展接力赛

除了小县大城这张名片,德化县的另一张响亮名片是世界陶瓷之都。其陶瓷制作历史悠久,早在宋元时期,德化陶瓷就作为"海上丝绸之路"的主要输出商品之一,扮演着"世界文化交流使者"的角色。德化陶瓷以其独特的"中国白"闻名于世,产品远销190多个国家和地区,陶瓷产品出口比例位居全国第一,占全国陶瓷出口工艺品市场份额60%以上。近年来,德化县实施了陶瓷产业跨越发展五年行动计划,2018—2022年,产值从328亿元增长到502亿元,实现了年均11.7%的高速增长。德化县的陶瓷产业集群在2023年入选工业和信息化部公布的年度中小企业特色产业集群名单,2023年其产值达到577亿元,产业展现了强劲的发展势头,有力地推动了县域经济发展和县域城镇化进程。

德化县的发展历程是一场政府、市场及社会的接力赛,其县域城镇化历程也如其名片"世界瓷都"一般,经历了制坯、成型、上釉、装烧四个环节。

第一棒——制坯:政府"以县兴产"

前已述及,在德化县实施大城关战略之前,全县陶瓷产业以"小、乱、散"的状态遍布镇村两级,产业知名度不高。德化县是如何由一个农业人口占绝大多数,全县生产总值不足亿元的山区小县小城,通过20年的大城关战略摇身一变,成为国内陶瓷工业品生产和出口排名第一的小县大城的?第一步是政府举全县之力"以县兴产",从20世纪80年代起,德化集中力量在城区优先发展陶瓷产业,厚植城镇化发展的经济根基。目前,全县90%以上的陶瓷企业集聚城区周围,数量达1400多家,容纳了10多万产业工人。陶瓷产值从1980年的1785万元到21世纪20年代近200亿元,陶瓷出口值从1481万元增加到126亿元。政府在推动县域经济发展中的角色,尤其是"以县兴产"战略,可以类比为陶瓷制作过程中制备坯料这一至关重要的步骤。正如在制陶工艺中,坯料的质量直接决定了最终成品的质地和美感,政府在产业发展中所采取的政策和措施,为整个县域经济的繁荣打下了坚实的基础(见图4-4)。

图 4-4 政府"以县兴产"的逻辑

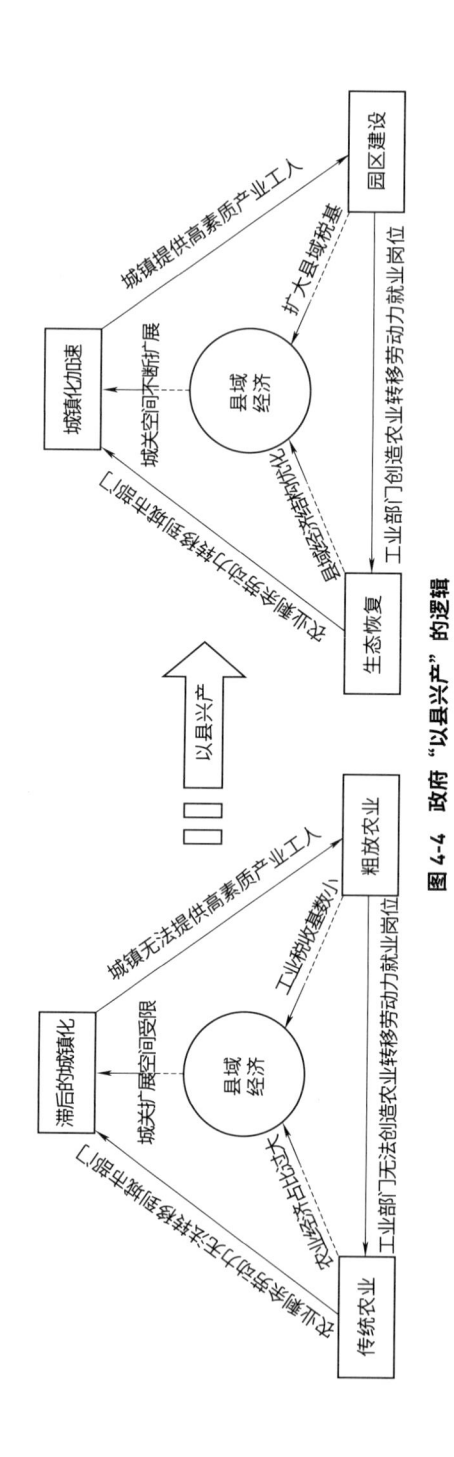

小县大城这场接力赛的第一棒是政府"以县兴产",标志是德化县于1992年制定并实施《德化陶瓷业发展规划》,将陶瓷业确立为支柱产业,集中全县力量优先发展陶瓷业。一是给政策,夯基础。1996年以来,德化县通过给予优惠入驻政策的方式,吸引百余家民营科技企业入驻民营科技(陶瓷)园区,通过园区建设完善了集陶瓷业原材料、成型技艺、窑炉装备、烧成技术及包装和销售一体的上下游产业链,以全县之力加快园区建设的方式奠定了产业发展的基础。二是筹资金,抢先机。科技创新推动产业迭代升级是配合园区建设、促进陶瓷产业提质增效的关键。1949年以来,德化县的国营瓷厂主要以保护性发展为主,民营企业是德化陶瓷业发展的重要支撑,其中离不开德化县政府设立的民营企业转型升级专项扶持,主要形式有三种:(1)财政支持,出台《德化县中小企业技术创新发展资金规定》;(2)设立了两年一度的"科技进步奖",鼓励民营企业申请产业相关配套的发明专利、实用型专利及外观设计专利等;(3)项目支持,县委、县政府积极争取省市科研基金的支持,这些都为德化"以县兴产"赢得了先机。三是育人才,谋未来。德化陶瓷由工艺瓷和日用瓷两大门类构成,其中工艺瓷占比接近七成。相较于日用瓷的高标准化带来的低成本和低利润,工艺瓷因其非标准化和创意设计独特性带来了较高的附加值。一方面,德化县通过挖掘本土工艺大师和外聘工艺大师并举,打造德化陶瓷的品牌影响力。另一方面,德化县于2005年自主设立了德化陶瓷职业技术学院(2013年3月,更名为泉州工艺美术职业学院),进一步以产学研一体推动实现"以县兴产"。

1985年德化县提出"首先支持城关地区发展乡镇企业,特别是陶瓷企业",由此确立了举全县之力、集中发展陶瓷业的方针,人口、技术及资金开始向县城集聚,改变了以往"村村点火、户户冒烟"的瓷窑分散布局，县城逐步成为县域中心，但是由于"离土不离乡、进厂不进城"的劳动力政策，德化县整体仍处于城乡分割样态。

德化县的转型历程中，县域主政者发挥了核心作用，他们以建设"一流瓷城"为目标，充分利用德化得天独厚的自然和资源优势，大力推进大城关发展战略。这些领导者不仅具备远见卓识，准确把握发展机遇，制定符合本地实际的战略规划，而且在政策创新、资源整合、社会动员等方面展现出卓越的能力。他们勇于创新，不断尝试新的发展模式，推动产业升级和转型；他们坚韧不拔，面对发展中的困难和挑战，持续推进改革和发展；他们以人为本，关注民生，推动社会事业全面进步，提高人民生活质量。开放合作的胸怀使他们积极吸引外部投资，引进先进技术和管理经验，促进本地经济的开放型发展。他们的努力和贡献得到了广泛认可，获得了诸多荣誉和称号，成为其他地区学习的榜样，为德化县的经济发展和社会进步做出了不可磨灭的贡献。

在中国县域发展的历程中，"萧规曹随"这一成语经常被用来形容后任领导者继承并继续推进前任制定的政策和发展规划，体现了一种政策连续性。在德化县的发展故事中，这一点尤为显著。德化县的继任主政者们在接过前任的接力棒后，面对已有的发展规划和成就，选择了继续沿着既定的方向发展，不断巩固和扩大陶瓷产业的优势。这不是简单模仿或复制，而是基于对县域实际情况的深刻理解，对前任政策的合理继承与创新。

1996—2004年，德化县以建设"一流瓷城"为目标，这一愿景成为贯穿整个县域发展规划的主线。主政者们深刻认识到，要实现这一目标，就必须充分发挥德化"山、水、矿、瓷"四大优势，这不仅是对资源的合理利用，也是对前任规划的延续和发展。德化县通过制定和实施《德化陶瓷业发展规划》，确立了陶瓷业作为支柱产业的地位。这一决策显然是基于对德化传统优势的深刻洞察和对未来发展趋势的准确预判。在政策工具箱中，主政者们采取了一系列措施来推动陶瓷产业的发展，包括给予优惠入驻政策、吸引民营科技企业、完善产业链、推动科技创新等。这些措施既体现了对前任政策的继承，也显示了他们在新形势下的创新和突破。此外，主政者们在推动县域经济发展的同时，也注重社会事业的全面进步，这同样体现了对前任发展规划的延续。然而，这种继承和延续也带来了一定的挑战。在城乡结构调整和产业集中的过程中，如何平衡城乡发展，避免资源过度集中带来的问题，成为主政者需要面对的课题。同时，随着经济的发展和社会的进步，如何进一步优化产业结构，提高产业附加值，也是需要他们思考的。

德化县的产业政策创新是一个持续的进程，不因领导层的变动而中断。每一届主政者都在前任的基础上，根据时代发展的要求和县域实际情况，不断推陈出新，优化和升级政策体系。这种政策的连续性和创新性，为德化县的产业发展提供了稳定的预期和持续的动力。这体现了政策创新与产业叠加态的"人离政不息"，即使政策制定者更迭，县域发展战略也一以贯之。

在陶瓷产业这一核心领域，德化县的主政者们推动了一系列政策创新。例如，通过历年制定的《德化陶瓷业发展规划》，明确了产业发展的方向和目标：第一，通过实施优惠入驻政策，吸引了大量民营科技企业入驻，这促进了产业链的完善和产业集群的形成；第二，通过设立民营企业转型升级专项扶持，激励了企业的科技创新和产业升级。这些政策的叠加效应，使得德化陶瓷产业在继承传统工艺的基础上，不断创新发展，形成了独特的产业叠加态。

产业叠加态是指在原有产业基础上，通过技术、管理、市场等多维度的创新，形成新的产业形态和竞争优势。在德化县，传统陶瓷工艺与现代科技、设计理念、市场营销等相结合，使陶瓷产品更加多样化、个性化，满足不同消费者的需求。同时，产业叠加态还体现在陶瓷产业与文化旅游、创意设计等其他产业的融合发展上，形成了新的经济增长点。政策创新与产业叠加态的相互作用为德化县的经济发展注入了新的活力：一方面，政策创新为产业发展提供了方向和动力，引导资源向优势产业集聚；另一方面，产业叠加态提升了产业的附加值和竞争力，为县域经济的可持续发展奠定了基础。

由此可见，德化县通过制定《德化陶瓷业发展规划》，确立了陶瓷业作为支柱产业的地位，这相当于在制陶前精心选择和混合陶土，确保坯料的品质。政府提供优惠政策，吸引众多企业入驻，如同在坯料中加入必要的成分，增强了其可塑性和实用性。这些政策不仅为企业提供了一个良好的发展环境，也为整个陶瓷产业的创新性发展注入了活力。同时，政府在资金筹集和科技创新方面的努力，如同对坯料进行精细加工和处理，以适应不同的制作需求。通过财政支持、科技进步奖励和项目支持，政府鼓励企业进行技术创新，推动产业升级，这有助于提升陶瓷产品的质量与竞争力，如同通过技术手段改善坯料的性能。此外，政府对人才的培养和引进，为产业发展提供了智力支持，这可以看作在坯料制备过程中注重人才和技术的融合，以确保制陶工艺的传承和创新。德化县通过挖掘本土工艺大师和外聘工艺大师并举，以及设立德化陶瓷职业技术学院，培养了一大批专业人才，为陶瓷产业的持续发展提供了强有力的支撑。然而，政策创新与产业叠加态也带来了新的挑战。如何平衡传统与创新、本土与外来、单一与多元的关系，如何在推动产业发展的同时保护生态环境和文化遗产，如何在全球化背景下提升本土产业的国际竞争力,这些都是德化县需要面对和解决的问题。

第二棒——成型:市场"以产兴城"

市场"以产兴城"的策略在德化县的陶瓷产业发展中表现得淋漓尽致,其过程犹如陶瓷的成型制作环节,精细而有序(见图4-5)。这个成型制作的过程,可以概括为以下几个阶段:起初,德化县通过政府搭台、企业唱戏的模式,激发了产业的集聚与扩张。陶瓷产业作为德化县的主导产业,凭借不断地创新和产品质量提升,吸引国内外的大量订单。如同陶瓷泥料在巧手工匠的塑形下逐渐成型,德化的陶瓷产业也逐步发展壮大,吸引众多专业人才和企业,带动当地经济的发展和人口集中。

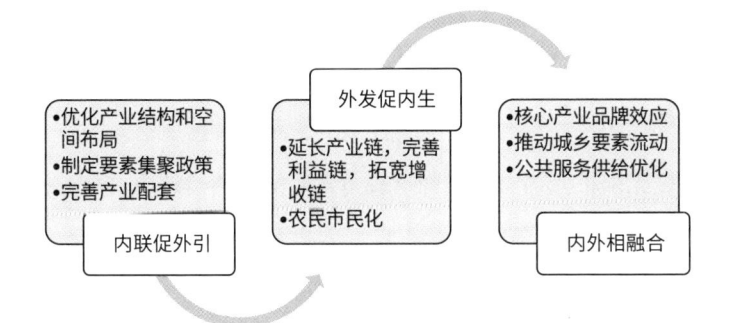

图4-5 市场"以产兴城"的逻辑

内联促外引:政府搭台、企业唱戏

市场机制推动城镇化是一个复杂的过程,大体分为如下过程。第一步是产业扩张与园区集聚。在德化县,陶瓷产业作为主导产业,吸引了大量的专业人才和企业。德化县的陶瓷企业通过不断创新和提升产品质量，获得了国内外的订单，带动了当地经济的发展和人口的集中。随着陶瓷产业的扩张，更多的工人和技术人员被吸引到德化县就业，促进了当地的城镇化进程。第二步是产业发展倒逼基础设施建设完善。随着德化陶瓷产业的发展，当地政府和私人部门投资建设了更多的住房、学校和医院。为了满足日益增长的居民需求，德化县新建了多所中小学和医院，改善了交通网络，基础设施的完善提高了居民的生活质量，也吸引了更多的人口迁入。第三步是技术创新推动产业升级。得益于良好的基础设施配套，德化陶瓷企业不断采用新技术，比如自动化生产线和环保材料。一家陶瓷企业引入了3D打印技术来设计复杂的陶瓷艺术品，不仅提升了产品的市场竞争力，也为当地创造了更多高技能工作岗位，提升了城镇化的质量和水平。伴随上述三个步骤，始终离不开政策支持与市场激励。德化县政府为了支持陶瓷产业的发展，提供了税收减免、土地使用优惠等政策。政府搭台、企业唱戏的内联促外引吸引了更多的投资者和企业家到德化投资设厂，这进一步推动了产业的集聚和城镇化的发展。

外发促内生：园区建设引领县域产业提质增效

市场无限扩张与县域空间承载力之间的矛盾是解决"林－瓷"矛盾后县域经济发展的又一大挑战。市场经济的内在动力推动着企业不断扩张，追求更大的市场份额和更高的利润。然而，县域的地理、环境和资源条件对产业发展构成了天然限制。正是在这样的背景下，园区建设应运而生，成为平衡这一矛盾、推动经济可持续发展的有效途径。

园区建设采取了外发促内生的策略，既通过招商引资、引进先进技术和管理经验来吸引外部资源，又注重培育本地企业，激发创新活力，提升产业竞争力，实现产业的自我发展和升级。这种策略在园区的具体实践中表现为一系列行动：政府提供优惠政策吸引投资，鼓励企业增加研发投入，市场引导企业优化产品结构，企业与教育机构合作培养专业人才，完善基础设施建设，以及注重环境保护和推动绿色发展。园区建设的成效显著，不仅促进了产业集聚，提高了土地利用效率，缓解了空间承载压力，还推动了技术进步和产业升级，为县域经济的多元化发展提供了动力。同时，园区的发展为当地居民提供了大量就业机会，提高了居民收入，增强了县域经济的整体竞争力。为了实现"节约用地、集群发展"，德化坚持开发建设工业梯田，有序引导企业"退城进园"，2002年起，先后开发7个近万亩的工业项目园区，同时成立陶瓷产业园区管委会，对园区进行统一开发、建设和管理。目前，全县80%以上的企业入驻园区，陶瓷产业园区被确定为第六批国家新型工业化产业示范基地，日用工艺陶瓷产业集群被评为中国百佳产业集群，成为国家外贸转型升级基地，建成全国首个出口陶瓷质量安全示范区。

外发促内生的园区建设，变"等商上门"为主动"招商引资"。强化产业支撑功能，抓龙头、铸链条、建集群，做大陶瓷产业总量，增强就业吸纳能力，同时加强对农民尤其是新生代农民的就业观念教育和劳动技能培训，提升他们的就业能力，引导他们顺利转型为产业工人，这加快了县域内部的农业劳动力在转移过程中实现市民化。

专栏 4-1

从"等商上门"到"招商引资"

20 世纪 90 年代末,德化县政府尚未意识到招商的重要性,没有把招商引资当作政府的一项重要工作。当时的招商是盲目的,政府把主要精力都放在发展城关的陶瓷业上,扶持本地陶瓷企业的发展。招商主要是等商上门,主动招商行为不多,单纯依靠参加展会和乡贤会等载体。1997 年,泉州隆泰化工有限公司主动到德化县对接,拟投资 2 亿元,建设年可生产过氧化氢 5 万吨、产值达 1.5 亿元的化工项目,选址在当时县城区域的龙浔镇良太村。这是德化县第一个招商引资项目。总的来说,这一阶段德化县的招商引资项目不多,招商项目普遍不大、质量不高,主要集中在资源消耗型项目上。

2004 年开始,德化县委、县政府对招商在促进县域经济发展方面的重要作用更加关注,要求在招商引资过程中摆脱以前等商上门的做法,要主动作为,对于好项目要贴上去、粘上去,进一步强化招商引资意识,并对组织机构、政策措施等方面做了相应调整。在机构方面,2004 年 10 月,德化县委、县政府成立了德化县招商引资工作领导小组,这是德化县首次成立专职招商机构,以县长为工作小组组长,挂靠在县发展计划局。在招商政策方面,2006 年,德化县出台了招商引资优惠政策,政策涉及用地、配电、租用厂房等方面,为吸引外资打下了基础。在绩效考核方面,2008 年,德化县出台了《德化县人民政府关于加大招商引资工作

> 力度的若干意见》和《德化县招商引资工作领导小组关于印发德化县招商引资工作考核奖励细则的通知》。2009年，德化县又出台了《关于建立招商引资工作奖励制度的通知》，以绩效考核方式和奖励方式双重激励管理干部参与招商引资工作。在招商引资方式上，也变单纯依靠展会和乡贤会的方式为会议招商、园区招商、小分队招商、政策招商、筑巢引凤招商等方式。这一阶段，德化县已经意识到生态保护的重要性，并努力发展循环经济，建设生态工业园，大力发展循环经济。

内外相融合：开放县域促产城融合

开放县域是城关县域向县乡村的权力开放。推进社会保障的并轨统一，确保城乡居民能够享受到同等的社会保障待遇，无论是养老保险、医疗保险，还是其他社会福利，都实行统一的标准和待遇，从而逐步消除城乡之间的差异。在改善住房供应结构方面，德化县通过实施进城务工人员安居工程，推进宅基地置换和流转试点，让农民能够在城市中找到稳定的住所。特别是林权"两换"试点的开展，为农民提供了将林权转换为经济收益，进而换取限价房的机会，这不仅为他们提供了资产增值的新途径，也帮助他们更快地融入城市生活。

深化户籍制度改革是德化县另一项重要的措施，它让农民能够更容易地获得城镇户口，享受与城市居民同等的社会福利和公共服务。同时，农村产权和林权的改革为农民提供了创业和兴业的资本，激发了他们利用自身资源参与市场经济的积极性。德化县还注重推进公共服务的均等化，通过将外来务工人员及其家庭成员纳入当地的医疗保障体系，实现了养老保险的全覆盖，确保了城乡居民在教育、医疗和社会保障等方面的平等待遇。这些措施不仅提升了农民的生活质量，也促进了社会的整体和谐与稳定。

随着产业的集聚，随之而来的是对基础设施的迫切需求。德化县的产业发展倒逼了基础设施的完善。政府和私人部门投资建设了更多的住房、学校和医院，改善了交通网络。这一系列举措，如同对陶瓷半成品进行精细打磨，提升了居民的生活质量，吸引了更多的人口迁入，促进了城镇化进程。

第三棒——上釉：城关"以城聚人"

小县大城的第三棒是城镇化的"以城聚人"战略，就像陶瓷制作中的上釉过程，德化县通过一系列政策，提升了城关镇和主导产业的吸引力和承载力，促进了人才的集聚和城市的发展（见表4-2）。

表4-2 德化县城镇化进程中人口演变的三个阶段

时间	1985—1990年 就地村镇化	1992—2006年 快速城镇化	2007年至今 平台期
阶段特征	县镇村人口 同步增长	人口快速集中 至城关镇	城关镇人口增长趋缓， 县域部分人口外流
户籍人口	快速增长	快速增长	缓慢增长
常住人口	快速增长	缓慢减少	快速减少
城关镇 常住人口	快速增长	飞速增长	缓慢增长

农业转移人口市民化不仅为县域城镇化提供了劳动力，也为县域可持续发展提供了人才支撑。面对不断变化的市场环境，德化县积极应对原材料价格上涨、人民币升值、劳动力短缺、出口退税率下降、

金融危机等挑战，集中优势发展绿色、创意、科技、旅游陶瓷等新的瓷种，优化产品结构，提高产品质量。通过品牌建设、市场拓展、联合兼并，持续巩固拓展工艺瓷出口规模，扩大日用瓷销售总量。从整体上把握陶瓷文化的总体发展趋势和方向，研究并制定契合陶瓷文化和陶瓷创意产业发展实际的相关政策，规划并构建当代国际陶瓷艺术家创意基地、陶瓷文化营销平台、陶瓷文化创意园区等，加强创新陶瓷科技和文化创意，加强国际陶瓷技艺、文化交流活动，旨在实现陶瓷产业从劳动密集型向文化创意型转变。城镇化"以城聚人"的逻辑，如图4-6所示。

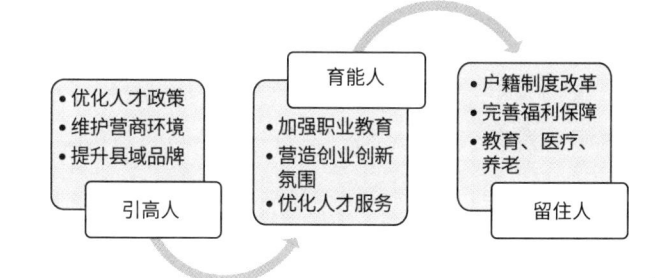

图4-6 城镇化"以城聚人"的逻辑

引高人：引进行业内顶尖工艺大师和陶瓷工匠

陶瓷艺术注重传统的师徒传承方式，技艺的传授较为保守，大师级的陶瓷艺术家相对稀少。同时，一个人想成为大师往往需要长时间的学徒训练和实践积累，才能逐渐形成自己的风格和技艺。经过40年的发展，德化县涌现了大量工艺大师，目前拥有省级以上工艺美术大师、名人等467人，其中包括中国工艺美术大师4人，中国陶瓷艺术大师9人，中国陶瓷艺术、设计、教育终身成就奖获得者2人，中国陶瓷艺术终身成就奖获得者1人，中国工美行业艺术大师2人，享受国务院政府特殊津贴专家 6 人。大师和工匠们不仅在技艺上有着深厚的造诣，而且在传承和创新德化陶瓷艺术方面发挥着重要作用，因此，德化实现了"从求贤到南斗，再到遍地是大师"的历史性变迁。

育能人：重视职业教育和产业实训

建设现代化瓷都以来，德化县加大了对陶瓷艺术人才的培养和扶持力度，确立了一系列培训和教育机构，如陶瓷职业学校、大师工作室等产学研结合机制。首先，德化县的陶瓷产业是当地的支柱产业，拥有超过 3000 家企业，产值达到 400 亿元，产业工人超过 10 万人，几乎每 3 名德化人中就有 1 人从事与陶瓷相关的工作。其次，德化县的陶瓷职业教育机构与企业建立了紧密的合作关系，共建了工艺美术人才培训基地、教学实践基地、企业培训基地等，为学生提供了实训和就业机会。最后，德化县注重从基础教育阶段就开始培养陶瓷人才，通过职业教育、研修培训、以师带徒等形式强化陶瓷人才培养。德化县在泉州工艺美术职业学院和德化职业技术学校设立了陶瓷相关专业，每年培养陶瓷产业基础人才 1000 多人，培训中高级人才 1000 多人次、产业实用人才 7000 多人次。

留住人：提升人的获得感、归属感与成就感

一是重视县域人才环境，营造归属感。德化县结合农村土地整治和城乡建设用地增减挂钩政策，规定拆退旧宅基地复垦每新增一亩耕地指标，可换取一套限价房购买指标，以此鼓励农户进城安居置业。同时，德化县通过实施一系列政策措施来支持陶瓷产业的高质量发展，如《关于支持"中国白·德化瓷"产业高质量发展的若干措施》，这些政策涵盖了从企业创新发展、工业设计水平提升到数字化改造等多个方面，为人才提供了良好的发展环境。二是重视企业作为人才蓄水池的作用，提升获得感。德化县引导人才企业成立"人才企业联盟"，整合资源，集聚人才，助力产业发展。通过联盟，企业能够共享资源，解决用工难、融资难等问题，同时促进企业间的协同发展。三是提升县域创业的成就感。德化县组建了由企业领军人才、科研人才等组成的技术团队，深入企业一线提供解决方案，帮助企业破解技术难题。德化县致力于将"中国白·德化瓷"打造成享誉世界的公共品牌，强化文化标识和"世遗"品牌，培育企业、个人、产品等品牌体系。

第四棒——装烧：人才"以产强县"

窑炉是泥坯经过高温烧成瓷器的重要设施，德化自商周时期便开始使用窑炉烧制瓷器，窑炉结构独特，烧成技艺自成一体，品质超群。经考古发掘，德化历史上存在三种典型的窑炉类型，即龙窑、分室龙窑和阶级窑。产业的人才支撑便是烧制小县大城的窑炉。

"以产强县"是第四棒，人才在这一过程中扮演着"装烧"这一至关重要的角色（见图4-7）。人才在产业集群的发展、品牌的打造中发挥着至关重要的作用。他们不仅是技术革新和知识传播的载体，也是品牌形象塑造和提升的关键，更是推动社会进步和治理现代化的重要力量。德化县于2014年前后提出了"123456"工程，即一城（中国陶瓷文化城）、两带（浐溪两岸陶瓷文化风光带、瓷都大道陶瓷文化风光带）、三场（瓷都都市文化广场、陶瓷博物馆文化广场、霞田文体广场）、四园（唐寨山森林公园、驾云亭公园、屈斗宫遗址公园、民营科技园）、五校（陶瓷学院、四所中学及小学生陶瓷教学示范校）、六区（鹏祥、诗墩、宝美、城东、高阳及朱紫六个工业园区），以此提升人文实力，通过优化人才政策和创造良好的发展环境，可以更好地发挥人才的潜力，推动县域经济实现高质量发展。

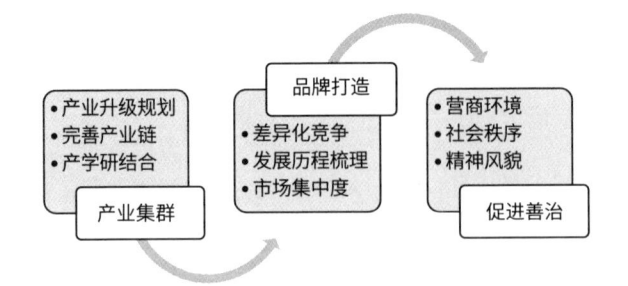

图 4-7　人才"以产强县"的逻辑

首先，人才是产业集群发展的关键驱动力。产业集群的形成需要大量的专业人才，他们不仅带来了技术专长和创新思维，还通过交流与合作促进了知识的传播和技能的提升。人才的集聚有助于形成协同效应，推动产业链的完善和差异化竞争，增强产业集群的整体竞争力。在德化县的陶瓷产业中，工艺大师和专业技术人员的存在，为陶瓷工艺的传承和创新提供了坚实的基础，使德化陶瓷在国内外市场上具有独特的品牌魅力。2018年，德化县经济和信息化局出台了《德化陶瓷产业跨越发展五年行动计划（2018—2022）》，提出在未来5年内，将投入陶瓷产业扶持发展资金5亿元，建设1家国家级科技研发平台，建成10多个省级创新平台，培育20家高新技术企业和10家省级创新型企业，建设3个以上省级众创空间企业和8个以上市级众创空间企业。

其次，在品牌打造方面，人才发挥着不可替代的作用。"中国白"是德化白瓷的名片，随着茶文化的风靡，德化白瓷迅速以茶具作为突破口，打造了月记窑在内的知名品牌。在陶瓷业发展初期，德化县具备自营进出口权的企业，通过人才引进和选送高等院校培养的方式，造就了一支良好的供销人才队伍，这是全球价值链建设的关键。在当前，品牌的价值不仅体现在产品和服务的质量上，还体现在背后的人才团队上。一个地区的品牌形象往往与其人才队伍的专业性和创新能力密切相关。人才通过参与研发、设计、营销等各个环节，不断提升产品和服务的附加值，塑造和传播地区品牌的独特价值和形象。例如，在打造德化陶瓷品牌的过程中，工艺大师的精湛技艺和创新设计，为品牌赋予了深厚的文化内涵和艺术价值。

最后，在促进县域善治方面，人才同样起着核心作用。善治不仅需要政府的有效管理，更需要社会各界尤其是专业人才的参与和贡献。人才通过参与政策制定、社会服务、公共管理等活动，为县域治理提供了智慧和方案。他们的专业知识和实践经验，有助于提高政策的科学性和实施的有效性，促进社会秩序的和谐稳定。在德化县，通过优化人才政策和户籍制度改革，吸引了大量高层次人才。在城乡融合方面，为了解决县域务工人员职任分离的问题，建设了"进城党群服务社区"，一站式解决行政综合服务问题，提升了县域的治理水平。

德化县40年的县域城镇化探索，经历了四个里程碑事件，实现了从一个"九山半水半分田"的典型山区县到一个新型城镇化典型的小县大城转变（见表4-3）。小县大城的探索肇始于1985年为推动乡镇企业发展，通过"相对集中全县的人力、物力和财力，首先支持城关地区发展乡镇企业，特别是陶瓷业"的发展思路，将镇村企业集中到了城关镇。20世纪90年代，社会主义市场经济制度的基本确立，德化县城区陶瓷产业园区面临着扩产增效的劳动力不足问题，确立了小县大城关战略，并于2006年确立了"人口向城镇集中、企业向园区集中、居民向社区集中，及耕地和山林向集约化经营集中"的"四集中"发展方向，推动了产城融合发展。进入21世纪的第二个十年，城关镇的高度集中化带来了不小的城市问题以及城乡发展差距扩大，德化县以新型城镇化试点为契机，较早地关注统筹城乡发展，形成了以陶瓷产业为特色的县域优势产业，进行以特色镇域经济为枢纽、提振乡村集体经济的城乡融合共同繁荣初步探索。

表 4-3　德化县城镇化建设的四个里程碑

时间	里程碑事件	动因	举措
1985 年	集全县之力优先发展陶瓷业	城关乡镇企业发展	镇村企业集中到城区
1992 年	小县大城关战略	城区劳动力不足	鼓励产业工人进城
2006 年	"四集中"发展方向	城产融合、集约发展	工业园区建设
2013 年	统筹城乡发展先行县	城乡二元结构问题	开展新型城镇化试点

专栏 4-2
师徒制走向末路与求变之道

笔者在德化县调研时，访问了多位工艺大师，受访者讲述的时代巨变之下的师徒关系，让笔者对师徒制的未来产生些许担忧……

德化陶瓷产业作为传统手工艺的代表，在数字经济的浪潮下正经历深刻变化。数字经济的发展为陶瓷艺术的推广和销售提供了新的平台和渠道，但同时也对传统手工艺的传承带来了挑战：一方面，数字化工具和社交媒体的普及使得陶瓷艺术能够迅速传播，触及更广泛的受众；另一方面，快节奏的数字文化可能削弱了对传统手工艺深度学习和实践的耐心与兴趣，年青一代可能更倾向于快速掌握技术，而不是沉浸于长时间的师徒制学习。

科技的进步和生产方式的变革也对德化陶瓷产业造成了显著影响。现代陶瓷制造越来越多地采用自动化、智能化技术，提高了生产效率，增强了产品质量的稳定性。这种变革虽然推动了产业的整体升级，但也可能导致对传统手工技艺需求的减少，传统手工艺在现代化生产线上的应用可能会受到限制，从而影响到师徒制的传承和发展。

现代社会的流动性增强，为人们提供了更多的职业选择和生活机会。这种流动性不仅减少了年轻人对长期师徒制学习的兴趣，也使得他们更倾向于追求灵活多样的职业道路。在这种背景下，师徒制可能面临传承人不足的问题，因为潜在的徒弟可能更愿意选择其他具有更高流动性和灵活性的职业。

对短期效应的追逐在市场环境中越发明显，这在一定程度上影响了对传统手工艺的长期投入和维护。在追求快速回报的商业逻辑下，一些学徒可能更关注即时的经济效益，而忽视了对传统技艺的保护和传承。如果这种趋势不加以控制，可能会削弱师徒制在陶瓷产业中的核心地位，导致传统技艺的流失。

对此，知识产权保护在传统手工艺领域尤为重要，但在数字经济时代面临着新的挑战。手工艺品的复制和仿造变得更加容易，这不仅损害了原创艺术家的权益，也影响了传统手工艺的创新和发展。因此，加强知识产权保护，确保艺术家的创意和技艺得到合理的回报和尊重，对于维护师徒制的健康发展至关重要。

面向新型城镇化的德化县,未来会延续"以产兴城、以城聚产、产城互动"思路,增强城市产业和人口的承载能力。依托城市传统优势实业,强化创新驱动,走创新型、效益型、集约型、生态型"四型路子",持续打造产业新平台、人才新高地、营销新模式、转型新引擎、发展新格局。一是培大育强核心产业。继续引导德化陶瓷企业在传统外贸优势上,内贸与外贸实现"双向开发";传统线下优势中,继续推进线上优势,引领德化陶瓷企业主动融入双循环发展格局。二是推进陶瓷产业转型升级。一方面继续做好大师艺术瓷、日用瓷、高科技陶瓷等陶瓷产业,着力打造全国最大的陶瓷家居装饰、家用陶瓷生产基地;另一方面注重产业创新,加快高科技陶瓷领域突破,推动"陶瓷+"生态圈构建,培育德化陶瓷新的生产点。三是以品牌开路,扩大德化陶瓷的影响力与美誉度;以营销拓路,重点支持内销龙头企业与外销中小企业开展合作,积极推动外销走向内销。

- **接力赛冲刺之后**

德化县的小县大城战略宛如一场精心设计的接力赛,每一棒都承载着发展的关键使命。首棒由政府"以县兴产",如同坯料制备,奠定了坚实的基础。政府的规划和政策,如同精心调配的原料,为后续发展提供了必要前提。紧接着,市场"以产兴城"接过第二棒,通过产业集聚和技术创新,推动了城市扩张和升级,如同陶瓷在成型制作中逐渐显现出清晰的轮廓。随着城镇化的推进,"以城聚人"成为第三棒,城市化的浪潮不仅提升了城市的魅力,也吸引了人才,为城市的繁荣注入了新的活力。最后,人才"以产强县"接过第四棒,人才的智慧和创新如同窑炉中的高温,将泥坯转化为坚硬的陶瓷,为县域经济的持续发展提供了强大的动力。

这场接力赛不仅展现了德化县的发展智慧，也体现了各环节之间的紧密协作和接力，每一棒的传递都至关重要，共同推动着德化县在发展的道路上不断前行。那么冲刺之后，县域发展是否存在路径依赖？

就目前来看，小县大城的发展路径因城关镇对周围镇村的虹吸效应，形成了县域产业发展和城镇化进程的路径依赖，主要表现为三个方面：一是要素自上而下汲取、外围向中心集中的单向流动，二是自上而下的政策反哺促进县域内部均衡发展的机制有待完善，三是县乡村与政银企存在联而不动、动而不联的问题。

要素：县乡村的自下而上汲取

县乡村的自下而上汲取是指县域发展中，基层乡镇和农村地区能够根据自身的资源和优势，主动吸收和利用外部资源，实现自我发展和提升。自工业化建设以来，中国就采取城乡分治的手段，通过税收、财政、价格管制、人口流动管制、金融体制等多种手段，大量吸收农业剩余为工业化提供原始积累。改革开放后，国家事实上采取了"城镇偏向"的发展战略，有利于城镇发展的城乡二元体制仍然长期存续，并有固化的趋势。当然，这在客观上为工业化的推行提供了不竭的劳力资源和土地资源，支撑了工业化、城镇化的快速推进。但是，城乡二元体制不仅造成社会阶层的断裂，城乡收入差距不断扩大，"三农问题"日益突出，而且使城镇的可持续发展丧失支撑和依托，已经严重制约了国内经济的稳健持续发展。德化县的陶瓷产业就是一个很好的例子，从传统的手工艺到现代化的工业生产，德化县的乡村地区通过不断学习和创新，汲取了先进的技术和管理经验，推动了陶瓷产业的升级和发展。这种自下而上的发展模式，不仅增强了基层的自我发展能力，也为县域经济的繁荣打下了坚实的基础。

县乡村的自下而上汲取存在三方面的隐忧。一是导致资源分配不均。自下而上的汲取可能使得一些地区发展迅速，而另一些地区则相对滞后。二是对镇村的汲取依赖性增强。长期依赖外部资源可能导致基层地区自身发展动力减弱，缺乏自主创新和自我发展动力。三是强城关弱边缘的不协调。城关地区在追求自身发展的过程中，可能会忽视与县域整体发展的协调，导致发展的整体性和均衡性受到影响。德化县共计18个乡镇，但人口超过2万人的乡镇仅有5个，基本集中在城关两镇，非城关镇对人口和企业无法形成集聚效应。

政策：县乡村的自上而下反哺

县域政府通过制定和实施一系列扶持政策，能否自上而下为县乡村的发展提供支持和帮助？在德化县的发展过程中，政府出台了一系列优惠政策，如税收减免、资金补贴、技术支持等，鼓励和引导资本、技术和人才流向基层，促进了县乡村的经济发展和社会进步。这种自上而下的政策支持，不仅为乡村的发展提供了外部动力，也激发了基层的内在活力。

不过自上而下的反哺也存在一定偏差。一是政策执行有一定难度。自上而下的政策在执行过程中可能会遇到地方执行力度不一、政策效果打折的问题。二是忽视地方特色。针对同一县域内的不同镇村，统一的政策可能难以完全适应不同地区的特点和需求，导致地方特色和优势得不到充分发挥。三是镇村对县域形成依赖。镇村两级对县域资源的过度依赖可能会削弱地方的自主发展能力，降低地方应对变化的灵活性和适应性。基于上述原因，非城关地区反哺投入形成的公共建筑和基础设施建设遍地开花，但辐射能力和集聚功能难以形成，无法吸引乡村各类生产要素向上级城镇集聚，由此造成县域城关与乡村地区发展差距拉大，全县大部分人口向城关转移。然而，农业转移劳动力进城镇务工经商，他们虽不从事农业，但仍是农业户口，形成了城乡两栖的生活状态，并且其子女教育费用高于城镇群体。

联动：县乡村与政企银的协同

县乡村与政企银的协同联动是指在县域发展中，政府、企业、金融机构等多方主体能够相互合作、协调行动，形成推动发展的强大合力。德化县在推动陶瓷产业发展的过程中，政府发挥了规划引导和政策支持的作用，企业承担了技术创新和市场开拓的责任，金融机构提供了资金支持和服务，形成了政企银三方协同推进的发展格局。这种联动机制不仅提高了资源配置的效率，也增强了县域发展的协同性和整体性。由此形成了德化县在建设一流瓷城阶段的经营城市思路，依托政银企协同，运用市场经济手段，将县域作为一个资源聚合体，对县域空间的自然生成资本和人力作用资本及其他相关的延伸资本进行聚集、重组和运用，最大限度地挖掘资源价值。其中土地财政是核心，通过土地收购储备、批租出让熟地及银企协同开展招拍挂的方式，实现以地生财、聚财建城。

经营城市的过程中，政银企都缺乏县乡村联动的积极性。一是金融资本的逐利驱动往往有"垒大户"的规模冲动，使县域金融分配存在马太效应。在协同联动的过程中，政府、企业和金融机构之间可能会因为利益分配不均而产生冲突，影响协同效果。二是协调成本高。在县域经济结构调整过程中，多方协同联动需要频繁沟通和协调，这可能会增加行政成本和管理成本，降低发展效率。三是过度依赖外部资本。外向型产业发展往往过度依赖外部资本和企业，这可能会削弱地方经济的自主性和可持续性，未来的不确定性增加。

由此可见，克服路径依赖需要立足当前新型城镇化的基本要求，促进城乡融合发展，需要实现新型工业化、新型城镇化与乡村全面振兴"三轮驱动"。

一是遵循规律、以产兴城。产业兴，百业兴。富民产业的定位与规划是前提，产业园区与新质生产力建设是关键，产城融合与城乡服务功能完善是保障。推动产业与城镇的融合发展，以产业为枢纽促进城乡关系的良性互动。一方面，对于潜力地区城镇化，以"一县一策"的方式选优扶强，培育特色优势产业，形成以县城为载体的产业集群。另一方面，对于现代化都市圈建设，转变超大特大城市发展方式。强化对周边的辐射带动作用，培育发展现代化都市圈，推动中心城市基础设施向周边延伸、优质公共服务资源向周边覆盖、部分产业向周边转移，促进大中小城市和小城镇协调发展。

二是分类施策、以城聚人。城市让生活更美好，乡村让城市更向往。以城聚人，即通过新型城镇化促进转移人口分层级向城镇集聚，形成多元城市生态。第一，完善农业转移人口市民化激励政策。第二，健全进城落户农民农村权益维护政策。第三，增强城镇综合承载能力。核心在于分层次加大基础设施建设投入，满足农业转移人口的差异化公共服务需求。

三是以人为本、以人兴业。人的现代化是现代化的本质。以人兴业的关键在于人力资本投资促进农业转移人口在市民化过程中推动产业发展和城镇繁荣。第一，重视农业转移人口的人力资本投资，加强多层级、宽领域的教育体系建设。第二，优化转移人口市民化的创新创业环境优化，提升转移人口在市民化进程中的成就感和归属感。第三，优化人力资源的合理配置，推动产业升级和转型，通过人力资源的再培训和转岗，促进劳动力从传统产业向新兴产业流动，实现人力资源的有效利用。

小县大城四大特征

与以往人们关于超大城市战略情结的大国大城不同,小县大城具有有别于大国大城的特征(见图4-8):一是小县域、大城关,主要表现为建制县以县城为核心,实施经济要素向县城集中战略,形成了较大面积的县域建成区;二是少人口、大集聚,主要表现为有限的县域人口在建成区内高比例集聚;三是小产品、大产业,主要表现为县域针对某一细分产品形成规模较大的产业集聚,并成为县域经济的支柱产业;四是小环境、大发展,主要表现为在高人口城镇化率的城关形成了基本公共服务设施配套健全的区域。

从条件禀赋来看,一方面,小县域决定了城镇化初期的少人口,由于地理条件、历史沿革及所处市场区位的条件禀赋,无法突破县域内人口自然承载力限制,加之城乡户籍制度的限制,外来人口难以因势利导流入小县域。另一方面,小县域内部的小环境具有相对封闭的县镇村市场体系,受外部市场影响小,决定了县域商品经济发展紧紧依托历史文化积淀的优势,瞄准品类扩展限制性较强的细分市场,形成了小产品的县域商品经济。由此,少人口与小产品相互制约,形成了一个相对封闭却又适度参与外部市场分工的县域经济体。

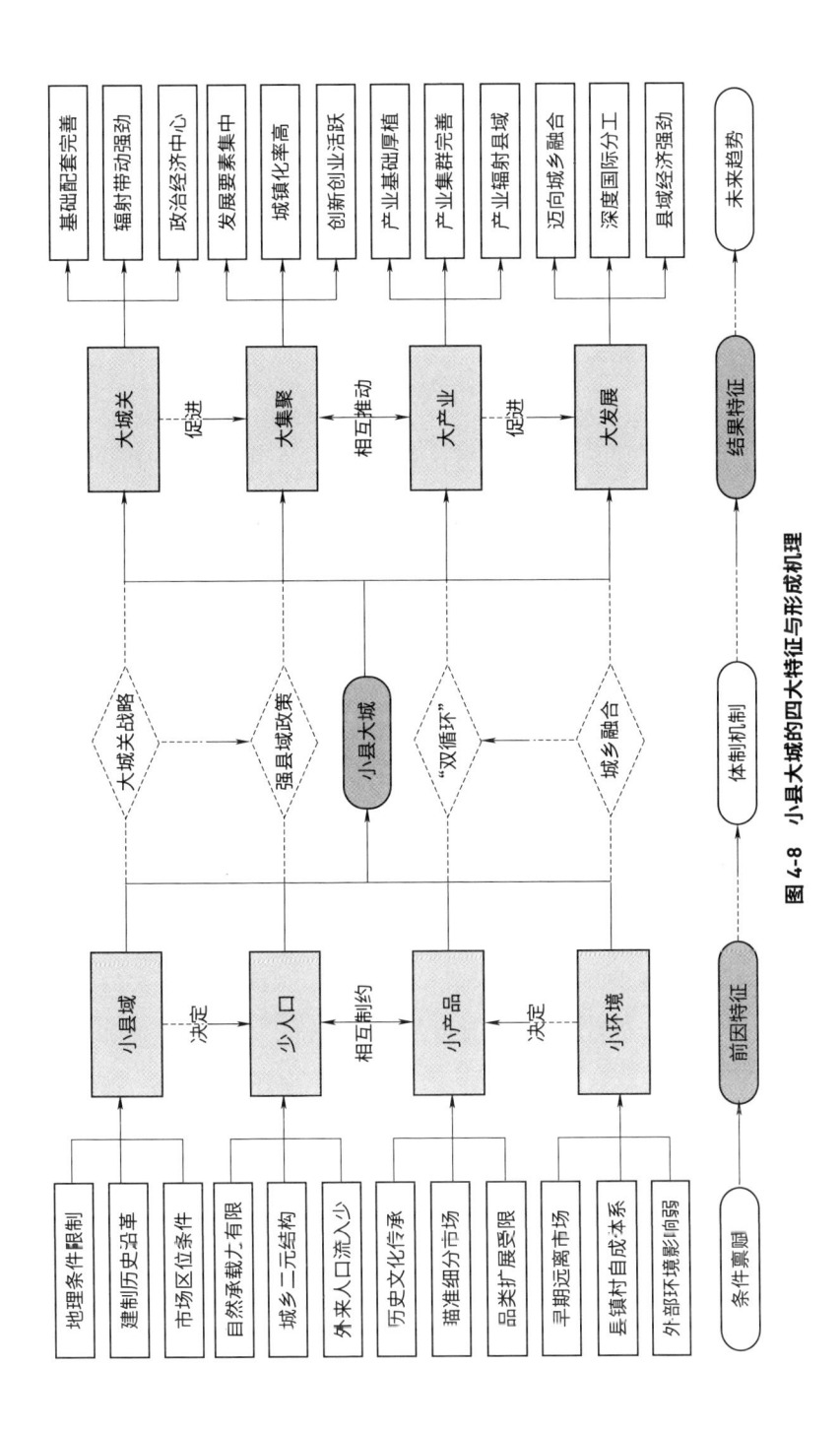

图 4-8 小县大城的四大特征与形成机理

基于小县大城发展战略和城乡融合发展的体制机制，县域融入国内国际双循环的分工体系，在初期通过大城关战略实现了县域要素的大集聚，在乡村振兴背景下，依托大产业进一步强县、兴镇、富村，引领县域城乡共同繁荣的大发展局面。

- **小县域、大城关**

小县域指的是县级行政区域，而大城关则是指以县城为核心的城市化发展格局。在小县大城模式中，虽然县域地理范围相对较小，但县城作为城镇化进程的核心，具有重要的影响力和辐射力。

德化县的建制历史悠久，早在唐代就已设立。随着历史的发展，德化县的行政区划和建制经历了多次调整，但县城始终是县域的政治、经济和文化中心。德化县位于福建省中部，地形以山地和丘陵为主，这种自然地理条件在一定程度上限制了县区的无限扩展，仅能在浐中、龙浔山的河谷地带延伸，德化县的大城关形成与其市场区位优势密切相关。作为中国陶瓷的重要生产基地，德化县的陶瓷产品远销海内外，市场区位优势显著。这种市场优势不仅吸引了大量的投资和人才，也促进了县城的商业繁荣和人口集聚。在形成大城关的过程中，政府通过优化行政区划、加强基础设施建设、提升公共服务水平等措施，促进了县城的经济发展和社会进步。通过这些措施，德化县成功地将小县域的条件禀赋转化为大城关的发展优势，实现了在有限的空间内的高度集聚和快速发展。

德化县的城区扩张历程，以产城融合的小县大城战略推动了县域城镇化和农民市民化。按照东西延伸、南北扩展的思路，德化县的城区所涵盖的地理范围也在不断演变和扩容，为未来县域城镇化提供了

"以产兴城、以城聚人、产城融合"的小县大城发展模式。

- **少人口、大聚集**

小县域的人口规模相对较小,但在城镇化进程中,会形成人口的大规模聚集,尤其是县城周边地区。这种人口聚集带动了城市经济的发展和社会资源的集中利用。

德化县因地理条件的限制,人口的自然增长较早地进入了少人口的平台期。即使在城镇化早期,德化县的地形以山地和丘陵为主,相对有限的平原面积也限制了大规模人口的集聚和集镇建设,使得德化县早期城关人口密度相对较高,但总体人口数量受到限制。同时,中国长期存在的城乡户籍制度导致城乡之间的人口流动受限。德化县作为县域单位,其户籍人口与常住人口之间可能存在较大差异。

由表 4-4 可见,进入 21 世纪,德化县的人口自然增长率逐渐进入平台期,县域城关常住人口的增长主要靠外部和下辖的镇村流入,形成大集聚格局。随着城关的不断扩容,城关的人口集聚度逐渐趋向合理区间的同时,推动户籍城镇化进程也进入平台期。当前,随着县域人口的城乡两栖,呈现出人口城镇化率高于户籍城镇化率的少人口、大集聚格局。

表 4-4　小县大城战略下不断扩容的德化县城区

时间	户籍人口	城关常住人口	城关面积	人口集聚度	户籍城镇化率	人口城镇化率
1994	26.7*万	10.6*万	1.65平方千米	11.27	34.5%*	69.66%
2004	30.57万	13.7万	8.5平方千米	1.756	45%	85.47%
2014	32.9万	19.6万	21.6平方千米	1.375	72.4%	90.2%

（续表）

时间	户籍人口	城关常住人口	城关面积	人口集聚度	户籍城镇化率	人口城镇化率
2024	35.55万	33.21万	30.5平方千米	1.08	74.8%	85.79%

资料来源：德化县统计局（* 为具体数据缺失，根据邻近年份估算；人口集聚度估算为城关每平方千米集聚的万人数）。

- **小产品、大产业**

小县域往往以农业为主导，产品规模相对较小。然而，随着产业的转型升级，县域会逐渐形成以大产业为主导的经济格局，涵盖工业、服务业等多个领域。

在中国，日用瓷作为陶瓷行业的一个分支，在国民经济中占据重要地位。中国是全球最大的日用瓷生产国和贸易国，日用瓷产品已经远销全球各地，陶瓷餐具市场在2017年占据了餐具市场总规模的24.6%，并且据估算，2020年我国陶瓷餐具市场规模约为600亿元。日用瓷主要包括饮食用陶瓷，如盘、碗、杯、碟等，是人们日常生活中的必需品。相较于塑料、金属等日常用品，陶瓷器具具有安全性、卫生性、耐热性以及便于清洗等优点。随着国内需求的持续增长和居民消费水平的提升，国外中高端日用瓷的需求量上升较快，尤其是在家用领域，占比达到65.8%，还有商用住宿，占比24.6%。尽管日用瓷行业近年来增速有所减缓，行业发展模式从"量增长"逐渐转变为"调整优化存量、做优做强增量"并存，但是通过加大技术投入和推动产品工艺创新升级，大型企业如华瓷股份、松发股份、四通股份等在市场中快速崛起，引领行业发展。总的来说，日用瓷作为陶瓷行业的一个组成部分，在国民经济中具有其特殊的份额和影响力，并且随着市场的发展和消费者需求的提升,其地位和比重有望得到进一步的巩固和提高。

表4-5呈现了小产品转变为大产业,进入产业"微笑曲线"、走出产业"微笑曲线"的历程,其产业链的延伸和升级过程如下。起初,德化县的陶瓷商品凭借优质的高岭土原料和卓越的工艺,小产品脱颖而出,但整体质优价低,缺少产业竞争力。进入外向型经济阶段,产业以计件销售为主,受制于外部市场的需求,利润空间有限。进入产业进城阶段,通过产业集聚实现节本增效,凭借生产量大的优势,占据了产业链底端的地位,并开始向产业链的上游和下游拓展。产业集群建设通过产业链整合,实现了小产品的降本增效,提升了利润率。基于小产品的创新创意和专利保护,德化陶瓷业实现了产品的高附加值,注重专利技术的申请和研发,实现了从传统制造向创新驱动的转型,德化县的陶瓷业逐步提升了在全球产业链中的地位,从当前全县陶瓷产品销路来看,形成了西洋工艺为主的国外市场、日用瓷为主的国内市场和电子商务的线上市场,实现了从小产品到大产业的跨越式发展。

表4-5 德化陶瓷业及相关产业链延伸情况

产业链	对应阶段	利润分配情况	参与产业链情况
原料	家庭作坊	原材料质优价低	产品竞争力在于优质高岭土
制造	承接外向订单	计件销售,附加值偏低	受制于外部订单,利润较薄
加工	推动产业进城	产业集聚,节本增效	处于微笑曲线底端,进入产业链
销售	打造产业集群	产业链整合,附加值高	掌握海外订单渠道,深度参与
创新	产业整合	创意设计,附加值高	拥有专利技术,处于微笑曲线右端

- **小环境、大发展**

初始阶段,小县域可能面临环境资源有限的挑战,但随着城市化进程的推进,会出现大规模的发展机遇。通过合理规划和管理可以实现小环境下的大发展,提升县域的整体发展水平。

德化县的自然资源丰富,拥有"山多、水足、矿富、瓷美"等优势,这为早期的经济发展和居民生活提供了基础保障。德化县的地名、地域范围和陶瓷文化在历史上保持了相对稳定,这种稳定性为早期社会的持续发展和文化的传承提供了有利条件。德化县的小环境特征,虽然在一定程度上限制了其与外界的交流和合作,但也为其保留了独特的文化和传统,为其后来的发展奠定了基础。

乡镇兴则农村兴,乡镇强则县域强。乡镇一头连着农村,一头连着城市,在经济社会发展中发挥着重要作用。县域经济的崛起离不开乡镇经济的支撑,县域城镇化在城乡融合背景下也能够反哺乡镇的发展。德化县共有18个乡镇。这些乡镇包括12个镇和6个乡:龙浔镇、浔中镇、盖德镇、三班镇、龙门滩镇、南埕镇、雷峰镇、水口镇、赤水镇、上涌镇、葛坑镇、美湖镇、杨梅乡、汤头乡、桂阳乡、国宝乡、大铭乡、春美乡(见表4-6)。在"中国瓷都"的品牌外溢效应作用下,德化县11个建制镇立足各自的禀赋优势,通过清晰的发展定位,走出了一条"乡镇兴则县域兴,乡镇强则县域强"的县域"镇"兴的路子。伴随着乡村全面振兴和城乡融合发展,德化县的6个建制乡立足环戴云山的自然禀赋优势,通过生态资源价值化实现,探索出一条生态可持续的道路。

表 4-6　德化县下辖 18 个乡镇的集群生态

类目	乡镇名称	生态定位	简介
城关镇	龙浔镇	经济中心、商贸中心	福建百强乡镇，企业云集
	浔中镇	陶瓷产业中心	全国重点镇
辐射镇	盖德镇	陶瓷文化发祥地	红色文化
	三班镇	特色工业园区	统筹城乡发展先行镇
	龙门滩镇	电力支撑	龙门滩引水发电工程、现代特色农业
	赤水镇	县域西部交通中心枢纽	戴云山、九仙山
	上涌镇	县域次中心、西北中心集镇	泉州市优先发展中心镇
带动乡	雷峰镇	德化粮仓库林库	生态养生新城
	南埕镇	生态资源价值化	戴云山国家级自然保护区
	水口镇	旅游资源丰富	革命老区
	葛坑镇	矿区、水电资源丰富	黄金、石灰石、煤、高岭土等
	美湖镇	陶器生产原料重要基地	"南矿北农"
	杨梅乡	生态保护区	生物资源丰富
	汤头乡	农业产业发展强镇、矿业	农业为主、林业为辅的生态瓜果之乡
	桂阳乡	全域旅游	山水康养，活力桂阳
	国宝乡	文旅特色小镇	德化县乡村振兴研究院
	大铭乡	生态保护、农产品地理标志	生姜产业
	春美乡	农业产业园区	康养产业园

县域"镇"兴的集群生态。一是城关镇的核心作用。浔中、龙浔两镇作为县域的政治、经济和文化中心，发挥了核心作用。产业政策驱动县域城关成为经济活动和人口集聚的引擎，城关镇的快速发展带动了周边地区的经济提升，成为县域经济增长的主要推动力。二是辐射镇的桥梁作用。在城关镇的带动下，周边乡镇通过与城关镇紧密联

系，供应了劳动力要素的同时，推动了自身的经济发展。同时，辐射镇也在基础设施、公共服务等方面与城关镇形成了互补，提升了整个县域的综合竞争力。三是带动乡的联动效应。德化县的带动乡通过与城关镇和辐射镇联动，实现了自身发展。这些乡镇依托自身的资源优势和特色产业，积极融入县域经济发展大局，形成了各具特色的经济发展模式（见图4-9）。县域带动乡村发展不仅提升了自身的经济水平，也为县域经济的均衡发展做出了贡献。

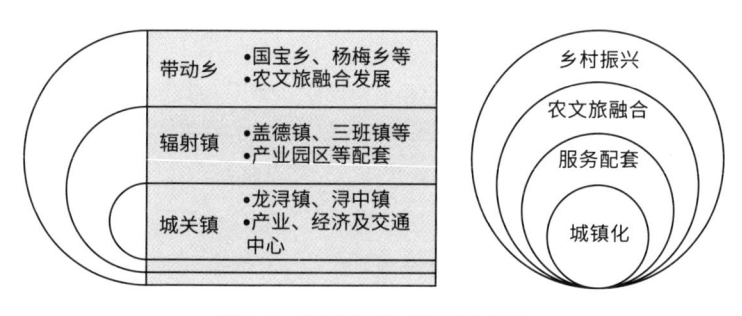

图4-9 多元城市生态与定位分工

以乡镇为枢纽，县域"镇"兴有力有效地促进了城乡融合和乡村全面振兴方面。核心是农业劳动力的非农转移。县域"镇"兴通过提供更多的就业机会，促进了农业劳动力向非农领域的转移。城关镇和辐射镇的产业集聚，为当地居民提供了多样化的就业岗位，农业劳动力得以在本地区参与制造业、服务业等非农产业，这不仅提高了农民的收入水平，也释放了农村地区的剩余劳动力，促进了劳动力资源的合理配置。关键是乡村生态恢复。县域"镇"兴为乡村生态资源价值实现提供了可能。随着农业劳动力的转移和农业结构的调整，乡村地区有了更多的空间和资源进行生态环境修复和保护。退耕还林、水土保持等措施，改善了乡村的生态环境，提高了农村地区的生态服务功能，为乡村的可持续发展奠定了基础。此外，城乡两栖居民频繁互动。得益于交通基础设施的改善和公共服务的均等化，城乡居民之间的交流变得更加频繁。县域城镇居民可以更方便地到乡村体验田园生活，享受乡村旅游、休闲农业等带来的愉悦；而农村居民也能通过城乡两栖的方式享受到城市提供的教育、医疗、文化等服务，这种双向互动促进了城乡共同繁荣发展。

小县大城模式的四大特征体现了中国城镇化和区域发展的新趋势，也为下一步加快农业转移人口市民化和在县域促进城乡融合共同繁荣提供了可借鉴的经验。第一，小县域、大城关。这一特征阐释了县域政府如何通过优化地埋空间布局和优化资源配置，实现县域经济的集约化和高效化发展。尤其在未来的土地资源日趋紧张的情况下，县域城镇化能够通过集中力量建设县城，可以更好地提供公共服务，吸引投资，促进产业集聚，从而提高整个县域的经济实力和竞争力。第二，少人口、大集聚。这一特征进一步强调了人口集聚对于促进地方经济发展的重要性。在城镇化早期，地方政府能够通过政策引导和基础设施建设，吸引农村人口向城镇集中，提高城镇化率。在当下，县域城镇化的核心在于如何加快农业转移人口市民化，而少人口、大集聚提供了破题思路。第三，小产品、大产业。这一特征体现了发展特色产业对于推动地方经济发展的强大推动力。县域经济发展如何寻找差异化竞争道路是关键，因此可以专注于特定细分市场的小型产品，通过规模化生产和品牌建设，形成具有竞争力的大产业，从而成为地方经济的支柱和对外贸易的重要基础。第四，小环境、大发展。这一特征强调了在有限的环境中实现可持续发展的重要性。通过提供完善的基础设施和公共服务，创造宜居宜业的环境，可以吸引人才和投资，而促进县域人才振兴是未来县域高质量发展的核心。

| 第五章 |

十字路口的徘徊

CHAPTER FIVE

引子：城进一定村衰？

2014 年，住建部的全国村庄调查报告显示，1978—2012 年，全国行政村总量从 69 万个减少到 58.8 万个，年均减少 3152 个；自然村数量从 1984 年的 420 万个减少至 2012 年的 267 万个，共减少 153 万个，年均减少约 5.5 万个。[①] 在城与乡的天平上，城市的繁荣是否必然伴随着乡村的衰落？刘彦随曾言"从高空遥感影像看村子，外扩中空；到实地去，远看是房，近看是草"。当钢筋水泥的"森林"在地平线上不断蔓延，那些被稻香和泥土拥抱的村落，是否注定要在时代的洪流中渐行渐远？那些曾经鸡犬相闻、炊烟袅袅的村落，如今却变得寂静无声。田野里的稻浪依旧，却少了那份热闹的收割声；小溪边的柳树依旧垂着绿丝，却不见了那些在树下乘凉谈笑的身影。城市的霓虹与乡村的星光，难道不能共存于同一片夜空下吗？

小县大城经过 40 年城镇化进程中的一路狂奔，逐渐出现了高城镇化率和高乡村空心化率并存的"图钉式"城乡空间格局，形成了

[①]《首获中央财政支持 传统村落保护仍"喜中有忧"》，见 https://www.gov.cn/xinwen/2014-10/30/content_2773076.htm。

"城进村衰"的局面。产业是小县大城的核心依托,在县域主导产业需要提质增效或迭代升级的背景下,小县大城模式也走到了一个方向抉择的十字路口。立足当前中国城镇化的历史进程,我们应当思考:小县大城是否会成为中国大多数县城的未来样态?中西部广大地区的县域发展如何汲取沿海地区的经验教训?

"城进村衰"的马太效应

在产城融合的背景下,"产业-劳动力-城镇化"三者之间在县域内部形成一个动态的互动系统。首先,产业是城镇化的动力系统。产业的发展为县域提供了经济增长的基础和就业机会,吸引了大量劳动力的流入。县域主导产业的兴起,不仅推动了经济发展,还促进了城市基础设施和公共服务的完善。其次,劳动力是联结产业和城镇化的活力系统。劳动力的流动和聚集为产业发展提供了必要的人力资源。随着劳动力的集聚,县域的消费市场扩大,这进一步促进了产业的创新和升级。最后,城镇化是产业和劳动力互动的结果和表现。城镇化不仅为产业和劳动力提供了空间和平台,也通过提供更好的居住环境、教育资源和医疗服务等,改善了居民的生活质量,促进了社会的整体进步。城镇化的推进需要产业的支撑和劳动力的参与,也为产业和劳动力的发展提供了条件。

在这一过程中,政府的规划和政策起到了重要的引导和调控作用。通过合理的产业政策和城市规划,政府能够引导产业的合理布局和劳动力的有序流动,促进产城融合的健康发展。同时,政府还需要通过提供公共服务和社会保障,保障劳动力的权益,实现社会的公平和稳定。由此,"产业-劳动力-城镇化"三者之间形成了一个相互依存、相互促进的动态系统。产业的发展带动了城镇化的进程,城镇化的推进又为产业提供了必要的条件和空间,而劳动力的流动和配置则贯穿这一过程,成为联结产业和城镇化的纽带。这一系统的健康发展,需要政府、企业和社会各界的共同努力和协同配合。

县域发展要素配置过程中会出现马太效应,在小县大城的模式中,这具体表现为城关镇与边缘镇村发展差距扩大、高城镇化率与高乡村空心化率并存两个方面。马太效应是一个经济学和社会心理学概念,源自《马太福音》中的一段文字:"因为凡有的,还要加给他,叫他有余;没有的,连他所有的,也要夺过来。"在现代经济学中,这个概念被用来描述一个现象:在某些情况下,资源、财富、地位或其他优势往往会向那些已经拥有它们的人集中,而那些缺乏这些东西的人则越来越难以获得它们。

从经济学角度看,马太效应有四大核心构件。一是资源的稀缺性。在经济体系中,资源(如资本、教育、机会等)的分配往往不是均匀的,而是存在一定的不平等性。二是优势的积累性。这体现为那些已经拥有一定资源或优势的个体或群体,更容易获得更多的资源或优势。三是网络的延展性。在某些情况下,一个产品或服务的价值随着使用它的人数增加而增加,这导致领先者越来越领先。四是反馈的强化机制。个体或群体的成功可以吸引更多的关注和资源,形成正反馈循环。

在小县大城的发展路径下,存在"产业-劳动力-城镇化"的马太效应(见图5-1),这使县域经济体内的城关镇因汇集了县域内大部分稀缺资源,形成了县域发展的增长极,又因政治晋升和市场激励的正反馈得到不断强化,并形成了城关镇与非城关镇的发展差异。

在"产业-劳动力-城镇化"的马太效应下,县域发展存在三对关系的平衡,分别是产业结构与经济韧性、县域集聚效应与城乡发展差距,以及县域城镇化与乡村振兴。

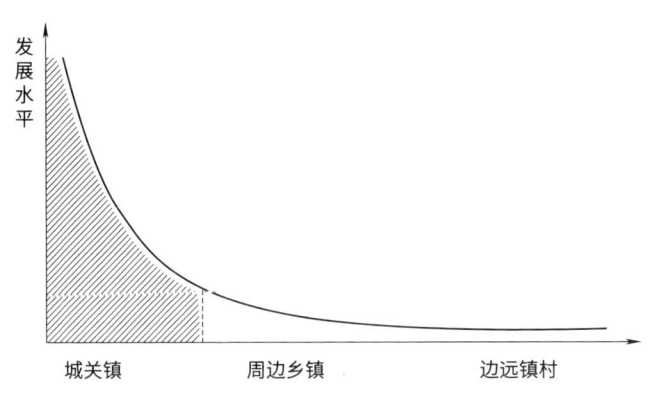

图 5-1　县域内部要素配置的马太效应

- **产业结构单一的利与弊**

合理的产业结构可以促进经济增长,提高就业率,增加居民收入,改善生活环境,并推动社会全面进步。核心外向型产业的强势和民生产业的相对弱势并存,县域产业韧性不足。以前述的德化县为例,德化县的陶瓷产业是其经济的核心和外向型产业的代表。德化县的陶瓷生产历史悠久,是中国陶瓷文化的重要发祥地之一。德化陶瓷以其精美的工艺和优良的品质,不仅在国内市场享有盛誉,更在国际市场占有一席之地。其陶瓷产品80%以上外销,销往190多个国家和地区,这使德化县成为福建省十大重点出口县(市)之一、全国最大的工艺陶瓷生产和出口基地。这种强势的外向型产业发展,带动了德化县整体经济的增长,吸引了大量的投资和人才,形成了显著的集聚效应。

另一面是民生产业的相对弱势。与陶瓷产业的强势相比，县域的其他民生产业则显得相对弱势。尽管德化县在农业、旅游业等方面也有一定的发展，但与陶瓷产业相比，这些产业的规模和影响力较小。农业主要以传统的种植业为主，缺乏高附加值的现代农业产业；旅游业虽然拥有丰富的自然和文化资源，但开发和推广力度不足，未能将其充分转化为经济效益。这种产业间的不平衡发展，导致资源配置的不均衡，这进一步加剧了马太效应。

资源配置的不均衡导致县域经济韧性不足。大量的资源和政策倾向于支持陶瓷产业的发展，而对其他民生产业的投入相对较少。这种资源配置的不均衡，使得核心主导产业得以快速发展，而其他产业则因资源不足而发展缓慢。资金、技术、人才等关键因素在核心产业中的集中，进一步强化了核心产业的竞争优势，而其他产业则因缺乏相应的支持而难以实现突破。县域经济韧性因产业单一、发展滞后而相对落后。这种不平衡性不仅影响了县域经济的整体协调性，也加剧了社会资源的不均衡分配，影响了社会的和谐与稳定。

▪ 劳动力集聚的兴与衰

农业转移人口在县域内的市民化过程，既带来了劳动力集聚，也加剧了乡村空心化。大城关战略实施以来，劳动力流动受到政策引导和市场驱动。一方面，政府在推动城镇化和产业发展方面的政策可能更倾向于支持县城和重点城镇，这为劳动力流动提供了方向和动力。另一方面，市场对劳动力的需求在县城和城镇更为旺盛，这为劳动力提供了更多的就业机会和发展空间。

县域劳动力流动首先表现为大量农业劳动力向县城和主要城镇集聚。县城提供了更多的就业机会和更高的生活服务水平，劳动力被吸引到这些区域，以便寻求更好的就业和生活条件。这种集聚效应使县城和部分城镇的经济更加活跃，进一步吸引了更多的劳动力流入，形成了一种正向循环。然而，这种正反馈势必带来城乡发展差距的扩大。随着劳动力的流入，县城和主要城镇的经济发展得到了加强，而乡村地区由于劳动力流失，可能面临发展缓慢甚至衰退的情况，这强化了城乡二元结构。县城和一些经济强镇因为劳动力的集中而获得了更多的发展资源和机会，而乡村地区则可能因为劳动力短缺和人才流失而发展受限，这进一步引发了劳动力流动的不平衡性。高素质的劳动力更倾向于流向城市寻求发展，而留在乡村的往往是年纪较大、受教育水平较低的人群。这种选择性的劳动力流动不仅影响了乡村的发展潜力，也加剧了城乡之间的人才差距。

就业是最大的民生。随着全球产业结构的升级，劳动密集型产业首当其冲，形成用人企业的"用工难"和产业工人的"就业难"并存困境。作为劳动力需求端的企业，面临技术升级的"卡脖子"、劳动力成本上升和高素质人才结构性短缺的问题。作为劳动力供给的产业工人，面临着技能过时、就业机会可替代性高、地域性失业等问题。

- **城关镇繁荣的起与落**

城镇化是县域经济马太效应的重要因素。城关镇作为县域的政治、经济和文化中心，整合了城镇化进程中的诸多优势。由于集中了大量资源和政策支持，城关镇的基础设施建设、商业发展、教育医疗等公共服务体系都得到了快速发展和完善。这种集中发展策略使城关镇成为人口和经济活动的主要集聚地，吸引了大量农村人口进城务工、生活，这进一步推动了城关镇的繁荣。与城关镇的快速发展形成鲜明对比的是，其他乡镇发展相对滞后。由于地理位置、资源条件、基础设施等方面的限制，边远镇村未能像城关镇那样吸引到足够的投资和人才，导致其发展速度和质量与城关镇存在较大差距。周围乡镇的产业基础相对薄弱，公共服务和基础设施建设也不够完善，难以提供与城关镇相匹敌的生活质量和就业机会。

在城镇化的马太效应作用下，乡村地区面临着人口外流和劳动力短缺的问题。随着越来越多的年轻人涌向城市寻求更好的发展机会，乡村地区留下的往往是老年人和儿童，缺乏足够的劳动力进行农业生产和乡村建设。这导致一些乡村地区的经济发展减缓，甚至出现了土地荒废、村庄空心化的现象。由此可见，城镇化的马太效应不仅体现在地理空间上，还反映在社会经济层面。城关镇的繁荣与乡村的凋敝形成了鲜明对比，加剧了城乡居民之间的生活水平和经济收入差距。长期下去，这种差距可能导致社会分层和城乡差距的进一步扩大，对社会稳定和谐构成挑战。

- **不得不面对马太效应**

小县大城战略符合增长极理论带来的正反馈循环预设，简而言之，就是"强者越强，弱者越弱"，这一方面印证了人们通常认为的"两极分化，赢家通吃"的结果上的马太效应，另一方面却忽略了"积累优势，用进废退"的过程上的马太效应。在小县大城发展战略下，政府扶持和资本投资促进了县域经济发展和城镇化进程，这促进了人口的聚集和县域建成区的扩大，也吸引了更多的投资和人口进入，形成了正反馈循环的局面，在结果和过程上，都体现为经典的马太效应。这种正反馈循环使小县大城政策力度不断强化，从而形成了一个发展模式：制造业吸纳乡村劳动力—劳动力集聚推动就地城镇化—产业扩大再度吸纳劳动力并推高城镇化水平。

"产业发展—劳动力集聚—城镇化率提高"的正反馈循环能否持续？一方面，随着县城建成区面积的不断扩大和人口城镇化率的提高，资源投入和发展机会将会更加向城关中心聚集，虹吸效应可能使得城关以外地区的发展受到一定程度的抑制。另一方面，大城关战略旨在通过人口非农化转移和县域工业化带动农村经济发展，促进乡村振兴。但在实施过程中，由于长期以来的要素单向流动和反哺乡村的机制不完善，将会出现城乡发展不平衡、贫富差距扩大等问题。因此，在迈向高质量发展的进程中，"产业—劳动力—城镇化"的正反馈循环逐渐形成了一个"不可能三角"，小县大城到了谋新求变的时间节点。

小县大城如何应对"不可能三角"

"不可能三角"又称"三元悖论",一般指现实情境存在互斥的三个条件下,最多只能同时满足其中两个条件,产生了"得二不能兼三"的结果。"不可能三角"这一概念基于经济学中的资源配置理论和发展经济学的均衡增长理论。其一是资源配置理论,即在资源有限的情况下,不同用途之间的分配存在机会成本,即增加对某一领域的投入必然以牺牲另一领域为代价。其二是均衡增长理论,该理论强调经济的全面和协调发展需要各个部门之间保持平衡,但在现实中,由于市场力量和政策导向的作用,往往难以实现完全均衡。对此,转换到小县大城的研究情境下,我们也能发现一个"人口城镇化—产业发展—乡村振兴"的"不可能三角"(见图5-2)。

在小县大城的发展模式下,"人口城镇化—产业发展—乡村振兴"的"不可能三角"反映了县域发展中的一种困境,即在有限资源和条件下,很难同时实现三个方面的最优发展。在小县大城的"不可能三角"下,县域发展面临以下五个方面的挑战。

一是高质量人口城镇化的挑战。人口城镇化通常需要大量的基础设施建设和公共服务投资。由于人地挂钩、人钱挂钩等政策尚未完全

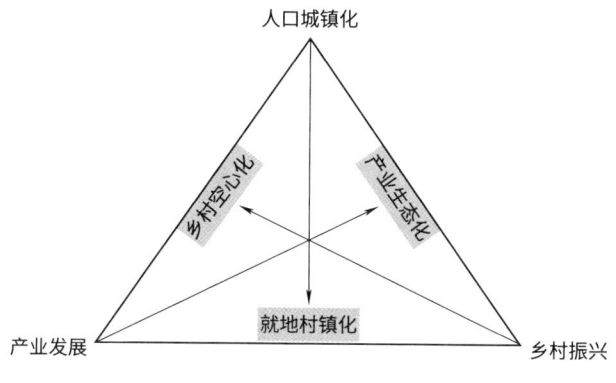

```
           人口城镇化
              △
             ╱│╲
            ╱ │ ╲
      乡村空心化  产业生态化
          ╱   │   ╲
         ╱  就地村镇化  ╲
        ╱_____│_____╲
      产业发展         乡村振兴
```

图 5-2　小县大城的"不可能三角"

落地，多元化成本分担机制不完善，市、区级地方政府推进农民工市民化的积极性还有待提高。户籍人口城镇化率与常住人口城镇化率之间存在较大差距，农业转移人口市民化进程需要进一步加快。小县域资源有限，大规模的城镇化可能导致财政压力增大，进而影响到其他领域的发展投入。城镇化的快速发展可能会吸引大量农村人口进城，这虽然促进了城镇的繁荣，但也可能导致乡村地区人口流失，加剧城乡差距。与农业转移人口落户大城市相比，就地就近城镇化的成本虽然低，但是基本公共服务供给和就业机会仍有不少差距。

二是县域经济韧性的挑战。产业发展是推动经济增长的关键，但在资源有限的情况下，可能会出现产业集聚在某些区域，而其他地区发展滞后的现象。受历史和现实等因素的影响和制约，小县大城的县域经济总体规模较小，"三产"融合度较弱、规模化龙头项目较为单一，在小县大城模式中，产业往往集中在城关镇或几个重点镇，这有助于形成产业集群和规模效应，但同时也可能导致乡村地区产业发展不足，缺乏多元化的经济支撑，缺乏县域经济韧性。

三是谁来振兴乡村的困境。乡村振兴需要综合考虑经济、社会、文化和生态等方面的因素，实现乡村的"五大振兴"。然而，在人口和资源不断向城镇集中的情况下，乡村地区面临着人才流失、产业单一化、基础设施落后等问题。尤其是在早期县域城镇化高歌猛进阶段，不少农村地区的建设用地指标通过增减挂钩的方式支持了城关的发展，导致后期的村庄发展规划受到土地指标的掣肘。要实现乡村振兴，就需要在城镇发展的同时，平衡资源分配，促进乡村的可持续发展，这是一个巨大的挑战。

四是路径依赖的掣肘。在小县大城的发展模式中，资源配置往往倾向于支持城镇化和产业发展，这可能导致乡村地区得不到足够的资源。要平衡这三者之间的关系，就需要在资源分配上做出合理决策。但人们在现实中很难做到完全均衡，往往会牺牲其中一个方面的发展来满足另外两个。其中推动城乡要素流动和资源共享，激发乡村发展活力是关键。这包括深化农村土地制度改革，赋予农民更加充分的财产权益，以及推动农村资源变资产、资金变股金、农民变股东的"三变"改革，加快实现农业强、农民富、农村美。

五是主政者的困境。政府在推动小县大城发展时，需要在人口城镇化、产业发展和乡村振兴之间做出选择。政策倾向于支持城镇化和产业发展，这可能带来经济增长和税收增加，但也可能加剧城乡差距。乡村振兴应久久为功。如果政策过于侧重乡村振兴，可能会减缓城镇化的步伐和产业发展的规模。这种政策选择上的困境，体现了"不可能三角"的现实困境。

- **乡村空心化与谁来发展产业**

城镇化通常与产业发展紧密相连，但小县城往往缺乏资源和资金，难以吸引外部投资和发展新的产业，于是会吸引乡村人口进城落户，用劳动力替代其他生产要素投入，同时推动县域产业发展和城镇化，其结果是乡村空心化，农村劳动力和生产力被削弱，这在某种意义上阻碍了乡村振兴的进程。

2016年全国第三次农业普查的数据显示，人口净流出行政村数量占比79.01%，其中空心化率不低于5%的空心村比例为57.5%，平均每村净流出409人，人口空心化率为23.98%。其中，人口实心村比例为12.15%，平均净流入人口为490人，人口实心化率为21.16%。深度空心村占全部行政村数的29.98%，但人口净流出占全部空心村的74.71%。对山区县而言，地形、地貌对农村人口外出有显著影响，山区、丘陵地貌对深度空心村空心化率的影响分别比平原高出3个百分点和1.8个百分点。

如图5-3所示，乡村空心化是一个复杂的社会现象，它在兼顾产业发展和城镇化的背景下逐渐显现出来，对农村地区产生了长期影响。德化县乡村振兴研究院黄景新对德化县乡村空心化开展过扎实的调查研究与县域比较思考。

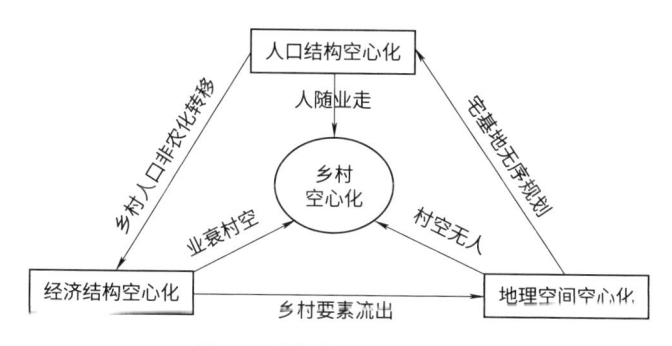

图 5-3　乡村空心化的形成机理

首先，乡村空心化的起点是"人随业走"决定了人口结构的变迁。随着工业化和城镇化的推进,大量农村劳动力被吸引到城市寻求更多的就业机会和更高的生活水平。年轻劳动力的流出导致乡村地区人口老龄化加剧,儿童和妇女也常常随家庭迁移到城市,这使得乡村地区人口结构出现断层。这种人口结构的空心化,不仅影响了乡村的劳动力供给,也削弱了乡村社会的活力和发展潜力。德化县乡村振兴研究院黄景新曾途经佛岭村十组的一个山沟,他与一位老妇人攀谈,并指着路旁一座半塌的旧屋,问其主人今何在。老妇答:"原有老人居住,后随子女入城,疫情期间曾返乡居住,因属危房,政府迫其迁出。"大疫之下,返乡无所居,何谈大疫止于乡野。此为一例,放眼其所经诸村,此情况屡见不鲜。

其次,人口结构的空心化因乡村产业的"业衰村空"进一步导致经济结构的空心化。黄景新曾言:"德化人口少,且大城关战略施行已久,就业、教育、医疗、青壮等咸集县城,既成路径依赖,且积重难返。欲令青壮大量返乡,几无可能。但若不求扭转,则数年之后,随留守老人或衰或逝,必是荒村、荒地遍布。若必欲扭转,则须依当下新形势,率先承接当年入城之离休者返乡养老,吸引该部分回归,再借此维系子女与乡村之联系,聚人气,活化农村,挽乡村之衰颓,而后再虑市民下乡等。若忽略新形势下村民之返乡诉求,而汲汲于市民下乡,则无异于舍近求远、舍本逐末。"随着劳动力的流失,农业生产效率下降,农业收入减少,导致乡村地区经济发展缺乏动力。同时,由于人口减少,乡村地区的消费市场萎缩,服务业和商业活动也难以为继,这会进一步加剧乡村经济的衰退。经济结构的空心化使得乡村地区难以形成有效的经济循环,经济发展陷入停滞甚至倒退。

最后,人口和经济的空心化最终反映在地理空间上的"村空无人"，形成了地理空间的空心化。黄景新说："今德化县诸多乡村，青壮外流，老年留守，房屋破旧，稀疏坐落，颇显凋敝。盖因陶瓷产业、大城关战略，工作、教育、医疗等咸集县城。因工作、教育之需，皆于县城购房。购房掏空财力，久住县城，兼以乡村基础设施落后，三者致返乡建房能力与意愿俱低，以致房屋破旧，村庄萧条。若老人尚在，子女常往返城乡，然因村宅老旧，设施落后，人多宅少，多不留宿，朝来夕返。若老人已故，子女多只在特定节日返乡，亦难留宿，即来即返。久之，荒草丛生，日渐坍塌，几致不返。"随着人口的减少和经济的衰退，一些乡村地区出现了房屋空置、土地荒废的现象。缺乏人气和活力的乡村地区，基础设施建设和维护也难以得到保障，这进一步加剧了地理空间的空心化。这种空间上的空心化，不仅影响了乡村的生态环境和居住条件，也对乡村的社会稳定和可持续发展构成了挑战。

- **就地村镇化**

2000年以来，县级单元集聚了全国新增城镇人口的54.3%，成为城镇化发展的重要层级，县域是未来10~15年中国城镇化发展的重要支撑和重要环节。乡村振兴需要大量资金和人才支持，但这些资源通常都倾向于聚集在城市，导致乡村资金和人才缺乏，限制了乡村振兴的发展。不过，出于自身的乡土情结，农民往往会将务工收入投资到家乡，如建房置业、主动选择居住在公共服务设施良好的中心村，形成了就地村镇化。如此一来，就地村镇化先于逆城市化到来，县域产业将无法获得足够的要素支撑。

就地村镇化有赖于建立多层次的农业人口转移体系，包括县城、中心镇、一般镇、特色小镇和农村社区，以促进农民有序转移，带动乡村振兴战略实施。在撤县设区"急刹车"的背景下，中国县级行政区划将在一段时间内保持相对稳定，中心镇主要通过吸纳辖区内的农业转移人口和吸纳周边乡镇农业人口实现提质增效和产业扩容。

作为非中心镇的一般建制镇实施就地村镇化有两条路径：一是加快镇内产业集聚和乡村振兴，形成县域内的第二中心镇；二是通过撤乡设镇的方式，将乡级行政区改为镇级行政区。撤县设区"急刹车"后，撤乡设镇有无可能掀起一波新浪潮？我们先来看看撤乡设镇的三个主要条件。

一是人口指标，全乡总人口（依据户籍人口，参照常住人口）一般不少于2.4万人。乡人民政府驻地集镇（以下简称"驻地集镇"）建成区面积具有一定规模且有较好的拓展空间，人口不少于4500人，至少设有1个居民委员会。

二是经济发展指标，主要内容是一般公共预算收入和工业企业数在本县市区所辖乡中处于领先水平，对拥有规模以上工业企业的乡可优先考虑。

三是公共服务指标，包括但不限于政务（便民）服务中心、村（居）综合服务设施全部建成且功能完善等基本公共服务。就目前全国层面的普遍情况来看，一般建制乡的常住人口基本低于5000人，且下辖行政村也逐渐进入撤并过程。进一步，由于建制乡下辖行政村的空心化问题突出，很难在建制乡村保有规模以上企业。规模以上企业的衡量标准是年主营业务收入达到2000万元以上的企业，按照2024年中国人均GDP为95749元，一家达标规模以上企业至少由208个人均产值组成，加上上下游产业链的配套和常住人口，如果有建制乡保有规模以上企业基本能够带动本地数千人就业，满足撤乡设镇的要求。

特色小镇能否成为山区县实现就地村镇化的可行出路

特色小镇发源于浙江，首次被提及是在 2014 年的杭州云栖小镇。这是在块状经济和县域经济基础上发展而来的创新经济模式。目前，全国已有 2000 多个特色小镇。这些小镇各有特色，有的以旅游业为主，有的以工业为主，有的以文化业为主，形成了多元化的发展格局。然而，特色小镇的发展也面临着一些问题。一些小镇存在同质化现象，缺乏独特的文化内涵和产业支撑。同时，一些小镇过度依赖房地产开发，导致房价过高，影响了居民的生活质量和可持续发展。因此，以特色小镇建设推动就地村镇化至少要关注如下三个方面。一是挖掘和传承特色文化，针对当前特色小镇发展千篇一律的现状，就地城镇化需要通过文化创意产业、文化旅游、文化教育等方式，打造具有独特魅力的特色文化小镇。二是提升产业品质，形成具有差异化竞争优势的产业集群是关键。三是多元化融合发展，特色小镇将往多元化融合方向发展，形成集文化、旅游、产业等多功能于一体的综合性小镇，而非过度依赖房地产开发，走上以往举债重复建设的老路。

乡村社区建设

"村改居"起源于 20 世纪 90 年代，是随着中国城市化进程加速和城乡融合发展的需求而逐渐兴起的。其背景是城乡二元结构带来的种种问题，如城乡发展不平衡、公共服务不均等、农村基础设施落后等。为了解决这些问题，政府开始推动"村改居"工程，将传统的农村社区转型为城市居民社区，使农民享受与城市居民相同的公共服务和社会福利。由于历史原因和地域差异，"村改居"的进程和效果存在差异。一些地区已经实现了较高的城市化水平，而一些地区则仍然处于转型初期。不过，可以预见的是，随着城市化进程的加速和城乡融合发展的需求增强，"村改居"将继续加速推进。政府将加大投入力度和政策支持，推动农村社区向城市居民社区转型。因此在"村改居"推动就地村镇化的过程中，地方要更加注重多元化发展。不同地区的农村社区将根据自身条件和特点，发展各具特色的城市居民社区；同时也将注重保留和传承农村文化和传统，实现本土化文化传承与全球化创新相结合。

▪ 城乡两栖

有人悲悯地看待城乡两栖：候鸟迁徙一般，"两栖"农民不停地在城乡间往返穿梭。人们农闲时进城打工，农忙时回村种地，离乡不离土，像候鸟一样，频繁穿梭在城乡之间，一边以城里人自居，一边又与村里人为伍。虽然栖身在城，村里的大事小情、粮食和蔬菜，却依然挂在心上。这种"两栖"生活看上去不错，但"两栖"农民群体逐渐扩大，"空壳村"不断增多，因为大量人才外流；未婚女孩外出打工，在村大龄男青年"成家难"；"陪读"妈妈增多，夫妻两地分居使离婚率上升，单亲、无亲的孩子增多；"两栖"生活也使部分原本就不富裕的家庭生活成本增加……

尽管存在这样那样的问题，但城乡两栖可能依然是舒缓现代化冲击所带来的诗意栖居新方式。

经济增长可能会导致城市化和工业化加速，进而加剧土地、环境、资源等生态问题，也会对乡村经济造成冲击。在中国工业化进程进入高位时，如何推动县域产业生态化转型是破题关键，但对于一般的建制县而言，县域产业如何提档升级，已有土地如何腾笼换鸟，都要经历较长一段阵痛期，甚至无力推动生态化转型。当前小县大城在"不可能三角"中，兼顾了人口城镇化与经济增长两大要素，在促进县域经济腾飞的同时，留下了空心化的村庄和脆弱的生态环境，也难以实现乡村全面振兴。在人口城镇化率不断攀升到高位和县域主导产业面临转型升级的情况下，小县大城将站在十字路口面临抉择。

对此，城乡两栖作为一种新的生活方式，适应了当前社会发展的需求，为破解小县大城的"不可能三角"提供了新的发展思路。城乡两栖是一种新兴的生活方式，指的是居民在城乡之间灵活地安排居住和工作，不再局限于单一的居住地。在这种模式下，人们可以根据生活需求、工作机会、教育资源、医疗条件等因素，在城市和乡村之间自由流动。城乡两栖的居民可能在城市工作，同时在乡村拥有住所，享受两种环境的优势，实现生活和工作的平衡。在城乡融合发展背景下，城乡两栖不仅是市民下乡的专有名词，也将会是乡村在县域生活居民安居乐业的代名词。

小县大城的县域城镇化相较于特大城市战略的大国大城模式，具有独特的地理优势，这为实现城乡两栖提供了可能。县域城镇通常与周边乡村地区的空间距离较近，交通相对便利，使得居民能够在较短的时间内在城乡之间移动。此外，县域城镇化在推动地方经济发展的同时，也注重保护乡村的生态环境和传统文化，为居民提供了良好的居住环境和生活质量。在这种模式下，居民可以享受到城市的便利和乡村的宁静，实现城乡两栖的生活方式。

城乡两栖的生活方式为城乡居民带来了多方面的好处。首先，城乡两栖有助于农民代际照料问题的解决。农民可以在不远离家乡的情况下，到县城或附近的城镇工作，同时能够方便地回到乡村照顾家中的老人和孩子，维护家庭和谐与稳定。其次，城乡两栖使居民能够充分享受城乡融合的好处。在城市工作可以获取更高的收入和更广阔的职业发展机会，而乡村生活则提供了更为宽松的居住环境和亲近自然的机会。最后，城乡两栖还有助于缓解城市的人口压力，促进乡村经济的发展，推动城乡资源的均衡分配和区域经济的协调发展。

蜜糖抑或毒药？

小县大城的县域人口城镇化战略是通过产业集聚和城镇化推动中小城市走上经济发展快车道的蜜糖。与此同时，频繁的人口流动有助于城镇基础设施和公共服务向乡村延伸，为城乡融合提供契机。更重要的是，小县大城战略可以集中力量办大事，提高主导产业初始资源的利用效率，政府主导的城镇偏向产业发展模式更易于反哺乡村。

产业集聚是小县大城战略的核心，通过集中资源和优化产业结构，形成了具有竞争力的产业集群。这种集聚效应不仅提高了产业的生产效率，也吸引了大量的投资和人才，推动了城镇化进程。城镇化的推进为居民提供了更多的就业机会和更好的生活条件，成为县域经济发展的蜜糖。同时，城镇基础设施和公共服务的完善，也为乡村地区的发展提供了支持，促进了城乡之间的资源流动和信息交流。

频繁的人口流动是小县大城战略的另一个重要特征。随着城镇化的推进，越来越多的农村人口进入城镇，寻求更好的发展机会。这种人口流动不仅缓解了城市的劳动力短缺问题，也为乡村地区带来了新的发展机遇。城镇的基础设施和公共服务逐渐向乡村地区延伸，提高了乡村居民的生活质量，促进了城乡之间的融合。城乡两栖的生活方式也逐渐成为一种趋势，居民可以在城乡之间自由流动，享受两种环境的优势。

小县大城战略本质上是举全县之力集中力量办大事，通过政府主导和规划，集中资源和力量发展主导产业（见图 5-4）。这种模式提高了资源的利用效率，加快了产业的发展速度。政府在城镇偏向产业的发展模式，也更易于实现产业集聚和升级，为县域经济的快速发展提供动力。同时，政府也可以通过这种模式，更好地支持乡村地区的发展，实现城乡之间的协调发展。

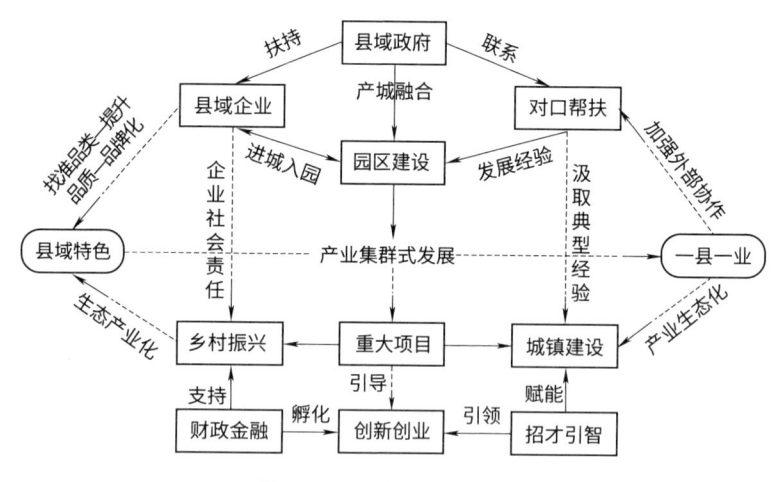

图 5-4　小县大城的逻辑模型

然而，小县大城战略也带来了一些挑战，尤其是在乡村可持续发展方面。资源和要素长期向城关集聚，已经对乡村地区的发展产生了一定制约。乡村地区的生产要素高速非农化，导致农业生产力下降，农村经济活力减弱。农村主体的老龄化问题也日益突出，年轻劳动力的流失使得乡村地区的社会结构和文化传承面临挑战。此外，村庄用地的空废化现象也日益严重，许多乡村地区出现了"空心村"的现象，影响了乡村的生态环境和社会稳定。

"乡村病"是小县大城战略中需要关注的一个重要问题。随着人口和资源的流失，乡村地区出现了生产要素高速非农化、农村主体老弱化、村庄用地空废化等问题。这些问题不仅影响了乡村的经济发展，也对乡村的社会稳定和文化传承构成了威胁。为了解决这些问题，需要采取有效的措施，促进城乡之间的协调发展，提高乡村地区的吸引力和竞争力。

- **小生产大服务的鲍莫尔病**

"鲍莫尔病"是美国经济学家威廉·鲍莫尔提出的一个经济学概念，它描述的是在经济发展过程中，某些行业（通常是服务业）的劳动生产率增长缓慢或停滞，而这些行业的成本和价格却因为整体经济的增长而持续上升的现象。由于一些服务行业（如教育、医疗、艺术表演等）的生产过程具有规模不经济的特点，即随着规模的扩大，其边际成本并不会下降，这导致这些行业的生产率提升困难。与此同时，这些行业的劳动力成本往往会随着整体经济的发展而上升，因为这些行业的劳动者可以转向其他行业获得更高的报酬，这就导致了这些行业的产品和服务价格不断上涨，而质量却没有显著提高。

德化县在这个问题上的表现即为陶瓷业"大而不强"和旅游业"小而不精"并存。虽然德化全县3000多家企业通过园区集聚的方式形成了较大的产业规模，但它们属于单体规模偏小、市场竞争力偏弱的小作坊企业，同时还存在超级仿制和价格竞争等现象，未能像景德镇那样形成较为完整的从上游产品设计、原材料采购到下游销售的完整产业链生态，不利于自主品牌打造和产品附加值提升。此外，虽然德化县旅游资源丰富，生态环境良好，但产品开发能力较弱，乡镇之间旅游产业发展日趋同质化，同时旅游业与陶瓷文化的融合度不够，未能对县域经济提质增效提供良好支持，县域经济也面临因服务业比重日益上升而导致劳动生产率下降的"鲍莫尔病"风险。

在小县大城模式下，城镇化进程加快，服务业尤其是与居民日常生活密切相关的服务业迅速发展。然而，这种发展模式可能会带来一些问题。首先，服务业的劳动生产率往往低于制造业，特别是在技术进步和创新驱动不足的情况下。其次，随着服务业的比重增加，如果服务业的生产率不能得到有效提升，就可能导致整体经济的劳动生产率下降。以德化县为例，虽然陶瓷产业和旅游业是其经济的两大支柱，但随着城镇化的推进，服务业的比重也在逐渐增加。如果服务业的发展不能与城镇化进程相匹配，不能通过技术创新和服务质量提升来提高劳动生产率，就可能出现"鲍莫尔病"的现象。

"鲍莫尔病"对县域经济的影响是多方面的。首先，它可能导致经济增长放缓，因为整体劳动生产率的下降会直接影响经济产出。其次，它可能加剧城乡差距，因为服务业的发展往往集中在城市，而农村地区的服务业发展相对滞后。最后，它还可能导致资源配置效率降低，因为服务业的过度发展可能会吸引过多的资源，而忽视了制造业和其他高生产率产业的发展。

▪ 小县城大生态的拉锯战

德化县自 20 世纪 80 年代开始实施大城关战略，大量人口进城。一方面，经过 40 年的人口城镇化高速发展，若计入中心城镇，常住人口已经有八成以上住在城镇了，出现了建设用地供应紧张，生态红线制约下的县域内占补平衡难以为继，小县大城模式的建设用地指标用尽，城镇化支撑条件不足等问题。另一方面，由于人口在县城高度聚集，致使交通拥堵、高房价等"大城市病"出现在小县城，这直接影响县域的宜居宜业水平，间接引发难招到好项目、留不住人才等涟漪效应。

生态红线的概念源于城市规划领域，指的是城市建设用地的控制边界。随着工业化和城镇化的快速发展，中国的资源环境形势日益严峻。为了有效保护生态环境，环境保护部在2014年出台了《国家生态保护红线——生态功能基线划定技术指南（试行）》，并在内蒙古、江西、湖北、广西等地开展生态红线划定试点。2017年，中共中央办公厅和国务院办公厅印发了《关于划定并严守生态保护红线的若干意见》，明确了生态保护红线的划定范围和目标。因此，生态红线的划定对县域经济增长具有一定的制约作用。首先，生态红线区域内禁止进行工业化和城镇化开发，这限制了县域在这些区域内的经济活动和产业发展。其次，生态红线的严格管控要求对区域内的人类活动进行限制，这影响了县域的经济发展和建设项目的实施。最后，生态红线的划定也可能导致县域内的土地资源利用效率降低，影响县域经济的长期发展。

作为一个县域经济实力相对较弱的地区，德化县的土地资源相对有限，但大城关的发展需要大量的土地资源投入，因此土地资源的短缺成为其发展的瓶颈之一。同时，县域的市场规模相对有限，大城关的发展面临市场需求不足却又不得不依靠外向型经济发展的困境，难以形成县域内的经济生态循环，影响县域经济的长期发展。

- **小城关大农村的虹吸效应**

　　德化县长期的县域主导产业的政策偏向，一方面大量解放了农村闲置劳动力，拓宽了农村居民的收入渠道，为德化县域内留下了78.8%森林覆盖率的绿水青山。而另一方面，由于农村"空心化"，即使德化乡村有绿水青山和古居古建筑，也无法为农民增收做贡献。

　　城关虹吸效应是一个复杂的现象，其产生有着多方面原因。首先，核心原因是城关地区与非城关地区的经济发展水平差异。城关地区与农村地区在经济发展水平上存在显著差异。城关地区通常拥有更完善的产业链和更丰富的就业机会，这为居民提供了更高的收入水平和更好的生活质量。相比之下，农村地区的经济发展相对滞后，就业机会有限，收入水平较低。这种经济发展水平的差异，使得农村地区的劳动力和资本更倾向于流向城关地区，以寻求更好的发展机会和生活条件。其次，城关地区的教育资源高度集中。伴随着乡村撤点并校，优质的教育资源，如知名学校、优秀的教师和先进的教育设施，往往集中在城关地区。农村地区的教育资源相对匮乏，教育质量和水平难以与城关地区相媲美。为了给子女提供更好的教育机会，许多农村家庭选择将子女送往城关地区就读，甚至全家搬迁至城关地区居住。再次，城关地区与农村地区存在明显的医疗养老条件差距。随着中国逐步迈向老龄化的社会结构，由于医疗资源的分布同样不均衡、城关地区的医疗条件普遍优于农村地区，城关地区能够为居民提供更高水平的医疗服务。而农村地区的医疗资源相对有限，医疗服务质量难以满足居民的需求。因此，许多农村居民为了获得更好的医疗服务，选择前往城关地区就医，甚至长期居住在城关地区。最后，城关地区在基础设施方面逐渐与大城市接轨，为居民提供了更加便利的生活条件，如交通、通信、供水供电等基础设施的完善，使得城关地区的生活更加便捷舒适。相比之下，农村地区的基础设施建设相对滞后，生活条件较为艰苦。这种基础设施的差异，进一步增强了城关地区对农村居民的吸引力，促使他们向城关地区迁移。

中共泉州市委党校2022年的调查报告显示，德化县的城乡居民收入比2.08∶1。其根源是长期的城关发展的政策偏向，将大量乡村人口集聚在城关，使乡村振兴和共同富裕难以实现：一是农村人口少，无人开发资源；二是乡村能人少，没有先富带动后富。尤其在近些年，城关已经出现大城市专属的人口拥挤、交通堵塞、空气污染、房价高升等"城市病"，乡村地区却早已人去田荒，本地企业陷入了"用工荒"的窘境。

城镇化钟罩与县乡村钟摆

在城乡要素高度流动的时代,小县大城的公共服务和基础设施配套为何像一个钟罩一般长期覆盖在城关地区,而无法在快速发展进程中扩展至整个县域?在德化县 40 年的发展过程中,城镇化在县域内部形成了"钟罩"并覆盖在城关地区,各类要素不断向城关地区集聚,而为何乡村人口如同钟摆一般在城乡之间定期流动,无法实现就地市民化?一方面受限于山区县的平原被丘陵笼罩,形成了地理空间上的区隔。另一方面可能是要素和人口的流动面临着市场自发秩序的阻隔。农业转移人口往往是一种周期性流动,在农闲时期进城打工,而在工闲时期返回乡村,形成了县—乡—村"钟摆"。

- **产业为何能聚人**

产业的集聚能力源于其提供的就业机会。在城镇化过程中,城关地区因其产业多样化和产业链完善,成为吸引农村劳动力的主要磁极。城关地区的工业、服务业、建筑业等提供了丰富的就业岗位,不仅满足了不同技能和教育背景劳动力的需求,还因其较高的工资水平和职业发展空间，成为农村劳动力涌向城市的重要原因。随着产业的不断升级和转型，城关地区对高技能劳动力的需求日益增加，这进一步吸引了大量受过良好教育的年轻人才，形成了以产业为核心的人口集聚效应。

在小县大城的县域产业组织模式中，有三大主体（见图 5-5）。县域政府是主导者，在产业组织中扮演着规划者和协调者的角色。在不具备产业比较优势的初期，政府通过制定前瞻性的政策和措施，为产业园区的发展提供指导和支持，通过优化营商环境、提供税收优惠、加强基础设施建设等，吸引和扶持企业入驻产业园区。同时，政府还负责维护社会秩序，保障公共服务的供给，以及推动社会治理的现代化。在推动农业转移人口市民化方面，政府通过户籍制度改革、教育培训等措施，帮助农村人口顺利过渡到城镇生活，为他们提供必要的社会保障和职业发展机会。

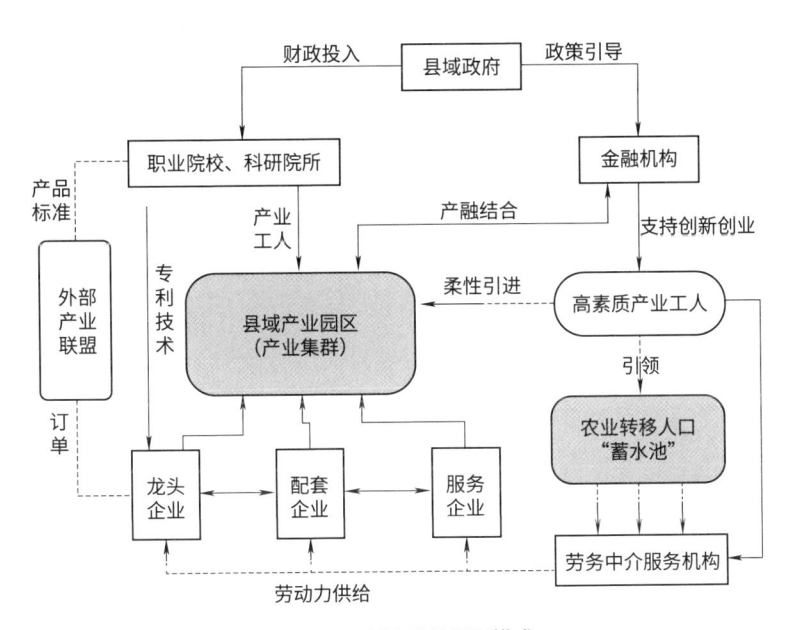

图 5-5 县域产业的组织模式

核心部分是县域产业园区及其产业集群。以龙头企业、配套企业和服务企业为集群，形成了完整的产业链和产业生态。产业园区不仅为企业提供生产和经营场所，还提供技术创新和市场拓展平台。农业转移人口在这个系统中充当了"蓄水池"的角色，为产业园区提供必要的劳动力资源，通过劳务中介机构的介入，这些劳动力得以有效配置到各个企业，支撑了产业园区的生产和发展。

金融机构和职业院校、科研院所构成了县域经济发展的配套部分。金融机构为产业园区内的企业提供资金支持，包括贷款、风险投资、保险等金融服务，帮助企业解决资金问题，促进产业升级和技术创新。职业院校和科研院所则为产业园区提供人才和技术支持，通过职业教育和技能培训，培养高素质的产业工人，同时通过科研合作推动科技成果的转化和应用。这些配套服务为产业园区的持续发展提供了坚实基础，增强了县域经济的整体竞争力。

- **县域为何能留人**

县域地区能否留住人才，关键在于其公共服务配套的完善程度。优质的教育、医疗和养老服务是留住人心的重要因素。县域地区通过加强教育资源的投入，提升教育质量，建立与城市相媲美的学校和教育机构，可以为居民营造良好的教育环境。同时，通过改善医疗设施和服务，提高医疗服务水平，使居民能够享受到及时、高效的医疗服务。此外，随着老龄化社会的到来，养老服务的需求日益增加，县域地区通过建立完善的养老服务体系，可以为老年人提供舒适的养老服务。这些公共服务的完善，不仅可以提高居民的生活质量，也可以增强县域地区对人才的吸引力，保证人才的稳定和留存。

城关地区如同被一个透明而坚固的钟罩覆盖，内部集中了丰富的资源、机会和公共服务，形成了强大的吸引力，而农村地区则因资源和机会的流失而逐渐边缘化，发展滞后。在德化县的小县大城进程中，城镇化钟罩表现为 40 年来城镇化进程中形成的资源集聚现象，各类发展要素如资本、技术和人才等不断向城关镇地区集中，而乡村地区则因地理、经济和社会等因素的限制，未能同步享受到城镇化带来的红利。乡村人口在城乡之间周期性流动，即在农闲时期进城打工以获取额外收入，在农忙时期返回乡村从事农业生产，这种流动模式限制了他们向城镇居民身份的转变，即就地市民化。这种周期性的人口流动类似于钟摆运动，因此被称为"县乡村钟摆"。

由此，本书类比布罗代尔钟罩的概念，提出城镇化钟罩，这是指在一定地理区域内，特定的社会经济和地理条件导致城镇化发展不均衡，公共服务和基础设施配套主要集中在城关镇等核心区域，而难以有效覆盖到周边乡村地区的现象（见图5-6）。这一概念形象地描述了城镇化进程中资源配置的不均衡性，其中"钟罩"区域内享有较好的公共服务和基础设施，而"钟罩"外的乡村地区则相对缺乏这些资源。

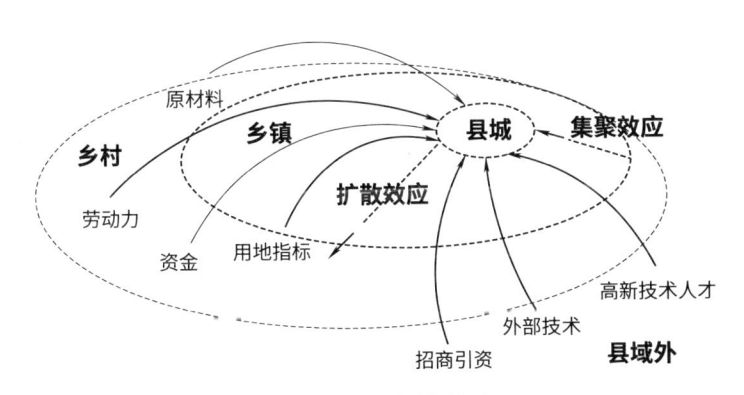

图 5-6　县域城镇化钟罩

- **城乡两栖为何更有性价比**

  城乡两栖将成为人们的未来生活方式。在城乡融合背景下,居民在城乡之间自由流动,同时享受两种生活方式的优势。对许多家庭来说,城市提供了更好的就业机会和收入来源,而乡村则提供了更为宽敞的居住环境和亲近自然的生活体验。城乡两栖生活方式,特别受到重视家庭和代际关系的中国人的欢迎。年青一代可以在城市工作,同时在乡村与父母和长辈保持紧密联系,享受家庭的温暖和支持。老年人则可以在乡村享受宁静的退休生活,同时在需要时方便地获得子女的照顾和城市的医疗服务。这种模式不仅满足了人们对物质生活的需求,也满足了人们对精神生活和家庭亲情的渴望,实现了生活性价比和情感需求的平衡。

"离土不离乡"的就地村镇化

就地村镇化的核心在于"就地",即在原有农村地区的基础上,通过一系列发展策略,实现城镇化的目标。这种模式避免了大规模的人口流动,减少了城镇化过程中的社会成本和环境压力。费孝通最早从理论上初步概括了"离土不离乡"小城镇发展模式的几个特征。一是"离土不离乡",小城镇发展模式是由农村社区、乡镇企业、农民家庭或个人等民间力量发起的"自下而上"的模式,这种民间城镇化模式有别于政府主导推动的城镇化模式。二是小城镇大部分居民几乎是"离土不离乡、离乡不背井"的农民迁移来的,大多数人口就业是农工兼业类型,"离土不离乡"使得农民可以兼顾工业和农业,工业主要是家庭手工业。三是小城镇产业发展依赖乡镇工业,发展农业经济为发展乡镇工业创造条件,乡镇工业又要反哺农业,形成工业和农业的良性互动。四是地方政府事实上是小城镇建设的投资者或是利益主体,这会产生许多问题与弊端,比如导致"政府办工厂、工厂办社会"的现象。因此,政府要在宏观制度安排、社会基础设施建设和小城镇空间规划等方面,为小城镇持续发展创造有利的发展环境。五是小城镇复兴发展,既要重视地方政府的作用,又要重视市场的作用,不同地方的小城镇发展虽各具特点，但都是市场力量引起的农村利益主体自发集聚，并不全是制度安排与行政设置的结果。

- **就地实现村镇化？**

就地村镇化是指在本地乡镇或村庄范围内实现的城镇化过程，它通常涉及将农村地区的基础设施、公共服务和产业结构提升到与城镇相似的水平，使农村居民能够在不离开原居住地的情况下享受到城镇化带来的便利和发展机会。

就地村镇化与就地城镇化类似，基于地缘关系的邻近性特征，在户籍制度放松和农村人口可以自由流动的背景下，进入小城镇的成本要比进入大城市的成本低，而且向邻近城镇和小城市的流动还能够较好地促进城乡融合发展，吸纳农业转移人口。1978年第三次全国城市工作会议提出的"控制大城市规模，多搞小城镇"与1980年《全国城市规划工作会议纪要》提出的"控制大城市规模，合理发展中等城市，积极发展小城市"的城市发展方针均明显体现了对"小城镇论"思想的支持。因此，在该阶段以"小城镇论"为主导的城镇化发展模式在缓慢推进的过程中主要表现出就近城镇化的态势，即农业劳动力向乡镇企业转移。

与就地村镇化相对应的概念是异地城镇化。受市场经济体制引入、小城镇问题的出现和以经济特区引领对外开放三大方面的影响，异地城镇化成为城镇化的大趋势。异地城镇化是指农村人口向非户籍所在地的城镇迁移和集中的过程，这一现象在中国的城镇化进程中尤为显著。与传统的城镇化模式相比，它具有一些独有的特征和趋势。首先，异地城镇化的形成与区域经济发展的不平衡密切相关。经济发展水平的差异，特别是沿海地区与中西部地区之间的经济差距，导致大量农村劳动力向经济更发达的地区流动。这种流动主要是由城镇的"拉力"和农村的"推力"共同作用的结果。城镇提供了更多的就业机会和更高的生活水平，而农村地区则由于土地资源有限、农业生产效率低下等因素，推动了劳动力的外流。其次，异地城镇化的显著特征之一是人口迁移的地域差异。东部地区由于其经济快速发展，成为省域异地城镇化的主要"输入"地区，而中西部地区则成为主要的"输出"地区。这种迁移模式导致一些城市人口快速增长，也加剧了城乡之间的发展不平衡。

通过对比异地城镇化与就地村镇化的机理（见图5-7）和沿革，不难发现，农业转移人口流向非户籍所在地的异地城镇化更多受到政策和经济因素的驱动，与之伴随的是各类"大城市病"。就地村镇化与就地城镇化类似，更多受到空间和社会因素驱动，但也面临着"小城镇、大问题"的现象。两种差异化的城镇化道路分别存在"大城市病"和"小城镇、大问题"表明，中国在幅员辽阔、参差多态的时空条件下不存在唯一最优的城镇化道路，迈向以人为本的多元城市生态体系建设是下一步的方向。

表5-1呈现的这些地区探索表明，就地村镇化可以根据本地的实际情况选择不同的发展模式。苏南地区依靠乡镇企业和内向型经济，温州地区通过小商品生产和外向型经济，晋江地区利用内源式发展和侨资，珠江地区则通过吸引外资和产业升级，各自形成了适合自身特点的发展路径。这些经验为其他地区提供了宝贵的借鉴，说明就地村镇化是一个多元化、因地制宜的过程，需要综合考虑地方资源、市场需求、社会资本和政策环境等因素。通过这样的探索和实践，可以有效地推动地方经济的发展和社会进步，实现城乡融合和区域均衡发展。

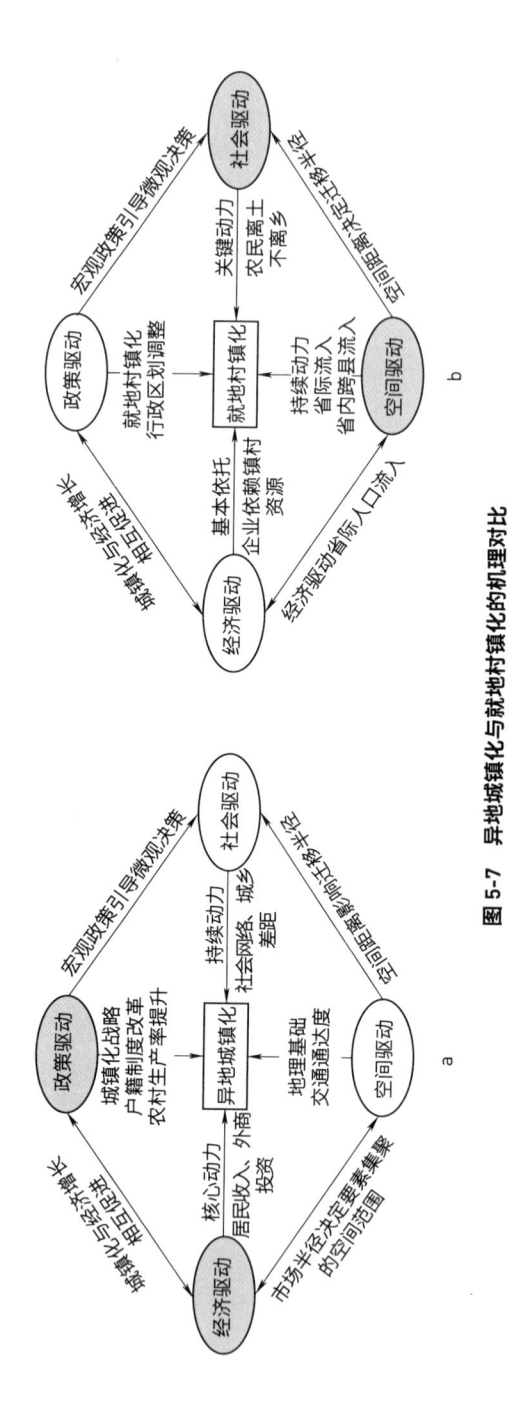

图 5-7 异地城镇化与就地村镇化的机理对比

表 5-1 就地村镇化的四地探索

区域	发展路径	探索特色	典型经验
苏南	政府主导发展乡镇企业	内向型经济	村企关系互促
温州	家庭式小商品作坊集群	外向型经济	工业化与城镇化协同
晋江	联户集资股份制	内源式发展	侨资推动集体经济发展
珠江	学习借鉴外资工业化体系	外资型发展	产业迭代升级

就地村镇化是新型城镇化探索的一种选择。中国城镇化进程已经进入了一个新阶段，县城作为城镇化的重要载体，面临着人口增长、经济发展、资源环境等方面的挑战。随着城市病的日益凸显，如交通拥堵、环境污染、房价上涨等，县城城镇化急需寻找新的发展路径。国家发展改革委发布的《"十四五"新型城镇化实施方案》明确提出了推进新型城镇化战略，提高新型城镇化建设质量的目标。配合《乡村建设行动实施方案》，就地村镇化能够兼顾乡村全面振兴与新型城镇化的探索任务。

▪ 就地村镇化开了历史倒车？

就地村镇化作为一种城镇化发展模式，在中国学术界和实践中存在一定的争议。

一方面，支持就地村镇化的人认为，就地村镇化是就地城镇化的一种样态。就地村镇化能够激发农村地区的经济活力，提高农村居民的生活质量，保留乡村文化特色，同时避免大规模人口流动带来的社会问题。这样，农村人口不再一味地向大中城市迁移，而是依托中心村和小城镇，或把散落的农村居民点适时适度聚集发展为新社区，并使其逐渐成长转化为新城镇，就地就近实现非农就业化和市民化。通过土地置换和土地整理的方式引导农民集聚，建立适宜人居的村镇，发展农村经济，缩小城乡差距，减轻大城市的压力。

另一方面，支持异地城镇化的大城市偏向的人认为，就地村镇化可能会忽视地理位置对经济发展和城市发展的作用，如果没有产业的发展，人口集聚无异于纸上谈兵。他们认为农民一般都是跨越小集镇，直接进入县城乃至更大的城市，因为那里发展机会更多。此外，相对而言，异地城镇化是一种较为资源集约的城镇化方式，而就地城镇化可能会带来国家层面规划建设成本的上升和资源的浪费。

大部分研究者对就地村镇化持中立态度，认为就地村镇化与异地城镇化并非完全对立，而是可以相互补充、相互协调的。两种城镇化模式的总体思路和目标是一致的，即立足于公平正义、城乡统筹、区域平衡，促进共同富裕、人民幸福的城镇化。中立观点认为，应根据不同地区的实际情况选择有针对性的模式，实现城镇化和新农村建设的协调推进。

笔者认为，面向城乡融合、共同繁荣发展的愿景，应对就地村镇化持开放态度。就地村镇化作为新型城镇化的一个新选项，至少要符合如下四个条件。

第一，在国家新型城镇化战略的框架下探索。未来一段时期，推动城乡共同繁荣是城镇化战略的重点。就地村镇化的推进策略必须以维护好、稳定好、发展好乡村居民基本权益为前提。一方面，探索优化项目实施流程，简化小型村庄建设项目的审批程序，同时严格规范乡村建设用地审批管理，确保耕地保护和合理利用的实施路径。另一方面，政策鼓励农民参与乡村建设，通过直接补助和以奖代补的方式激发农民的积极性，并建立保障他们的知情权、参与权和监督权的体制机制。

第二，以切实推进乡村全面振兴为目标导向。迈向乡村全面振兴，抓手在农业农村现代化，具体落实在乡村公共基础设施。就地村镇化需要完善乡村公共基础设施的管护机制，明确管护责任和经费来源，推动公共基础设施城乡一体化管护。在用地政策方面，就地村镇化不同于城市化，需要推行集约节约用地，优化审批流程，并探索适合乡村发展的混合用地模式。更重要的是，人才培养和技术支撑，需要加快培育乡村建设所需的技术和管理人才，建立健全的标准体系，形成县域发展的人才蓄水池。

第三，以解决好乡村发展问题作为根本落脚点。农业农村现代化是中国式现代化的关键一环，根本落脚点在于农民的现代化。就地村镇化需要为乡村居民发展赋权增能，需要加强农村教育和职业技能培训，妥善解决好留守老人和留守儿童的教育问题。同时，要为返乡农民工群体创造有利的创业和就业条件，在就地村镇化过程中营造好创业创新的氛围和环境。

第四，以形成多元城市生态作为出发点和落脚点。在中国城镇化的快速发展中，就地村镇化能否作为一种可能的新模式，关键在于能否形成多元城市生态，提供差异化和特色化城市样态的关键途径。就地村镇化需要注重依托各地区的资源禀赋和地理优势，发展特色鲜明的产业，保护和传承地方文化，优化生态环境，改善基础设施和公共服务，从而构建一个多样化、和谐共生的城乡发展新格局。通过这种方式，不仅可以缓解大城市的人口压力，促进地方经济的内生增长，还能提升小镇和乡村的自我发展能力，增强地区文化的吸引力和影响力，为居民创造更加美好的生活环境。

就地村镇化通过发展特色农业、乡村旅游、绿色能源等产业，可以激发乡村的内在活力，吸引更多的人才和资本回流。同时，要注重保护和传承地方文化，促进文化多样性的繁荣。更要注重生态环境的保护与优化，推动绿色发展，构建山清水秀、生态宜居的城乡环境。这样，就地村镇化不仅能够促进地方经济的发展和生态环境的保护，更能丰富中国城市生态的多样性，提供差异化和特色化的发展样态，为实现城乡协调发展和共同繁荣奠定坚实基础。

▪ 能否打破"钟罩"并结束"钟摆"？

就地村镇化作为一种城镇化发展模式，承载着打破传统城乡二元结构的期望，并为结束长期以来城乡间人口钟摆式流动提供了一种可能的解决方案。这种模式的核心在于促进农村地区的经济发展和基础设施建设，从而在农村地区创造更多就业机会，提高农村居民的生活质量，减少他们向城市迁移的动力。

就地村镇化有没有未来？实现就地村镇化需要综合考虑政策、经济和社会因素。

首要因素是就地村镇化的政策窗口期。就地村镇化需要政府在政策上提供充分的探索空间。这包括户籍制度的改革和城乡医疗教育体系并轨，还包括实施更加灵活的土地使用政策，以及提供财政和税收优惠，推动城乡融合发展的体制机制创新。此外，政策空间的拓展也涉及对现有行政区划和管理模式的创新，允许在保障农民权益的前提下，进行多元化的管理模式尝试。

表5-2展示了三个地区强县、兴镇、富村的行政改革探索。第一，简政强镇模式主要强调简化行政程序和提高行政效率，以便强化镇级政府的治理能力。这种模式主张减少上级政府对镇级政府的微观干预，通过简化行政审批流程，减少不必要的行政负担，赋予镇级政

府更大的自主权。简政强镇有助于激发镇级政府的主动性和创造性，提高其服务地方经济社会发展的能力。第二，扩权强镇模式着重于扩大镇级政府的权力范围，使其在财政、土地、规划等方面拥有更多自主决策权。这种模式通过赋予镇级政府更多的管理权限和资源配置能力，增强其推动地方经济社会发展的动力和手段。扩权强镇有助于提升镇级政府的自主发展能力，促进地方经济的多元化和特色化发展。第三，强镇扩权模式是一种更为全面的改革策略，它不仅要求扩大镇级政府的权力，还强调加强镇级政府的综合实力。这种模式认为，只有当镇级政府具备足够的经济、社会、文化等综合实力时，才能真正实现扩权的目标。强镇扩权通过提升镇级政府的综合竞争力，促进其在区域发展中的引领作用，推动城乡一体化和区域协调发展。

表 5-2 就地村镇化的四地探索

地区	举措	县政府方案制定	乡镇政府的调试	探索经验
广东	简政强镇	定位乡镇职能，扩大管理权限，精简机构	就近管理、下级优先、强化基层	聚焦中心镇，"财随事转"的事权财权相统一
山东	扩权强镇	制定权限清单，提升乡镇行政级别，优化编制	核定收支、增量分享	面向弱镇，因地制宜，突出特色布局
苏南	强镇扩权	下放权力与承接能力相匹配	分类管理、核定基数、超收分成、专项奖励	通过扩权实现强镇，形成强县兴镇

简政强镇、扩权强镇和强镇扩权三种模式各有侧重点，但它们的共同目标是提升镇级政府的治理能力和发展能力，促进县域内部形成强县、兴镇、富村的发展格局。简政强镇注重行政效率的提升，扩权强镇关注权力范围的扩大，而强镇扩权则追求镇级政府综合实力的增强。

关键因素是县域的经济支持力度。就地村镇化力度使县域回归生活的本质，这不仅包括对农村基础设施的投资，以便提高农村居民的生活质量，还包括对农村特色产业的扶持，如发展特色农业、乡村旅游等，以创造就业机会和增加农民收入。更重要的是，要对镇村两级的大规模基础设施投资，以及对农村集体经济和农民合作社的发展提供必要的财政补贴和税收减免。

决定就地村镇化的根本是村镇居民的生活满意度。在实施村镇化进程中，要充分尊重农民意愿，保障他们的合法权益，包括土地承包权、宅基地使用权等。此外，居民满意度的提升还依赖公共服务的普及和质量提升，如教育、医疗、文化等，以及社区治理和居民参与机制的完善。只有当镇村居民真正感受到幸福感、归属感和满足感时，就地村镇化才能成为新型城镇化的一个未来样态。

| 第六章 |

迈向
强县、兴镇、富村
的未来

CHAPTER SIX

引子：农民和村落走向终结？

城镇化，作为国家现代化进程的重要一环，在新中国史上留下了浓墨重彩的一笔，历经了从农业支持工业化的城乡二元分割，到城市反哺乡村的城乡一体化，再到城乡融合多个阶段。近年来，全球兴起了一场讨论：农村即将消失了吗？法国的孟德拉斯所著的《农民的终结》，指出了农民的两种终结方式：一是农业人口的减少，二是农业生产方式的转变，二者互为条件。所以，农民的终结，并非"农业的终结"或"乡村生活的终结"，而只是"小农"的终结。在"小农"终结以后，也会有农民的新生，因为他们在新的经济体系中会成为具有创造力的生产者。1979年诺贝尔奖得主、美国经济学家西奥多·舒尔茨在其所著的《改造传统农业》一书中强调，传统农业需要被注入现代要素，在改造过程中，小规模农业会消失。中国社会学家李培林撰写的《村落的终结：羊城村的故事》一书，探讨的是都市里的村庄，即城中村的终结。所以，围绕着农民、农业和农村，都有认为其即将消失的声音，也展开了很多的争论。我们的答案是，农民不会消失，农业不会消失，农村也不会消失，城乡二元结构，在中国甚至全世界，将长期存在。

城乡一体化的真正问题，不是消除城乡二元结构，而是变恶性的二元为良性的二元。当前的城乡关系，是农村劳动力、资金、土地、管理、技术等各类生产要素，被抽取到城市的二元结构是恶性的二元。我们努力的方向，是推进城乡要素平等交换和公共资源均衡配置，通过健全城乡发展一体化体制机制，形成以工促农、以城带乡、工农互惠、城乡一体的新型工农和城乡关系。

农业转移人口市民化

城镇化战略为理解小县大城中的城乡关系演进与人口市民化趋势提供了一个窗口。为何中国社会结构没有实现工业化和城镇化的同步发展,由此带来其他现代化国家那样的工农城乡关系变迁?换言之,为何乡土中国迟迟不能如其他现代化国家那样,转变为城市中国?这主要因为政策影响。城乡二元政策的实施,使城镇化滞后于工业化。乡村振兴战略的实施,又使城乡互动模式不再是简单的"农民进城""产品进城"的城乡单向流动,而是伴生了"市民下乡""消费下乡"等城乡双向互动,甚至出现许多"村中城"现象。城乡融合政策的实施,给长期处于"衰而未亡"状态的村庄提供了新的发展机遇,奠定了城乡中国的基本格局。

关于中国的城镇化道路,一直存在着争论。中国人口的聚落类型主要有九种,由此带来不同城镇化道路的争论。第一类是散居,包含定居和非定居。第二类是自然村落,南方地区有冲、寨、社、峜等叫法。第三类是屯庄,是更为集中的村落。第四类是行政村。这四类聚落都在村这一级,还有集中居住的村镇(中心村,第五类)、集镇(社区,第六类)、镇(市镇、城镇、乡镇,第七类)、城市(小区、社区、街道，第八类）、城市群（第九类）。九种聚落类型决定了中国人大体上有五种居住形态：第一是大城市与特大城市，第二是中等城市，第三是小城市及小城镇，这三种属于城镇。第四是村镇，大约有四成人口生活在村镇。第五是散居，尤其常见于西部地区和草原牧区。

2023年自然资源部依据《全国国土空间规划纲要（2021—2035年）》，进行城市国土空间规划实测，取得两方面成果：一是城区范围，即城市化标准统计区范围，全国683个设市城市城区范围（城市化标准统计区）总面积为11.02万平方千米；二是城区实体地域，即标准统计区范围内的实际建设区域，全国683个设市城市城区实体地域范围（实际建设区域）总面积为7.8万平方千米。两个城市面积分别占中国国土面积的1.15%和0.81%，由此可见，中国99%左右的地区，人口集聚形态是村镇和散居状态。

围绕着五种居住形态，产生了五种观点。第一类是大城市化，核心观点是从经济学的有限资源高效配置的角度出发，大城市及其城市群由于其规模经济和集聚效应，如京津冀、长三角、珠三角等，可以形成区域协调发展，优化资源配置。第二类是小城镇化，费孝通提出的"小城镇大战略"强调小城镇可以吸纳农村剩余劳动力，缓解大城市的压力，同时辐射带动农村地区的经济发展。第三类是异地城镇化，即农村人口向非户籍地的城市迁移，形成大量流动人口。在这种模式下，农民工等群体在城市工作，但可能面临户籍、社会保障等方面的限制，导致"半城市化"现象。上亿农民工处在"离土又离乡"的异地城镇化状态。第四类是就地城镇化，主要是安置上亿"离土不离乡"的在地农民工，还有另外1亿居住在城中村的农村人口，就地实现由乡到城的人口转移。第五类是就地村镇化，这一思路结合了就地城镇化和村镇发展的思路，强调在农村地区发展适宜的产业，提升基础设施，改善居民生活质量，同时在保留乡村特色和文化的基础上实现市民化。

五条城镇化道路的争论，反映了中国城镇化进程中不同理念和实践之间的碰撞与协调。笔者认为，城镇化道路的选择应基于对中国不同地区经济社会发展水平、资源环境承载力和人口流动趋势的深入分析。没有一种模式能够适用于所有情况，需要因地制宜，综合考虑。

县域城镇化的三条道路

- **扩权强县的建制城镇化**

对标百强县、工业偏向的产城融合是扩权强县的建制城镇化思路。这一策略体现了以工业化为主导，推动县域经济整体提升和城镇化进程的发展理念。从对标模式来看，一方面，百强县通常具备较强的经济实力、产业集聚度高、基础设施完善、公共服务发达等特点。以百强县为标杆，可以为其他县域提供发展的参考和借鉴，使它们明确发展目标和方向。另一方面，工业偏向的产城融合策略，强调通过发展工业，尤其是高新技术产业和先进制造业，来带动经济增长和就业机会的增加，进而促进人口向城镇集聚。其中，产城融合强调产业与城镇发展的相互促进和协调。在这一思路下，产业发展与城镇建设不是孤立的，而是要实现空间布局、基础设施、公共服务等方面的有机结合，形成产业支撑城镇、城镇促进产业的良性循环。

基于表 6-1 的外出农村劳动力变动趋势，有如下两个趋势：一是直辖市和省会城市的外出劳动力流入比例相对稳定，一般接受劳动力素质较高的专业群体；二是市县镇三类层级在近二十年展开了存量竞争，其中地市级趋向稳定，县区级的流入比例正在扩展，而乡镇级的流入比例正在萎缩。随着城镇化进入一个平台期和农民市民化的加快，可以做出三点判断：一是特大城市是高素质和专业性劳动力的首选流入地；二是伴随城乡融合发展，地级市的外出农村劳动力的流入将处于一个相对稳定的比例；三是随着新型城镇化的深入推进，县级市和建制镇将成为农民市民化的重点，成为农民市民化"离土不离乡"的选择。

表 6-1　按城市层级划分的外出农村劳动力分布（单位：%）

	直辖市	省会城市	地级市	县级市	建制镇	其他
2004 年	9.6	18.5	34.3	20.5	11.4	5.7
2014 年	9.1	22.8	35.3	21.8	6.4	4.6
2023 年	8.5	20.7	34.2	27.3	4.9	4.1

县域振兴的核心体制机制是扩权强县和建制城镇化。一方面，扩权强县是指赋予县级政府更大的发展自主权，激发县域经济发展的活力。这包括财政、土地、规划等方面的政策支持，以及行政体制改革，提高县级政府的治理能力和服务效率。另一方面，建制城镇化是指通过优化行政区划设置，推动城镇体系结构和布局的合理化，形成以县城为龙头、中心镇为支撑、乡村为基础的城镇发展格局。对标百强县、工业偏向的产城融合，有助于缩小不同地区之间的发展差距，促进区域均衡发展。通过发挥百强县的示范引领作用，带动周边地区共同发展，实现共同富裕。在产城融合推进建制城镇化的过程中，注重生态文明建设和绿色发展理念，确保城镇化进程与资源环境保护相协调，实现经济社会发展和生态环境保护的双赢。

小县大城可以通过产业发展和城市建设的深度融合，实现产城一体化发展。通过引进高新技术产业和现代服务业，打造产业集聚区和创新创业基地，促进工业与城市的互动发展，提升县域的产业竞争力和城市功能水平。

表6-2给我们带来了四点直观感受。一是区域经济发展不均衡影响县域经济高质量发展。千亿县域主要集中在长三角城市群、粤闽浙沿海城市群和山东半岛城市群，这些地区大多位于中国东部沿海，这表明经济发展在地理上存在不均衡性。二是城市群具有经济集聚效应。城市群内部的紧密经济联系和协同效应促进了成员县域的经济增长，特别是在长三角和粤闽浙沿海城市群，主要表现为江苏省和浙江省在千亿县域的数量上占据领先地位，而河北省、福建省、山东省、内蒙古自治区、贵州省和陕西省则有较少的千亿县域，这反映了，即使在同一省份内，不同县域之间的经济发展水平也存在差异。三是中西部地区的县域具备发展潜力。虽然中部地区的黔中城市群和西部地区的呼包鄂榆城市群千亿县域数量较少，但它们的存在表明中西部地区具有一定的经济增长潜力。

- **县域"镇"兴的非建制城镇化**

非建制城镇化，核心在于提振镇域经济。近年来，随着城镇化进程快速推进，一些自然禀赋好、地理区位优越、产业基础发达的乡镇迅速发展成为经济发达镇，然而在传统乡镇行政体制下，它们始终处于"责任大、权力小、功能弱"的境地。

建制城镇化与非建制城镇化存在区别（见表6-3）。建制城镇化通常指的是通过行政手段，按照既定的行政区划和城市规划，有计划、

表 6-2　2022 年千亿县域的空间分布

按城市群划分		按区域划分		发展对策
城市群名称	数量	所属省份	数量	所属区域
长三角城市群	27	江苏	21	东部	提质增效
长江中游城市群	5	浙江	9	东部	
京津冀城市群	1	河北	1	东部	均衡提升
粤闽浙沿海城市群	7	福建	6	东部	
山东半岛城市群	5	山东	5	东部	发展壮大
呼包鄂榆城市群	3	内蒙古	2	中部	
黔中城市群	1	贵州	1	西部	培育发展
其他	3	陕西	1	西部	

有组织地推动城镇建设和发展的过程。这种模式强调政府在城镇化过程中的主导作用，通过规划和政策引导，实现人口、产业、基础设施等要素的有序转移和集聚。建制城镇化往往伴随着行政级别的提升和城镇规模的扩大，例如设立新的城市或者扩大现有城市的辖区范围，它更侧重城镇的行政管理体系和城镇功能的完善，是一种自上而下的发展模式。

表 6-3　建制城镇化与非建制城镇化的对比

维度	建制城镇化	非建制城镇化
推动力量	政府主导的行政规划和政策引导	市场驱动的需求牵引和乡村组织化
体制机制	自上而下的行政级别提升和城镇扩容	自下而上的市场驱动
行政区划	涉及行政区划的调整和升格	注重自发形成，不涉及区划调整

（续表）

维度	建制城镇化	非建制城镇化
产业支撑	政府的产业布局和园区建设	乡镇企业、民营经济和特色产业
资源配置	政府主导的财政、土地等集中	市场驱动的有竞争力要素集聚
政策目标	人口、产业及基建的有序转移和集聚	城镇经济的自然成长和内生动力
具体措施	户籍制度改革、土地增减挂钩等	乡镇企业发展和特色小镇建设
典型案例	设立新城或扩大现有辖区范围	镇域特色产业的辐射外延效应

非建制城镇化则是一种更为自然、市场驱动的城镇化过程。它不依赖行政区划的调整，而是通过市场机制和民间力量，促进人口和资源向城镇集聚。非建制城镇化更强调城镇的自然成长和产业发展，例如乡镇企业的发展、特色小镇的兴起等。在这种模式下，城镇化的推进更多依赖于市场的需求和供给，是一种自下而上的城镇化模式。

非建制城镇化强调的是在不改变行政区划的前提下，通过经济、社会、文化等多方面的发展，推动镇域的城镇化进程。这种模式不依赖于行政级别的提升，而是通过实际的经济活动和社会服务的提升，实现镇域的城镇化。

县域"镇"兴的关键在于通过发展特色产业、优化产业结构、提升产业竞争力，增强镇域经济的内生增长动力。镇域经济的繁荣能够吸引更多的人口和资本，促进就业和消费，带动城镇化的自然发展。一方面，县域"镇"兴的抓手是强镇扩权。强镇扩权是指赋予镇域更大的发展自主权和资源配置能力，使其在经济发展、社会管理和公共服务等方面拥有更大的灵活性和主动性。这种机制有助于镇域根据自身的资源禀赋和市场需求，制定更加符合实际的发展策略，提升镇域的综合竞争力。另一方面是产业支撑的多元化。县域"镇"兴的非建制城镇化需要依托多元化的产业支撑，服务于县域产业的战略布局。通过发展现代农业、乡村旅游、绿色能源等产业，形成产业集群，提升镇域经济的整体实力。同时，注重产业链的延伸和价值链的提升，增强镇域经济的可持续发展能力。

非建制城镇化的扩权放权改革重点是解决发达镇"权责不对等"问题。广州市增城区的新塘镇是改革试点镇，在改革中由新塘镇提出事权下放目录，按照能放就放的原则，基本赋予了新塘镇所需要的各项经济社会管理权和执法权。该区还将一定的人事管理权限赋予新塘镇，如对垂直管理部门和市派出机构的干部协同考察任免权、绩效评议权和奖惩建议权等。小县大城在产业发展过程中，应当充分考虑生态环境保护和可持续发展的需要，实现产业与生态的融合发展。通过生态产业的培育和发展，推动资源节约利用和环境保护，打造宜居宜业的生态型县域城镇。

- **强村富民的就地村镇化**

就地村镇化的理论溯源与中国有着深刻的历史和社会背景。20世纪80年代初，随着改革开放的推进，中国城镇化的理念开始发生转变。费孝通基于对苏南等地发展实践的观察思考，提出了中国的城镇化应当优先发展小城镇的观点，并将其拓展提升为"就地城镇化"理论。这一理论强调，中国应走出一条有别于西方大城市的发展道路，依托乡镇企业展现出的乡村内生工业化的曙光，推动乡村就地城镇化和农民就地市民化。

然而，这一理念在随后的发展中并未完全实现。许多农民远离乡土，奔赴大中城市，这导致村庄的衰败和县域的凋敝。近年来，随着乡村振兴战略的全面推进，产业、资金、技术、人才、劳动力等要素纷纷下乡、返乡，为县域经济发展注入了新的动能，也让以县城为重要载体的城镇化具备了天时、地利与人和。

就地城镇化的必然趋势与固化乡村认知之间存在矛盾。大都市快速扩张导致的非农化发展表明边缘区域乡村就地城镇化动力已经形成，但各利益主体基于自身利益考量，很难主动或持续地采取有利于乡村就地城镇化的行动。在国土空间规划体系下，政策供给与乡村就地城镇化发展阶段的错位，可能导致其偏离城镇化的发展轨道。

就地城镇化路径包括价值再造、主体重塑、赋能提升等方面。立足城乡共同愿景下的发展目标，重视乡村多维价值，激发村民主体性，促使介入主体多元化、有序化，大力推行乡村教育，提升村民市民化能力。乡村规划思路应包括精准分类、要素支撑、营建维度、机制保障等方面，以实现就地城镇化的目标。

就地村镇化在城乡融合与乡村全面振兴的背景下再次受到关注，这是对多个层面发展需求和挑战的回应。首先，它与国家发展改革委提出的《2022年新型城镇化和城乡融合发展重点任务》相契合，推进了以人为核心的新型城镇化战略。这一战略的目标是提升城镇化建设质量，促进农业转移人口市民化，并实现城乡融合发展。其次，就地村镇化策略旨在缩小中国城镇化进程中显著的城乡差距，通过县域经济的发展和农村劳动力的就近转移，推动城乡一体化发展。

此外，就地村镇化与国家乡村振兴战略紧密结合，通过发展乡村产业、改善农村基础设施和公共服务，吸引人才和资本流向农村地区，从而促进农村经济的发展和农民增收。同时，它也提供了对大城市化进程中出现的问题，如房价上涨、交通拥堵和环境污染的反思和替代方案。通过发展中小城市和城镇，就地村镇化有助于分散人口和产业，缓解大城市的压力。

就地村镇化还符合中国经济发展的产业转移和区域均衡发展需求，以及生态文明建设的需要，通过发展绿色产业和可持续的生产方式，保护生态环境，实现经济与环境的双赢。最后，随着农村土地制度的改革，农民对土地的使用权和收益权有了更多控制，这为就地村镇化提供了更多可能性，使农民能够更积极地参与城镇化进程。总体而言，就地村镇化概念的兴起是在中国特定发展阶段背景下，综合考虑多方面因素的结果，旨在推动形成多元城市生态，促进城乡协调发展。

小县大城的发展需要统筹城乡空间布局和规划，实现县域、乡镇和村庄三级空间治理的有机衔接和协调发展。通过优化土地利用结构、推进城乡统筹发展和提升基础设施建设水平，实现县域城镇化和乡村振兴的有机衔接（见图6-1）。

"一镇一品"和"一镇一业"是推动就地村镇化、实现强村富民的有效策略。首先，镇域经济发展关键在于特色产业的培育。"一镇一品"策略的核心在于每个镇域根据自身的资源禀赋、文化传统和市场需求，培育和发展具有地方特色的主导产品或产业。这种策略有助于形成品牌效应，提升产品的市场竞争力。例如，某个镇可能因其独特的地理条件和气候而适合种植某种特定的农产品，该镇就可以通过发展这一农产品的种植和深加工，形成特色品牌，吸引外部市场，为当地居民创造就业机会。其次，关键在于专业化产业的发展。"一镇一业"则更侧重于发展专业化产业，即每个镇域专注于某一特定行业或产业链的某个环节，形成产业集群。这种专业化发展有助于提高生产效率和产品质量，同时吸引相关配套企业和服务，形成完整的产业链。例如，一个镇可以专注于陶瓷制造，通过技术革新和工艺改

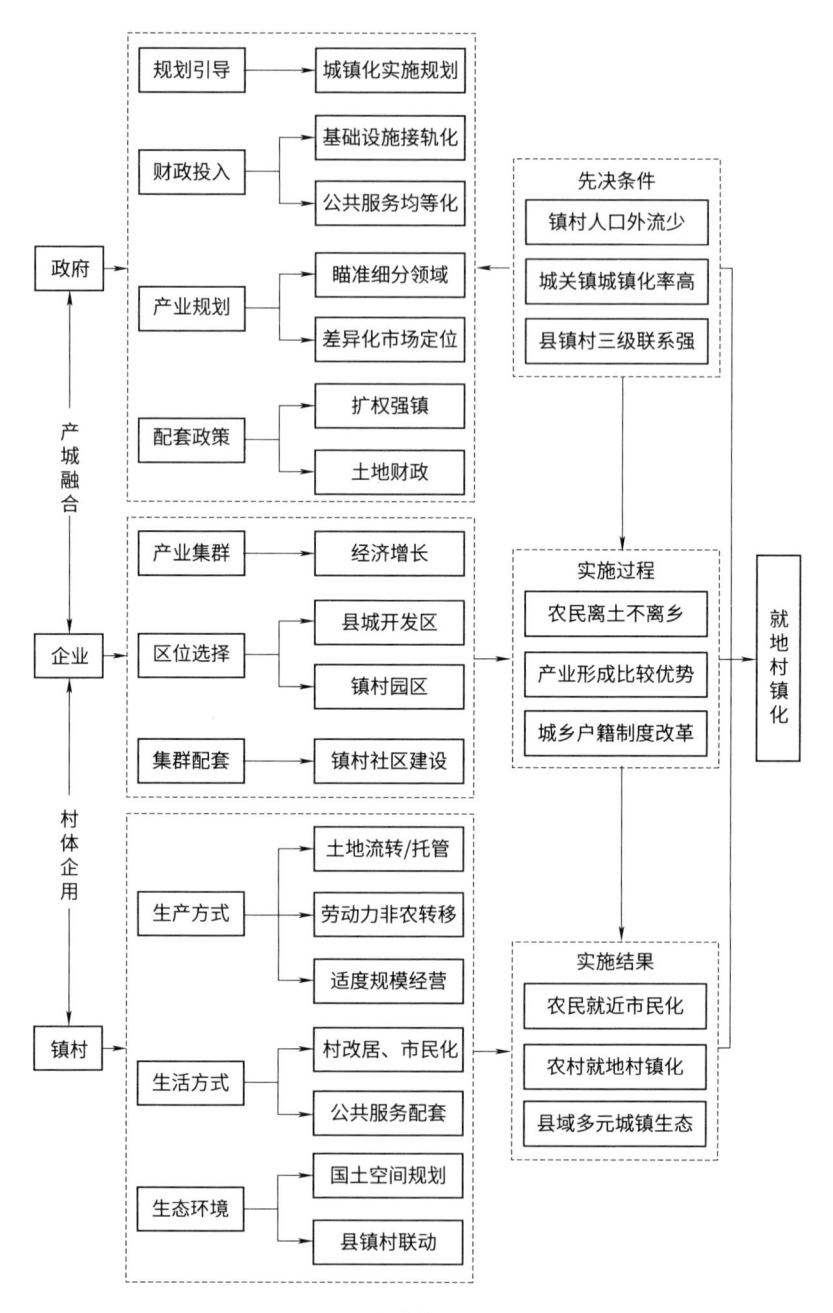

图 6-1 就地村镇化的过程

进，成为该领域的专业中心，吸引更多的投资和人才，带动就业和经济增长。最后，关键在于镇域就业机会的创造。乡镇通过发展特色产业和专业化产业，可以为当地居民提供多样化的就业机会，减少他们外出务工的必要性。这不仅有助于缓解大城市的人口压力，还能促进农村地区的社会稳定和文化传承，实现就地村镇化。

本书提及的就地村镇化，是指在农村人口适度集中居住的基础上，实现新村镇经济社会融合、基础设施到位、基本公共服务健全，让大部分没有在城市扎下根的农民，无须远离自己的家乡，就能享受到和城镇同等的发展成果。

城乡一体化不是造城运动，而是人的一体化。人的一体化，不是城乡一个模样、一种生活方式，而是着眼于城乡一视同仁的同等国民待遇。其实，城乡一体化和新型城镇化，不是消灭农民、消灭农村、消灭农业生产方式，不是把农民连根拔起，而是着眼于中国未来百年内都会面对城乡二元结构的基本事实，讨论并实施大中小城市、乡镇和村镇等基本城市生态的合理、可持续布局，以及在适合集中居住的乡村实现就地村镇化和与之相匹配的城乡二元金融安排，圆一个"和谐乡村、美丽乡村、把根留住"的美丽中国梦。

新型工农城乡关系下的趋势性判断

中国的"大国小农"符合国情和全球农业发展趋势。尽管城镇化进程迅速,但农村地区并未消失,而是在乡村振兴战略的推动下,通过改善基础设施、提升公共服务、优化经济结构,迈向全面振兴。农民通过掌握现代农业技术,提高生产效率,增加农产品附加值。农业生产方式在中国不断演进和创新。现代科技如智能农业和精准农业的应用,不仅提升了农业生产的效率和可持续性,还拓展了农业的多功能性。城乡融合发展战略的实施,促进了资源的合理配置和城乡居民的共同富裕,展现了城乡相互依存、相互促进的共同体特征。国际经验也表明,即使在高度城镇化的国家,农业和农村发展依然受到重视。中国农业的可持续发展需要借鉴这些经验,通过城乡融合、农业多功能性拓展,以及科技创新,实现农业现代化,保障国家粮食安全,提升农民生活水平,同时保护和传承乡村文化,实现经济社会和生态环境的和谐发展。

一直以来,都有"农村即将消失、农民即将终结、农业生产方式即将消灭"的声音。但这不符合中国的基本国情,也不是世界上农业发展的必然趋势。

- **判断 I：农民不会消失**

中国庞大的农民数量，决定了城乡二元结构会长期存在。据人口专家测算，在生育政策调整等方案条件下，2030—2050年中国人口将稳定在15亿人左右。如果在目前的快速推进城镇化的条件下，由2012年底的常住人口城镇化率52.57%（实际上户籍人口城镇化仅为35.29%）每年增加1个百分点，到2030年中国城镇化率将达到80%左右。以此作为中等估计，我们有三个城镇化模拟方案，并将每个方案模拟出的农村人口数量和其他国家的总人口数量做对比。

方案一（保守）：城镇化率70%（仍有4.5亿农村人口）。

方案二（中等）：城镇化率80%（仍有3亿农村人口）。

方案三（乐观）：城镇化率90%（仍有1.5亿农村人口）。

由此可见，在保守方案下，我们还有相当于整个美国、日本和加拿大的人口生活在农村；在中等方案下，我们还有相当于整个美国的人口生活在农村；在乐观方案下，我们也仍然有相当于整个日本和加拿大的人口生活在农村。即使到2100年，在中等方案下的中国人口规模也在13亿人左右，大量人口仍然生活在农村。

如同我们不能说美国、日本、加拿大不存在一样，我们也不能说中国农村、农民和农业不存在。我们需要面对的一个基本事实是，未来50年内，仍将有巨量的人口长期在农村工作和生活。农村不可能消失，城乡二元结构也不可能消失。为了全面建成小康社会，必须让这部分人口和其他人一起，在中国新型城镇化过程中分享经济、社会进步的成果。

- **判断 II：小规模农业仍将长期存在**

人多地少的基本国情，决定了小农家庭经营将长期作为中国农业经营的主要方式。如果中国一直保持 18 亿亩以上耕地，50 年后，即使中国只有 1.5 亿农民，人均耕地也只能达到 12 亩，折合 0.8 公顷，这只是与日本、韩国类似的典型东亚小农经济的规模，远远达不到美国农业人口人均 2000 亩的平均规模，只是相当于它的 1/167。

除了简单的人口统计学估计，中国的地理地形也使得小规模经营更为合适。中国只有 12% 的国土面积适宜耕作，"七山二水一分田"的地理地形，以及水、热、光等农业资源条件的极不均衡，导致大规模、标准化农业在大部分中国国土上难以实行。广大丘陵地区农业、稻作农业、蔬果及牧渔业，多数只适合小规模耕作。另外，中国小农家族兼业化程度高，可以承受比大型农场更低的利润率，因此在未来很长一段时间内，家庭经营仍将是中国农业经营的主流。中国绝大多数农业生产单位，都远远达不到美国每个农场平均 2550 亩（420 英亩，或 170 公顷）的规模，有 280 倍的差距。

- **判断 III：城乡融合背景下将出现逆城镇化趋势**

城镇化有两个国际经验，就是多元城市生态和逆城镇化潮流的兴起。城镇化不是农村人口单向地向城市流动，而是城市与农村人口的对流联动，存在一个"城市化－逆城市化"的循环链，人口的净流量动态地塑造了城市和农村的规模，促成多元城市生态。总结欧洲各国城市化发展历程，可以得出一个"差别城市化"模型，反映城乡人口随时间的联动过程。图 6-2 显示了不同规模的城市和村镇间人口对流的结果。图中：纵轴代表人口净流入量，横轴代表时间，1、2、3分别代表大城镇、中等城镇、小城（村）镇，U代表城市化的人口集中阶段，C代表逆城市化的人口去集中化阶段，PR代表总人口开始的逆向流动（大城市总人口净流出）的时间点。

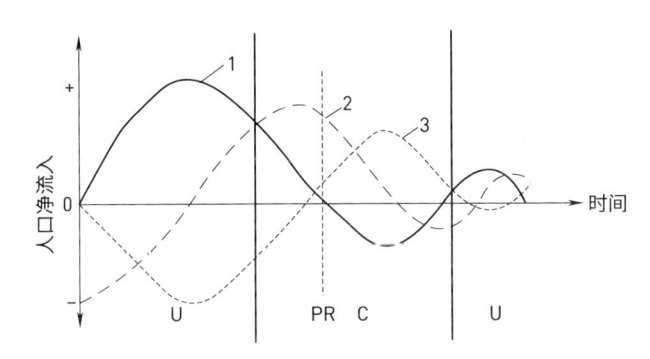

图6-2 城乡人口随城镇化进程的联动效应趋势

大、中、小城（村）镇的人口数量是动态关联的，大城市会经历人口集中加速、人口集中减速、人口净流出的循环，与此关联，中小城（村）镇也会经历人口净流出加速、人口净流出减速、人口净流入的循环。

一种普遍的现象是，新建成的城市郊区的建筑风格只暂时性地反映了一代人的独特价值观，当郊区建筑完全建好，交通开始拥堵，很多原本吸引老一代人的城市价值就不再具有吸引力了。人们会在更偏远但又快捷的农村地区找新的居住点，远郊小镇和农村受到青睐。这样，更偏远的小村镇得到建设并聚集人气，城市化逐渐波及全国每一个村镇。

按常住人口算，中国目前已经出现人口离开城市回到乡村工作和生活的潮流，未来这一潮流的影响力可能会增强。目前至少有四股逆城镇化的"返乡"人群，加入了"新上山下乡运动"。

一是大学生下乡，以大学生返乡创业和大学生村官为主。据统计，2017年底，全国在岗大学生村官数量超过6.6万人，覆盖43.3%的行政村或社区。2024年，共青团广东省委员会围绕广东省委"百县千镇万村"高质量发展工程部署要求，在230多所省内外高校、中职技工学校中组建1.4万多支突击队，组织超10万名大学生入县下乡常态化，开展县镇村定向服务，带动逾50万名青年深入乡村一线进行"三下乡"社会实践；加上下乡支农、返乡创业的大学生等，会有200万人以上的大学生，加入逆城镇化的洪流。

二是在城市有正式工作和住房的退休人员。无论是叶落归根，还是衣锦还乡，或是退隐田园，越来越多的城市人退休后回到农村养老，这正在改变农村的文化与基础设施面貌。

三是都市农夫。他们周间白领，周末绿领，这些人周间工作繁忙，节奏紧张甚至压抑，在周末和节假日到城郊农村休闲，甚至常年租地，这种一周内的候鸟迁徙，拉近了城乡距离，也带来了经营农业、发挥农业多功能性的新理念，并提供了新商机。

四是返乡农民工。当农民工迈入中老年，在城市已无就业优势时，多数会回乡务农和养老。同时，也有不少农民工会结束长时期的异地打工生活，回农村创业或兼业经营。

四类群体中，农民工群体是数量最多，未来可能增长非常快的回乡人群，很可能扭转农村人口净流出的局面，转变为农村人口净流入。据调查，农村青壮年劳动力能够外出的基本已全部外出。在农村劳动力外出数量基本不会增多的情况下，基本可以从现有异地农民工的流向上，判断农民工将来的"降落地点"，不用考虑农村劳动力进一步流出。

按照2010年前后测算的农民工年龄结构，在2030年左右，"终结异地"的农民工人数才会开始下降。农民工中年返乡后,农村将逐渐积累出庞大的中老年"沉淀层"。第七次人口普查数据显示,乡村地区常住人口中,50岁以上人口为2.64亿,占农村总人口的18.7%,40岁以上人口为2.96亿,占44.6%。也就是说,有2亿~3亿的中老年农村常住人口,在未来20年内基本不具备城镇化的意愿和能力。

除了中老年农民工,1.28亿的农村在城务工人员,已有大量人员在农村建好新式房舍,主要是春节回乡居住,城乡两栖,形成新民居的巨大存量,这也为将来结束两栖生活,定居乡村,提前做了预备。面对很多新生代农民工"进不了城市,回不了家乡"的窘境,乡村的根,也为他们提供从身体到心灵的依归和慰藉。

逆城市化潮流的出现,使一个新型的城乡交换关系变得可以预期。在这种背景下,我们讨论城镇化可能要去除一些假问题,面对一些真问题,这样才能讨论出真正的出路。就地村镇化不仅是多元城市生态的必然要求,也是逆城镇化潮流的必然体现,还是促进社会和谐、城乡良性互动的一大举措。

▪ 推论:就地村镇化能够作为促进城乡融合,维系农民与农业的空间载体

面对城乡二元结构将长期维系,农业家庭经营将长期存在的基本事实,农村人口就地村镇化,是当前新型城镇化战略的一个必要补充。

在逆城镇化人群的心目中,城市不再是唯一的选择。对于他们而言,城市已然没有吸引力,或者没有发展机会。如果强行将他们"化"到城市,纵使能获得暂时的高城镇化率,但就业机会、生活保障、精神追求的残缺,都会让城市出现从物质和精神上的"贫民窟"。

就地村镇化是加快转移人口市民化进程，实现城乡人口顺畅对流的备选项，既能让农村更像农村，也能让城市更像城市。新型城镇化有了就地村镇化作为补充，才有了多元城市生态，才是高质量的城镇化，才是以人为本的城镇化。

- **趋势 I：多元城市生态中的就地村镇化**

既然我们可以预期小农村社制长期存在，我们就要设想一个大城市、中小城市、小城镇、小村镇同时并存的城市生态。如同自然生态有大树、灌木和小草，金融生态有大银行、中小银行和社区金融及非正式金融一样，城市也会有大城市和数量庞大的小村镇同时存在的基本生态。在50~100年内，小村镇不会消失，我们必须正视这样的基本事实，不能只考虑"化"，只考虑一元安排，而是要考虑二元安排。

就城镇化本身而言，我们不能简单地认为农业要消失了、农村不存在了，所以要消灭农村、消灭农民，无视农村事实上存在250多万个自然村、60多万个行政村、4万多个乡镇的基本事实，一味地在城镇化中强调城镇这一元，无视农村另外一元。

- **趋势 II：建立三层次城镇化统计口径**

既然新型城镇化要求的城市生态，应该是一个大、中、小城镇和村镇并存的城镇体系，无论是从国际经验来看，还是从中国国情来看，都有必要建立健全城镇化统计体系。

国外城镇化成功的国家，都较早地健全了城镇统计体系，其所用标准虽存在差异，但大多是以人口聚集程度为标准，少数以住房聚集程度为标准。例如，从1910年开始，美国人口局就开始使用如下统计标准：2500人及以上人口集聚区，就算城市地区，不论是城、村、自治区，只要达到标准就被计入城市地区人口。据此，美国人口的城镇化率在1920年超过了50%。日本规定当人口密度超过每平方千米4000人，或一个区域总人口大于5000人时，这样的地区就叫作人口集聚区，加总占全日本总人口60%，甚至被叫村的地方也可能有城镇人口。在法国，住房聚集地区人口超过2000人则被称为城市，而葡萄牙的标准是10000人。

中国人口数量庞大，土地等自然资源稀缺，正处于城镇化和工业化中期，应该建立"人口+功能"的多口径城镇统计体系。按照行政等级区划，将城镇常住6个月及以上作为城镇人口的统计标准，大有可以改进的空间。一方面，新型城镇统计体系不仅要更加全面客观地反映人口的聚集和分布特征，还要考虑到新型城镇化的质量问题。所以，在人口方面，需要依照人口规模或密度，建立多口径城镇化统计标准，将符合标准的新村镇、农村社区、大城市郊区农村等，纳入宽口径的城镇人口统计范围。另一方面，无论是村镇、城镇还是城市，核心都是能提供居民合意的功能，如经济自生能力、职业发展机会、基础设施、基本公共服务等。客观来看，从最小的城镇单位到最大的城镇单位，城镇功能的数量和完备程度必定逐渐增加。所以，规定一个城镇必备的基本功能，将符合标准的人口聚集区纳入城镇统计范围，将更好地反映就地村镇化的质量，丰富新型城镇化的内涵。

基于调研和对农村的认识，笔者仿照货币供应量M0、M1、M2指标，提出三层次城镇化的狭义与广义指标，既考虑多元城市生态，与城镇化不同层面的基本事实，又便于国际比较。这样，未来中国的城镇化，可以有以下三个指标。

一是户籍城镇化指标（U0），这是过去一直采用的指标，2023年达到48.3%。

二是常住人口城镇化指标（U1），这是狭义指标，也是现在通用的指标，2024年达到67%。

三是计入村镇的广义城镇化指标（U2），村镇的规模可以商议，如果依照法国标准的2000人，或美国标准的2500人，中国约有一半的村庄已经可以被视为完成城镇化了。伴随适度集中居住实践在各地的不断扩展，未来可能有超过70%的村庄可以被视为广义城镇化统计指标中的村镇。

如果按照这个标准，考虑就地村镇化的基本现实，中国已经实现了比较高的城镇化率，广义城镇化率可能已经达到80%，甚至接近90%了。

当纳入就地村镇化后，新型城镇化才会走出传统的以资为本、以地为本的造城运动，转向政府提倡的以人为本的城镇化，主要是不再努力推动数字上的"农转非"，而是对既有的人口集聚区建设基本公共基础设施，提供基本公共服务。至少不再简单地将医院、学校、邮政、银行等基本网点撤并，而是进一步走向均等化。考虑新型城镇化需要与2005年推行的新农村建设政策的无缝对接，考虑到大量农村已经达到适度规模集中的基本事实，三层次统计口径的提出，会使中国城镇化进程的推进有一个较大的实质性突破。

值得一提的是，由于人口集聚的边界几乎从未与行政区划的边界契合，一个行政区划内的人口聚集的分布差异也可以很大，所以未来不仅需要城镇人口总数的统计，还需要基于地理信息系统等高科技统计手段，绘制人口分布地图，以便更精细客观地反映城镇人口集中情况。

还可以将现有和待建的巨量农民自建房，从技术层面做出合理规划和引导，并真正做到盘活农村住宅存量，实现新农村建设和新型城镇化建设的政策对接。

■ 小结：城市让生活更美好，乡村让城市更向往

"城市让生活更美好，乡村让城市更向往"这句令人印象深刻的话，源自笔者在调研时的一位长者的分享。在心灵深处，他曾将城市视为梦想的归宿，一个充满希望与机遇的地方。城市，那不夜的灯火、雄伟的高楼大厦、喧嚣的繁华商业区、便捷的交通网络，还有那创新科技的脉动，都是他对美好生活的向往。城市的每一次呼吸，都似乎在诉说着人类文明的进步，对高质量生活的追求。在这里，他感受到城市对乡村的带动，那是一种力量，一种让周边乡村地区经济提升、生活改善的力量。

然而，随着时间的流逝，他的心开始向往另一种宁静。"乡村让城市更向往"这句话在他心中悄然生根。乡村，那宁静的环境、清新的空气、绿色的田野，还有那深厚的文化底蕴，成为他逃离喧嚣、寻求精神慰藉的避风港。他开始理解，越来越多的城市居民为何渴望乡村的宁静和简单，为何在快节奏和高压力的生活中，人们会向往乡村的平和与纯净。

他的心灵之旅，从城市的繁华到乡村的宁静，映射出城乡关系的深刻变迁。城市和乡村，不再是对立的存在，而是成为互补的伙伴。他意识到，城市的发展离不开乡村的资源和生态环境，乡村的振兴也需要城市的资本、技术和市场。城乡融合发展战略的实施，如同一道桥梁，连接着城市与乡村，优化资源配置，促进产业互动，改善

基础设施，提升公共服务，为实现协调发展和共同繁荣铺平了道路。

最终，他领悟到，迈向城乡共同繁荣发展的道路，是一条充满智慧和远见的道路。通过城乡融合，城市生活的现代化与乡村生活的田园化不再遥不可及，而是触手可及的梦想。他相信，这样的发展，能够满足人们对美好生活的向往和追求，让每个人都能在城乡的和谐共生中找到自己的位置，享受生活的美好与丰富。

"城市让生活更美好"这句话强调的是城市作为现代化、发展和机遇的象征。城市被视为经济增长的引擎，提供多样化的就业机会，吸引来自四面八方的人。城市生活的便捷性、丰富的教育资源、先进的医疗设施，以及多彩的文化生活，都是其吸引人的重要因素。城市中的高楼大厦、繁华的商业区、便捷的交通网络，以及创新科技的应用，都体现了人类文明的进步和对高质量生活的追求。在这里，城乡关系体现为城市对乡村的带动作用，城市的发展带动了周边乡村地区的经济提升和生活水平的改善。

综上，站在十字路口的小县大城大体有三个方向（见表6-4）。

表 6-4 小县大城的三个方向

方向	目标	路径机制	发展愿景
"直走"：建制城镇化	产城融合	扩权强县，提升县域的综合承载能力	融入大型城市群，实现区域一体化
"左转"：非建制城镇化	县域"镇"兴	强镇扩权，赋予乡镇一级更多发展自主权	形成参差多态的小镇经济
"右转"：就地村镇化	强村富民	县乡村三级治理，优化县乡村治理结构	一镇一业、一镇一品，镇村联动经济

一是"直走"：建制城镇化。以产城融合与大型城市群的一体化发展为目标，其路径机制是扩权强县，增强县城的综合承载力。这一

方向的发展愿景是使县城能够更好地融入区域经济，提升其在区域发展中的竞争力和影响力。

二是"左转"：非建制城镇化。关注县域内重点镇的发展，通过强镇扩权赋予乡镇更多发展自主权，以激发镇域经济的活力。县域"镇"兴，关键在于镇域形成具有独特特色和竞争力的小镇经济，促进县域经济的均衡发展和特色小镇的建设。

三是"右转"：就地村镇化。避免异地城镇化的高昂投入，通过县乡村三级治理体系的优化，实现乡村全面振兴和镇域特色经济的可持续发展，通过"一镇一业、一镇一品"的策略，打造具有地方特色的乡村产业，促进城乡融合发展。

"乡村让城市更向往"这句话揭示了乡村所具有的独特魅力和价值，以及人们对乡村生活的向往。在这里，城乡关系体现为乡村对城市的补充作用，乡村的自然风光和传统文化为城市生活提供了一种平衡和选择，促进了人们对生活质量的全面认识和追求。

从"城市让生活更美好"到"乡村让城市更向往"，背后揭示了城乡之间的互补性。城市和乡村不再是单一的竞争或替代关系，而是相互依存、相互促进的伙伴关系。迈向城乡共同繁荣发展，通过城乡融合，可以实现城市生活的现代化和乡村生活的田园化，满足人民对美好生活的向往和追求。

多元城市生态的国际视野

"城市让生活更美好,乡村让城市更向往"呼唤一种多元城市生态。这或许是新型城镇化进程中的一种理想状态。从国际视野来看,城镇化并非单一模式,而是包含了从大都市到小城镇,再到乡村社区的多样化城镇生态。不同国家和地区根据自身的地理环境、文化传统、经济发展水平和政策导向,形成了各具特色的城镇化路径。例如,欧洲的中小城镇以其丰富的历史文化和高质量的生活环境,成为城镇化的典范;而美国的大都市则以其强大的经济实力和创新能力,成为全球城市化的代表。

多元城市生态的意义在于,它能够更好地满足人们对不同生活方式的需求,提高居民的生活质量。大都市提供了丰富的就业机会和文化娱乐活动,是经济发展和科技创新的重要引擎;中小城镇以其宜居的环境、较低的生活成本和紧密的社区联系,成为人们追求高品质生活的选择;乡村地区则以其自然景观、传统文化和生态农业,为城市居民提供了休闲旅游和精神回归的空间。这种多元共生的城市生态有助于缓解大城市病,促进区域均衡发展,实现社会和谐与可持续发展。

国际城镇化的经验表明，各国在推进城镇化的过程中，都面临着如何平衡经济增长与环境保护、如何实现社会公平与包容、如何保护文化多样性等问题。一些国家通过制定科学的城市规划、推动区域协调发展、加强基础设施建设、提升公共服务水平等措施，成功地构建了多元城市生态，为其他国家提供了有益的借鉴。同时，各国在城镇化过程中也面临着一些共同的挑战，如城市无序扩张、环境污染、社会分化等，需要国际社会共同努力，探索解决方案。

▪ 城市化与贫民窟可以不同步

在部分发展中国家，特大城市化战略的实施导致了资源和人口过度集中在少数几个特大城市，形成了单一的城市生态。这种战略往往忽视了中小城市和乡村地区的发展，使得这些地区缺乏足够的经济活力和吸引力。特大城市虽然在经济增长和就业机会方面具有优势，但同时也带来了一系列问题，如基础设施超负荷、公共服务不足、环境污染和社会不平等。这种单一的城市生态模式限制了城乡之间的经济和文化交流，使乡村地区的发展长期处于边缘化状态。

特大城市化使得大量农业劳动力涌向大城市，寻求更好的就业机会和生活条件。然而，由于大城市的就业市场竞争激烈，住房资源有限，许多农村迁移人口难以在城市中找到稳定的工作和住所，他们不得不在城市边缘地区或非正式居住区聚集，形成了与大城市相伴的大型贫民窟。这些贫民窟往往缺乏基本的生活设施和公共服务，居民的生活质量低下，社会问题频发。这种大规模的人口流动和贫民窟的形成，反映了城乡发展不平衡和城市化进程中的社会矛盾。

专栏 6-1
"风险社会"与"大难避乡,小难避城"

在充满不确定性的风险社会中,"大难避乡,小难避城"反映了人们在不同危机面前对城乡不同功能和价值的深刻认识与选择,展现了城乡互补的生存智慧。

"大难避乡"的宁静与庇护

在历史上的重大灾难面前,如战争、大规模疫情或其他社会动乱,乡村往往因其相对偏远和分散的居住环境,成为人们寻求安全和庇护的地方。乡村的宁静和广袤提供了一种天然的隔离,减少了人与人之间的接触,降低了疾病传播或冲突扩散的风险。此外,乡村地区的自给自足能力在物资短缺时显得尤为重要,能够为避难的人们提供基本的生活保障。

"小难避城"的机遇与便利

相对地,在日常小困难或挑战中,城市则因其集中的资源和便利的设施,成为人们寻求帮助和解决问题的首选地。城市的医疗设施、教育机构、商业服务等都比较完善,能够在人们遇到疾病、教育需求或其他生活问题时提供及时的支持。城市的公共交通和信息网络发达,使得在城市中寻求帮助和资源更为便捷。

"大难避乡,小难避城"体现了一种城乡互补的生活哲学和多元城市生态的未来图景。它告诉我们,在不同的困境和需求面前,城乡各有其优势和局限性。乡村以其自然的环境和自给自足的特质,在面对大规模灾难时提供了一种避难可能;而城市则以其丰

> 富的资源和便利的服务,在日常生活中为人们提供了解决问题的途径。这种城乡互补的关系,提示我们在规划生活和应对挑战时,要充分考虑和利用城乡各自的优势。

单一城市生态结构,使发展中国家的城市化进程面临严峻挑战。经济危机和流动人口的无家可归问题,使城市无法通过要素集聚来化解危机,进而陷入中等收入陷阱,经济长期停滞。在这种背景下,城市化进程中的贫民窟问题更加突出,成为制约社会经济发展的重要因素。城市化与贫民窟扩大的同步现象,揭示了城乡发展不平衡和城市化模式单一化的深层次问题。为了实现可持续的城市化和乡村振兴,需要重视城乡融合和多元城市生态的构建,通过优化资源配置、促进产业互动、改善基础设施、提升公共服务等措施,实现城乡的协调发展和共同繁荣。

城镇化率高就等同于城乡融合吗?不一定,下面列举同样作为发展中国家的两个极端案例。一个是城镇化率为 30% 的印度,另一个是城镇化率超过 80% 的巴西。

印度:6 美元逛遍孟买贫民窟

孟买,作为印度的金融之都,以其高楼大厦和繁华商业区闻名于世。然而,这座城市的另一面是其庞大的贫民窟。在这里,有人戏称"6 美元逛遍孟买贫民窟",这不仅是对贫民窟规模的一种讽刺,也是对那些生活在社会底层人群生活状况的直观描述。电影《贫民窟的百万富翁》更是将这一现实带到了全球观众的面前，让人们看到了孟买贫民窟的真实面貌。印度的贫民窟是其快速城市化过程中一个令人瞩目的现象。以孟买为例，贫民窟的规模之大、生活条件之艰苦，成为城市化不均衡发展的直观写照。在这里，狭窄的巷弄、拥挤的居住环境、缺乏基本卫生设施，以及儿童在垃圾堆中玩耍的场景，都深刻反映了社会底层人民的生活现状。贫民窟的存在，不仅是经济贫困的体现，更是社会不公和机会不均的象征。这些区域常常与周围的繁华都市形成鲜明对比，展现了印度城市化进程中的另一面。

印度贫民窟问题的根源，深植于其国情之中。首先，经济发展的不均衡导致城乡差距巨大，大量农村人口涌向城市寻求生计，但城市无法提供足够的就业机会和住房条件，导致贫民窟的形成。其次，印度的种姓制度和根深蒂固的社会分层，限制了低种姓人群的社会流动性，使他们在城市中难以获得平等的发展机会。此外，政府在城市规划、住房政策、社会保障等方面的不足，也是造成贫民窟问题的重要原因。政策执行不力、监管缺失，使得贫民窟长期存在并逐渐扩大。

印度的城市化和贫民窟问题，对中国的城镇生态建设提供了重要的启示。首先，中国需要继续推进城乡融合，缩小城乡差距，为农村人口提供更多的就业和教育机会，减少他们涌向大城市的压力。其次，中国应当注重城镇规划的科学性和前瞻性，合理布局城镇规模和功能，避免资源过度集中和城市过度膨胀。再次，中国应当加强社会保障体系建设，确保低收入群体能够获得基本的住房、医疗和教育服务。最后，中国应倡导多元城市生态，鼓励中小城市和特色小镇的发展，形成大中小城市协调发展的格局，以实现城镇化的可持续发展和社会的全面进步。通过这些措施，中国可以避免印度式的贫民窟问题，构建和谐、包容、可持续的城镇生态环境。

巴西：城镇化率超过 80%，却与大型贫民窟相伴随

巴西的城镇化率超过 80%，但这么高的城镇化率并没有带来预期中的繁荣与秩序。相反，它与大型贫民窟的存在形成了鲜明对比。在里约热内卢、圣保罗等大城市，贫民窟如同城市中的孤岛，其规模之大、条件之艰苦令人震惊。这些地区缺乏基本的公共服务，如清洁的水源、卫生设施、安全住房等，犯罪率高，教育资源匮乏，居民生活质量堪忧。贫民窟的存在，不仅影响了城市的美观，更凸显了社会发展的不均衡和深层次的社会问题。

巴西贫民窟问题的根源，与其特有的社会经济结构和历史背景紧密相关。首先，历史上的土地分配不均导致了大量无地农民涌向城市，而城市又无法提供足够的就业和住房，导致他们聚集在城市边缘形成贫民窟。其次，巴西的收入分配不平等，大部分人口难以获得足够的收入来改善居住条件。此外，种族和社会歧视问题加剧了贫困问题，许多贫民窟居民属于少数族裔，他们在教育和就业市场上面临更多障碍。政策上的不足，如缺乏有效的住房政策和城市规划，也是导致贫民窟问题长期存在的原因之一。

专栏 6-2

巴西无地农民运动

巴西无地农民运动（MST）与巴西城镇化之间的关系密切，反

> 映了片面城市化进程中乡村地区的衰败和土地分配不公的问题。MST的兴起是对巴西快速城镇化和土地集中现象的一种社会反应，揭示了城镇化过程中农村地区被边缘化、农业劳动力被忽视的现实。在巴西，城镇化率虽高，但大量农村人口涌向城市后，由于缺乏足够的就业机会和适当的住房条件，很多人被迫居住在贫民窟中，生活质量并未得到实质性提升。
>
> 乡村地区因土地高度集中在少数大地主手中，导致大量农民失去土地，无法在乡村继续从事农业生产，进而加剧了乡村的人口流失和经济衰退。MST通过组织占领未被充分利用的土地，不仅为无地农民争取生存权利，也试图推动土地改革和社会正义，改善农村的生活条件，促进农村经济的多元化发展。
>
> MST的存在和行动，凸显了城乡发展不平衡的严重性，呼吁政府和社会重视乡村的振兴和可持续发展。这种城乡差距的现实也启示其他国家，在推进城镇化的同时，必须关注农村地区的发展，通过合理的政策和规划，实现城乡协调发展，防止乡村地区的衰败和社会矛盾的加剧。

巴西的城镇化和贫民窟问题为中国的城镇生态建设提供了深刻启示。首先，中国在推进城镇化的过程中，需要注重平衡发展，避免资源过度集中在大城市，导致地区发展不平衡。其次，中国应加强城乡融合，提升农村地区的经济实力和生活水平，减少人口无序流动带来的社会问题。再次，中国应通过制定和实施包容性住房政策，确保低收入群体能够获得适宜的住房条件，避免贫民窟的形成。此外，中国应加强城市规划和建设，提供充足的公共服务和基础设施，提高城市居民的生活质量。最后，中国应倡导多元城市生态，实现城乡融合发展。

三大发展中国家的城市化对比，如表6-5所示。

由此可见，多元城市生态建设之所以被视为解决城乡融合问题的主要抓手，是因为它能够有效应对城乡发展不平衡、资源配置不均、产业单一化，以及生态环境压力等问题。通过促进资源在城乡之间的合理流动和分配，增强乡村地区的经济实力和吸引力，同时推动城市产业升级和创新，这种模式有助于缩小城乡差距，提高农村居民的生活水平，实现社会的整体和谐与进步。

表6-5 三大发展中国家的城镇化对比

	对比维度	中国	印度	巴西
现状	人口	14.1亿人	14.4亿人	2.1亿人
	国土面积	960多万平方千米	约298万平方千米	851万平方千米
	城镇化率	66.16%	约为34%	87%
	区域差异	东部沿海发达	北部、南部发达	东南沿海发达
原因	制度原因	城乡户籍制度	公民身份法	户籍管理宽松
	农民社会保障	耕者有其田	土地私有兼并	土地高度集中
	贫困人口	全面脱贫	8300万人	6250万人
	市民化问题	公共服务并轨	流动人口缺少保障	依赖非正规部门
对策	区域协调	西部大开发	大规模基建投资	改善贫民窟条件
	未来取向	新型城镇化	疏导贫民窟	解决城市社会问题
	前景预判	多元城市生态	中小城市生态	单一城市生态

- **多元城市生态展望**

城市生态 I：德国的小城镇与小村镇

第二次世界大战后的 60 年间，德国城镇化水平由 69% 提高到 77.6%，年平均城镇化速度为 0.3%。截至 2023 年底，德国共有大中小城市 1172 座，其中，71 个 10 万人口以上的行政区生活着 2530 万人，占德国总人口的 30%；其余 70% 的人口则多数分布在 2000~10000 人的 1.35 万个小型城镇里。德国小城镇的通信、电力、供水等基础设施条件与大都市相比差异很小，医院、学校、商场等一应俱全，而且自然环境优美，甚至具有大城市无法比拟的优越性。

德国城镇化水平的提高，部分得益于其特有的社会经济政策和历史背景。第二次世界大战结束后，德国面临重建的艰巨任务，这促使了城市成为经济和生活中心。同时，农业机械化的发展解放了大量劳动力，导致乡村人口大量减少，乡村地区面临缺乏活力的问题。为了解决这一问题，德国政府在 1954 年和 1955 年分别颁布了《土地整治法》和《农业法》，推动土地流转集中和农业规模经营，同时完善乡村基础设施，提高乡村生活水平。早在 1910 年，德国就已成为欧洲城镇化模式的典型代表。德国约有 1.35 万个小城镇，全国 8200 万人口中不是主要分布在大城市，而是约有 7000 万人居住在小城市、小城镇和乡村地区，但就小城镇而言，大约吸纳了全国近 60% 的人口，并且 80% 的大企业和高校都在小镇上。这种城镇化模式创造了美好人居环境和产业经济，既有利于城市发展，又有利于小城镇和乡村地区的发展。德国小城镇模式的另一个明显优势还在于有利于稳定房地产市场。德国房价长期稳定，不仅是因为建立以房屋租赁为主体的房地产发展模式，还在于就地城镇化分散了大城市的住房需求。

德国的小城镇发展过程中,政府通过法律和政策引导,促进了小城市和城镇的产业配套与服务功能,增强了对大企业的吸引力。这使在小城市和乡镇工作、回乡村居住成为理想的工作生活方式,形成了产业和人口的"逆城市化"发展趋势。德国的中小城市在区域发展中起到了供给产品及服务、促进区域经济发展、疏导大城市部分职能的作用。截至 2010 年底,德国的城镇化水平已达到 89%。大部分人口并未集中在大城市,而是多数分布在 2000~10000 人的小城镇里。德国的这种小城镇发展模式,不仅促进了城乡的均衡协调发展,还成功避免了大城市病的出现,提高了居民的生活质量。

德国的小城镇与小村镇的发展模式,为其他国家和地区提供了宝贵经验,特别是在城乡融合发展、提高居民生活质量等方面。通过法律政策引导、基础设施建设、产业配套服务等方面的努力,德国的小城镇成为城镇化进程中的重要组成部分,为实现城乡一体化发展提供了有力支撑。

城市生态 II:美国的二八开

2024 年,美国的 3.4 亿总人口中,有 79.6% 居住在 5 万人以上的城市化地区,另外 20.4% 的人口居住在 5 万人以下的"城市簇"或农村地区(小城市、小城镇、小村镇)。

美国城市化的发展动因主要源于内生作用,包括产业兴起、聚集和结构动态变化,以及运输状况的改善。美国城市化的历程经历了几个阶段:从 19 世纪中叶城市人口首次超过农村人口,到 1940 年城市化率达到 56.5%,再到 1970 年城市郊区人口超过城区人口,城市化率达到 73.6%,基本完成城市化进程。在这一过程中,政府的政策法规起到了辅助作用,而主导因素还是内生的自我发展。美国实行的是开放式城镇化，在城镇化发展过程中，完全打破区域间的封闭状态，面向世界，从全国整体出发，采取圈域经济的"都市圈"模式，建立国际性大都市、全国性中心城市、区域性中心城市、众多地方小城市和中心镇等不同层次的城镇体系，以中心城市为主体，形成大"都市圈"和"城镇带"。从地区来看，美国全国可分为三个著名的城镇连绵带。东北部城市最为集中，形成一个城镇连绵带。这个庞大的都市群北起波士顿、南到华盛顿绵延700千米，宽约100千米，都市化程度很高；第二大城镇连绵带是从密尔沃基开始，经过芝加哥、底特律、克利夫兰到匹兹堡；第三大城镇连绵带在加利福尼亚州，北起旧金山湾区，经洛杉矶、圣迭戈直到墨西哥边境。这三大城镇连绵带，规模都在世界前列，许多大城市地区已经连成一片，一个城市的延伸部分往往是另一个城市的发展部分，卫星城镇和工业区相互交错，城市、城镇与农村基本融合为一体。

美国城镇化的推进过程中，特别注重打破行政区域界限，整合资源，培育龙头城镇和城镇群，提升聚集效能。美国通过交通基础设施建设，如铁路网和高速公路系统，推动了城镇化在区域间的协调发展。这些措施促进了生产要素的自由流动，实现了人口的均衡分布，使得中小城市（镇）得以快速发展，形成了以大城市群为主体、中小城市（镇）为补充的城镇体系。

2023年，美国的城镇化水平已达到83.3%左右，其中近80%的人口居住在5万人以上的城市化地区，而剩下的20%人口居住在5万人以下的城市簇或农村地区。这一模式带来了显著的经济效益和社会进步，但也伴随着一些挑战，如小城镇面临的经济衰退、人口外迁和毒品问题。然而，美国的中小城市（镇）通过积极融入区域产业网络，发展特色产业，提供就业机会，保持了其吸引力和活力。

中国的大城市数量已远超美国。2024年，中国有北京和上海两座人口超过4000万的大城市，而美国没有。中国有13个100万人以上的城市，美国有50个。中国有11座人口超过1000万人的城市。随着人口达到顶峰，中国新型城镇化道路怎么走？可以进一步参照欧洲的"差别城市化"。

城市生态III：欧洲"差别城市化"模型

欧洲的"差别城市化"模型，也称为多样化城市化，是一种注重城市间差异化发展和平衡的城市化模式。这一模型强调城市发展的独特性和个性化，以及城市与乡村之间的协调发展。

欧洲差别城市化的动因在于历史、文化、经济和社会背景的多样性。欧洲城市化进程经历了不同的发展阶段，从11世纪的"共同体"时代到工业革命后的现代化城市化，每个城市都有其独特的历史和文化传统。此外，欧洲城市化还受到地理环境、政治制度和经济发展水平等因素的影响。差别城市化的过程体现在城市规模、产业结构、社会结构和文化特色上的多样性。例如，一些城市可能以历史文化旅游为主导产业，而另一些城市则可能以高新技术产业或金融服务业为主。城市间的这种差异性促进了各自特色的发展，避免了同质化竞争。差别城市化的结果是形成了一个多元化和均衡的城市体系。在这个体系中，大城市、中小城镇和乡村地区各自发挥着不同作用，共同构成了一个有机的城市网络。这种城市化模式有助于保护地方特色，促进经济和社会的可持续发展，同时避免了城市过度扩张带来的问题。

小县大城的多元城市生态未来图景

对中国而言，欧洲"差别城市化"模型提供了重要的启示。首先，中国城市化进程应注重保护和发挥各地区的特色和优势，避免一刀切的发展模式。其次，中国应加强城乡协调发展，推动城市资源向农村地区流动，促进农村地区的经济发展和社会进步。最后，中国城市化应注重可持续发展，平衡经济增长与环境保护、社会公平的关系。

根据以往对小县大城和多元城市生态的研究，小县大城在推动产业升级、人口集聚、城镇发展上具有优势。从条件禀赋来看，一方面，小县域决定了城镇化初期的少人口，由于地理条件、历史沿革及所处市场区位的条件禀赋，无法突破县域内人口自然承载力的限制，加之城乡户籍制度的限制，外来人口难以因势利导流入小县域。另一方面，小县域内部的小环境具有相对封闭的县镇村市场体系，受外部市场影响小，这决定了县域商品经济发展紧紧依托历史文化积淀的优势，瞄准品类扩展限制性较强的细分市场，形成了小产品的县域商品经济。由此，少人口与小产品相互制约，形成了一个相对封闭但又适度参与外部市场分工的县域经济体。基于小县大城发展战略和城乡融合发展的体制机制，县域融入国内国际双循环的分工体系：一方面，在初期通过大城关战略实现了县域要素的大集聚；另一方面，在乡村振兴背景下，依托大产业进一步强县、兴镇、富村，引领县域城乡共同繁荣的大发展局面。由此形成大城市、中小城市与县域城镇的多元城市生态体系（见图6-3）。

小县大城和多元城市生态的未来图景（见图6-4）表明，农业转移人口市民化进程存在三个阶段。在大城市规模扩张的第一波城镇化阶段，以中小城市和县域城镇转移人口在大城市实现市民化为主，但仅有少部分农民进城落户。在以城市结构优化为核心的第二波城镇化阶段，中小城市和县域城镇作为农业转移人口市民化的主要载体，实现就地就近城镇化。在品质提升的第三波人口市民化中，大城市、中

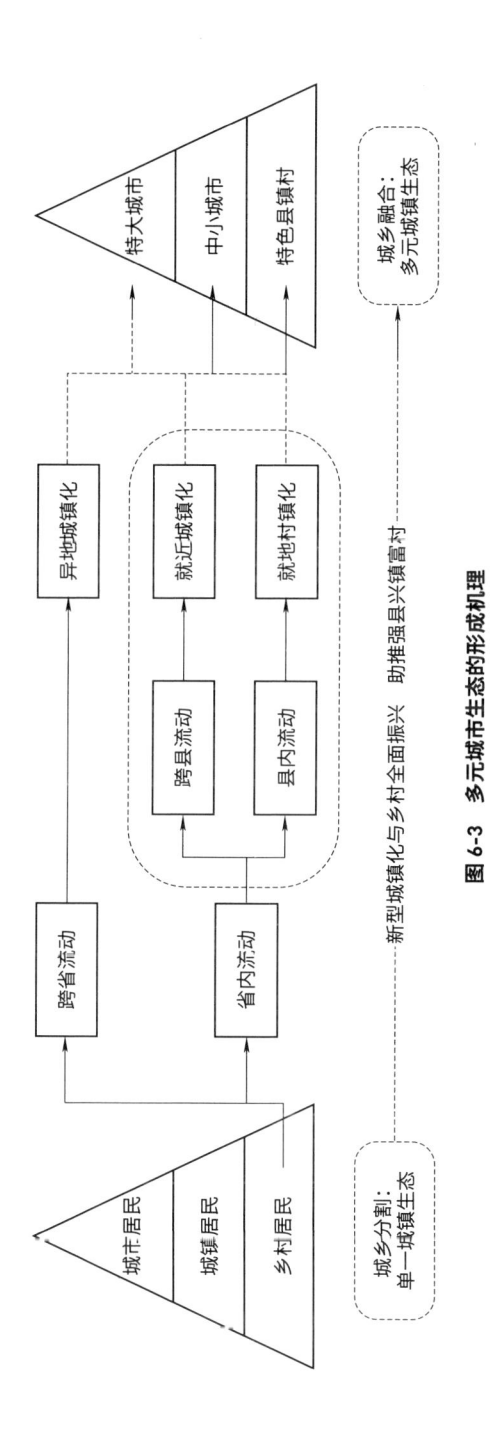

图 6-3　多元城市生态的形成机理

第六章　迈向强县、兴镇、富村的未来

小城市及县域城镇的人口综合承载力趋于稳定。当城镇化进程达到70%之后，将形成多元城市生态。多元城市生态中，有城市群、大城市、中等城市，也有小城市、小城镇、小村镇，一同构成了大中小城市与县乡村三级并举，与产业升级、城镇发展同步发展的人口集聚形态。

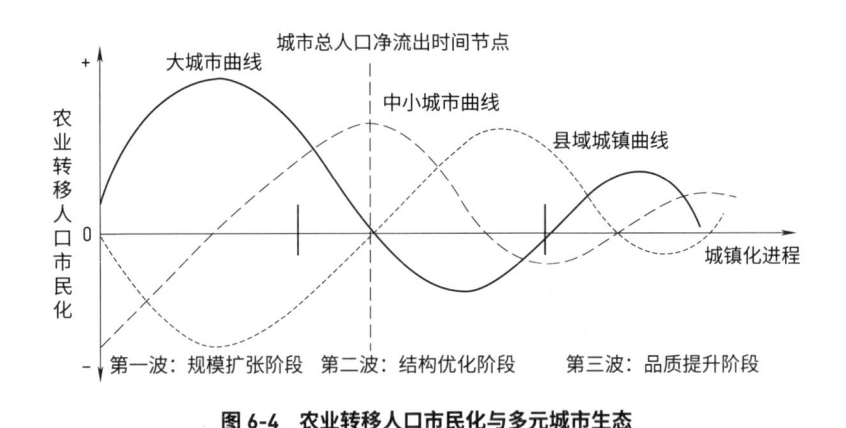

图 6-4 农业转移人口市民化与多元城市生态

注：依据前述中国城镇化的实践历程和新型城镇化展望，对赫尔曼努斯等（2016）关于差别城市化模型的进程的刻画。

国务院的《深入实施以人为本的新型城镇化战略五年行动计划》目标，是"经过 5 年的努力，农业转移人口落户城市渠道进一步畅通，常住地提供基本公共服务制度进一步健全，协调推进潜力地区新型工业化城镇化明显加快，培育形成一批辐射带动力强的现代化都市圈，城市安全韧性短板得到有效补齐，常住人口城镇化率提升至接近 70%，更好支撑经济社会高质量发展"。这需要以新型城镇化推动农业转移人口市民化，需要与新型工业化和乡村全面振兴紧密结合，做出以产兴城、以城聚人、以人兴业的路径探索（见图 6-5），在探索中国特色的新型城镇化道路的进程中，切实推动乡村全面振兴，实

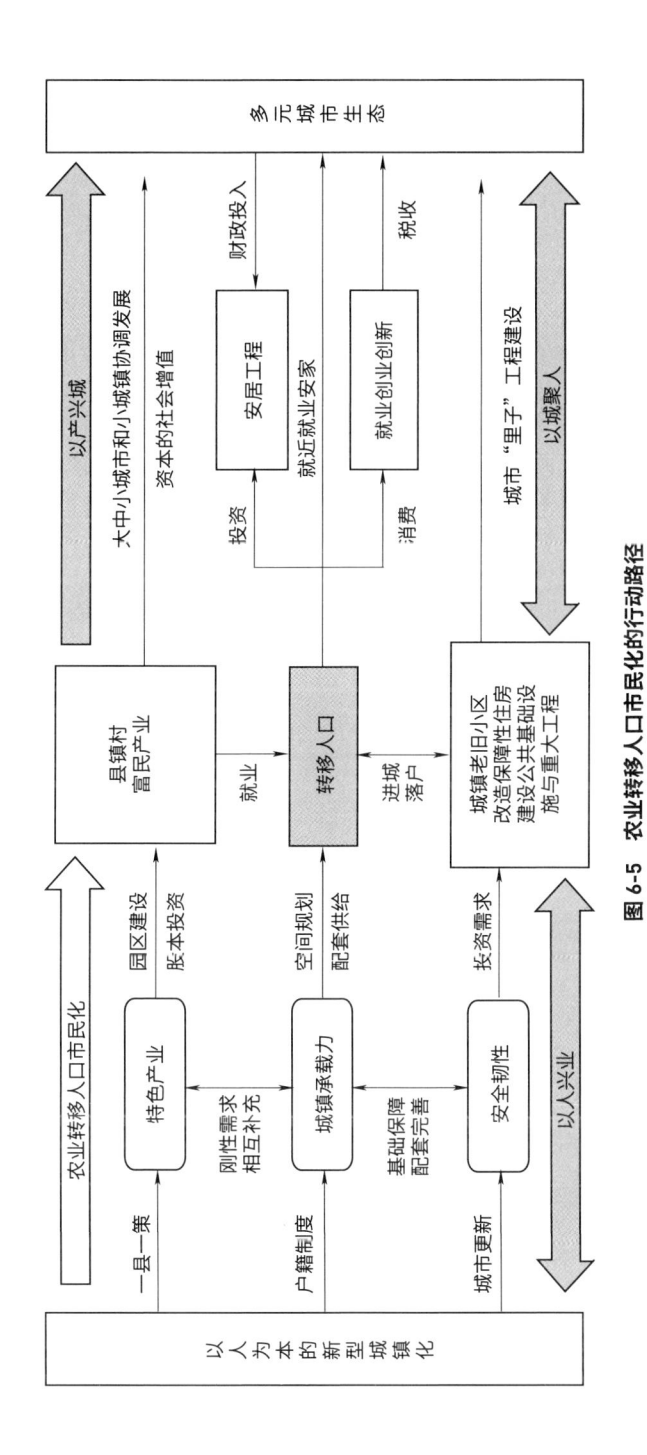

图 6-5 农业转移人口市民化的行动路径

现城乡融合共同发展。

一是以产兴城。产业兴，百业兴。富民产业的定位与规划是前提，产业园区与新质生产力建设是关键，产城融合与城乡服务功能完善是保障。推动产业与城镇的融合发展，以产业为枢纽促进城乡关系的良性互动。一方面，对于潜力地区城镇化，以"一县一策"的方式选优扶强，培育特色优势产业，形成以县城为载体的产业集群。另一方面，对于现代化都市圈建设，转变超大特大城市发展方式，强化对周边的辐射带动作用，培育发展现代化都市圈，推动中心城市基础设施向周边延伸、优质公共服务资源向周边覆盖、部分产业向周边转移，促进大中小城市和小城镇协调发展。

二是以城聚人。城市让生活更美好，乡村让城市更向往。以城聚人即通过新型城镇化促进转移人口分层级向城镇集聚，形成多元城市生态。第一，完善农业转移人口市民化激励政策。第二，健全进城落户农民农村权益维护政策。第三，增强城镇综合承载能力。核心在于分层次加大基础设施建设投入，满足农业转移人口的差异化公共服务需求。

三是以人兴业。人的现代化是现代化的本质。以人兴业关键在于人力资本投资促进农业转移人口在市民化过程中推动产业发展和城镇繁荣。第一，重视农业转移人口的人力资本投资，加强多层级、宽领域的教育体系建设。第二，优化转移人口市民化的创新创业环境，提升转移人口在市民化进程中的成就感和归属感。第三，优化人力资源的合理配置，推动产业升级和转型，通过人力资源的再培训和转岗，促进劳动力从传统产业向新兴产业流动，实现对人力资源的有效利用。

立足小县城，展望大中国

城乡融合发展是中国式现代化的必然要求，如何处理好工农关系、城乡关系，在一定程度上决定着现代化的成色，强县、兴镇、富村将是迈向城乡共同繁荣的着力点。正确理解和系统把握城乡融合发展与中国式现代化之间的内在关系，是实现城乡共同繁荣的关键。在这一进程中，县域的角色尤为关键，县城需要回归本质，成为联结城市与乡村的纽带，促进城乡要素合理双向流动；同时让乡村拥有体面，才能实现真正意义上的城乡融合。一方面，县城回归本质意味着要强化其作为联结城乡的纽带，成为推动乡村发展的重要引擎。另一方面，让乡村拥有体面则是实现产业兴旺、生态宜居、乡风文明、治理有效、生活富裕的乡村全面振兴。

▪ 县城回归本质

中国式现代化的基础

郡县治，天下安。作为国家行政区划的基础单元，县城的本质在于其作为联结城市与乡村的桥梁，是区域经济和社会发展的重要组成部分。县城的本质特点包括其独特的地理环境、历史文化传统，以及在区域发展中的特定功能和作用。

县城的本质是作为政治、经济、文化中心，为周边乡村提供服务和支持，同时也是农业产品和服务的重要集散地。县城的发展应注重与周边乡村的协调发展，保持其地域特色和文化传承，同时满足居民对教育、医疗、就业等基本公共服务的需求，县域的本质具有多重内涵。

一是城乡融合的联结点。县域在城乡融合中扮演着重要角色，是实现城乡协调发展的关键节点。县域的本质在于促进城乡资源的双向流动，实现资源共享和功能互补。二是县乡村公共服务的提供者。县域政府承担着提供基本公共服务的责任，包括教育、卫生、社会保障等。县域的本质在于保障居民的基本生活需求和发展机会，增进民生福祉。三是生态文明的建设者。县域拥有丰富的自然资源和生态环境，是生态文明建设的重要阵地。县域的本质在于保护生态环境，推动绿色发展，实现人与自然和谐共生。四是治理体系的基础。县域是国家治理体系的基础层级，其治理效能直接影响国家治理现代化进程。县域的本质在于创新治理模式，提高治理能力，确保社会稳定和秩序良好。五是改革创新的试验田。县域因其规模适中、特色鲜明，成为改革创新的理想试验田。县域的本质在于探索适应地方实际的发展模式和管理机制，为宏观政策提供实践经验和创新方案。

转移人口市民化进程

在城市偏向的发展模式中，县城偏离本质的原因较多且复杂。首先是经济发展模式单一化。县城在追求经济增长的过程中，可能过度依赖某个产业，如制造业或资源开采，而忽视了产业多元化的重要性。单一化的经济发展模式在短期内可能带来快速的 GDP 增长,但长期来看,却使县城面临市场需求变化和产业升级的巨大挑战,缺乏抵御外部冲击的能力。

其次是人口流失与老龄化加剧。随着教育和就业机会的城乡差异增大,大量年轻劳动力涌向大中城市,导致县城人口老龄化和劳动力短缺问题日益严重。这种人口结构的变化不仅削弱了县城的创新能力和市场活力,也给社会福利和公共服务体系带来沉重压力,导致县城基础设施与公共服务滞后。县城的基础设施和公共服务建设跟不上城镇化的步伐,往往导致居民生活质量难以提升。交通、医疗、教育资源的不足,限制了县城对人才和投资的吸引力,进一步加剧了人才流失和经济发展的滞后。

人口转变,指的是人口在规模、年龄结构和质量结构等维度上的转变。人口转变是推动经济结构转型和创新发展的重要力量,对产业升级和经济转型发展具有深远影响,产业升级与经济转型发展又会对人口转变趋势形成反作用和正反馈。人口市民化,指的是农村人口向城市地区迁移,并在城市中获得与当地居民同等的社会、经济和政治权利与地位的过程。人口市民化的核心要件有户籍转变、就业融入及城市公共服务保障,其中存量农村转移人口的市民化是关键。中国作为人口大国,人口转变经历了快速增长、增长放缓、低生育率与人口老龄化阶段,人口再生产类型从高出生、低死亡、高增长到低出生、低死亡、低增长的历史性转变,带来了"未富先老""未备先老"的诸多挑战。

人口市民化进程,长期以来不能与工业化和人口增长趋势同步,主要原因在于城乡户籍制度。1958 年,中国开始实行城乡分割的户籍管理制度,直至 21 世纪前,部分城市开始放宽户籍限制,允许农村人口进城落户,但整体改革进程较为缓慢。伴随着城乡中国时代的到来,以人为本的新型城镇化战略,将以新一轮农业转移人口市民化行动,展现多元城市生态的新图景。

由表6-6中的历次"五年计划"内容,可以看到城镇化发展方针演变与政策效果。"一五"至"二五"期间,城镇化方针从重点项目与城市建设带动农民进城,到动员回乡大规模压缩城市人口,出现了"盲进盲降"的无序城市化进程。"三五"至"四五"期间,受"备战备荒"和"三线建设"的国家战略影响,严格控制建设大城市,不集中建设大城市。这一政策一直影响到"五五"至"七五"的城镇化发展方针,一直严格控制大城市规模。"八五"以来,大城市发展纳入国家战略,但也有曲折反复。其中"六五"至"九五"时期,政策突出小城镇发展,适应了改革开放后的经济转型。进入21世纪,"十五"至"十三五"时期的十五年,方针转向大中小城市和小城镇协调发展,强调以城市群为主体形态,推动了城镇化质量提升。"十四五"以来,更注重以人为本的综合城市化,突出大中小城市协调发展,迈向多元城市生态,标志着城镇化战略走向成熟。

表6-6 从"五年计划"[①]看中国城镇发展方针演变

发展时期	时间	发展方针与政策指引	政策效果
"一五"时期	1953—1957年	项目带动、自由迁徙、稳步前进	重点项目与城市建设带动农民进城
"二五"时期	1958—1962年	调整、巩固、充实、提高;动员回乡,大规模压缩城市人口	盲进盲降的无序城市化进程

---

① 自"十一五"起,"五年计划"改为"五年规划"。

（续表）

发展时期	时间	发展方针与政策指引	政策效果
"三五"时期	1966—1970年	控制大城市，搞小城市	动荡萧条的停滞城市化进程
"四五"时期	1971—1975年		
"五五"时期	1976—1980年	严格控制大城市规模，合理发展中等城市和小城市	改革恢复的积极城市化进程
"六五"时期	1981—1985年	严格控制大城市规模，积极发展小城镇	抓小控大的农村城市化进程
"七五"时期	1986—1990年	严格控制大城市规模，合理发展中等城市和小城市	大中小并举的多元城市化进程
"八五"时期	1991—1995年	开发区建设拉动大城市发展	大城市主导的多元城市化进程
"九五"时期	1996—2000年	严格控制大城市规模，突出发展小城镇	大中小并举的健康城市化进程
"十五"时期	2001—2005年	大中小城市和小城镇协调发展	大中小并进的协调城市化进程
"十一五"时期	2006—2010年	以城市群为主体，大中小城市和小城镇协调发展	城市群主导的协调城市化进程
"十二五"时期	2011—2015年	城市群与大中小城市和小城镇协调发展	符合国情的积极稳妥城市化进程
"十三五"时期	2016—2020年	以人的城镇化为核心、以城市群为主体形态、以城市综合承载能力为支撑	以人为核心的综合城市化进程
"十四五"时期	2021—2025年	以城市群为主体形态、大中小城市和小城镇协调发展的城镇化	以人为本迈向多元城市生态的城市化进程

资料来源：参考方创琳（2014）：《中国城市发展方针的演变调整与城市规模新格局》，载《地理学报》，并根据历次"五年计划"（"五年规划"）整理。

不过，在快速城镇化的过程中，盲目追求数量的发展，一些县城忽视了生态环境保护，导致环境退化和生态平衡破坏。同时，社会治理体系不够完善，社区参与和民主管理机制不健全，影响了县城的社会稳定和居民的幸福感，逐渐偏离了县城的本质。

通往新型城镇化之路

县域经济作为国民经济的基本单元，与城市经济相互衔接、相互支撑，具有相对独立的运行特性。我国县域经济总量约占全国的40%，在国民经济发展中发挥着重要作用。县域经济的发展是扩大内需、畅通国民经济循环的重要手段，也是推动乡村振兴、实现城乡融合发展的关键支撑。

统筹新型工业化、新型城镇化和乡村全面振兴，是实现中国式现代化的必由之路，是解决农业、农村、农民问题的重要途径。中国式现代化的五大特征中，四大特征与城乡协调发展紧密相关，包括人口规模巨大的现代化、共同富裕、人与自然和谐共生以及物质文明与精神文明的协调发展。党的十八大以来，新型城镇化建设取得重大进展，我国常住人口城镇化率从2012年的53.1%提高至2024年的67%。党的二十届三中全会通过的《中共中央关于进一步全面深化改革 推进中国式现代化的决定》提出，"健全推进新型城镇化体制机制""城乡融合发展是中国式现代化的必然要求"。2024年7月31日，国务院印发《深入实施以人为本的新型城镇化战略五年行动计划》(以下简称《行动计划》)，提出实施新一轮农业转移人口市民化行动。可以预期，新一轮农业转移人口市民化将通过有效集聚各类要素，促进城镇发展与产业支撑、就业转移、人口集聚相统一，构建科学合理的城镇化格局，推动城乡融合、区域协调发展。通过新一轮城乡融合发展，以及以产兴城、以城聚人、以人兴业的行动路径，带来产业升级、人口集聚、城镇发展的多元城市生态未来图景。

一是以人为本的价值观。《行动计划》提出了六项基本任务，依次是进一步深化户籍制度改革、健全常住地提供基本公共服务制度、促进农业转移人口在城镇稳定就业、保障随迁子女在流入地受教育权利、完善农业转移人口多元化住房保障体系、扩大农业转移人口社会保障覆盖面。这体现了以人为本的发展理念。其一，以人的全面发展推动全体人民共同富裕的现代化。深化户籍制度改革，能够打破城乡二元结构的壁垒，使农业转移人口能够更自由地流动和选择居住地，从而获得更广阔的发展机会和生活空间。同时保障随迁子女在流入地受教育权利，确保其下一代能够接受公平的教育，为其提供稳定的生活保障和均等的发展机会，提升农业转移人口进城落户后的生活质量和能力发展。其二，发挥人的积极性、主动性和创造性。农民在市民化进程中更好融入城市生活，并通过多元化住房保障体系获得多样化的住房选择，能够提升农业转移人口在市民化进程中的安全感、归属感与获得感。其三，确保发展成果惠及全体人民。《行动计划》着眼于1.7亿进城农民工及其随迁家属落户城镇，确保改革开放以来取得的发展成果惠及全体人民，以此提升农业转移人口在市民化进程中的安全感、归属感和认同感。

二是遵循规律的发展观。中国新型城镇化道路既有世界各国城镇化发展的共同特征，也有基于中国国情的中国特色。2021年，中国城镇化进入快速发展阶段的后期，城镇化率增速逐渐进入一个平台期，推进新型城镇化，促进新一轮农业转移人口市民化需要遵循规律，表现为立足中国国情，遵循自然规律、经济规律特别是城市发展规律,统筹新型工业化、新型城镇化和乡村全面振兴,充分发挥市场在资源配置中的决定性作用,更好发挥政府作用,提高资源配置效率。从一般规律来看,在城镇化水平不到30%的初期阶段,城镇化增速缓慢;在城镇化水平介于30%~70%的中期阶段,城镇化增速加速;在城镇化水平超过70%的后期阶段,城镇化增速缓慢,达到80%后一般就不再增长,城镇化进程的纳瑟姆曲线设定的30%和70%两个拐点,显示了城镇化率具有类似正弦曲线上升的普遍规律,中国的城镇化进程也符合这一规律。

三是分类施策的方法论。近年来,中国城镇化空间格局持续优化,主要表现为三个方面:(1)城市群主体形态全面确立;(2)大中小城市发展更加协调;(3)以县城为重要载体的城镇化建设扎实推进。迈向新型城镇化,需要树立分类施策的方法论。一方面,立足区域差异性,面向区域均衡发展需求。不同地区的经济发展水平、资源禀赋、人口结构和地理环境存在显著差异,这些差异决定了城镇化进程和政策需求的多样性。为了避免区域发展不平衡,实现共同富裕,需要对不同地区采取差异化的城镇化策略,以促进资源的合理分配和区域间的协调发展。另一方面,瞄准城镇化的问题,提升资源优化配置。不同地区面临的城镇化问题具有特殊性,如一些地区可能面临人口流失,而另一些地区可能面临人口过载。通过分类施策,可以更有效地利用有限的资源,将政策和资金投入到最需要的地方,提高城镇化的效率和效果。

四是集约高效的新举措。推动城乡融合、区域协调发展,构建合理的城镇化格局,要求在全国"三区三线"划定成果基础上,有效集聚各类要素,促进城镇发展与产业支撑、就业转移、人口集聚相统一,构建科学合理的城镇化格局,推动城乡融合、区域协调发展。这不仅需要大国大城的超大型城市化，还需要中小城市，更不能忽略县域和村庄，也就是说，不仅需要大国大城，更需要小县大城。与发展超大城市的大国大城不同，小县大城具有集约高效的明显特征。（1）小县域、大城关，主要表现为建制县以县城为核心，实施经济要素向县城集中战略，形成了较大面积的县域建成区。（2）少人口、大集聚，主要表现为有限的县域人口在建成区内高比例集聚。（3）小产品、大产业，主要表现为县域针对某一细分产品形成了规模较大的产业集聚，并成为县经济的支柱产业。（4）小环境、大发展，主要表现为在高人口城镇化率的城关形成了基本公共服务设施配套健全的区域。

伴随城乡中国背景下的人口转移趋势与人口市民化进程，中国城镇化制度安排需要重点转向转移农业人口，推动人口市民化进程，这项工作意义重大。

新型城镇化战略实施以来，城镇化率提升明显。但城镇化发展还面临一些问题，一些小城市和县域对产业和人口的承载能力不足，超大特大城市对周边的辐射带动作用发挥不够，部分城市安全韧性存在短板弱项。对此，迈向以人为本的新型城镇化，需要在挖掘农业转移人口市民化的重要意义的基础上，做出多元城市生态的路径探索。

一是要科学分类。根据不同县城的资源环境承载能力、区位条件、产业基础和功能定位，国家进行了科学分类，并提出了差异化的发展策略（见表6-7）。《关于推进以县城为重要载体的城镇化建设的意见》明确提出，要科学把握功能定位，分类引导县城发展方向。其中包括1274个大城市周边县、754个专业功能县、637个重点生态功能县及274个人口流失县。

表 6-7　不同类型县域城镇化发展策略

县城类别	对应县域	数量	发展思路
大城市周边县	城市群内的县城	1274	融入城市群，承担都市圈分解功能，推动产城融合
专业功能县	粮食生产大县	372	承担粮食安全责任，提升农业综合生产能力，推动县域内一、二、三产融合，统筹产业发展和农民增收
专业功能县	棉花生产大县	120	
专业功能县	畜牧业大县	262	
重点生态功能县	承担重要生态功能的县	637	加快生态修复，守牢生态红线，确保公共服务供给能力提升
人口流失县	"六普"至"七普"期间，常住人口减少超过15%的县城	274	科学把握人口变动趋势，加快土地整治，培育特色产业，畅通要素回流

资料来源：县城类别数量摘自《中国县域高质量发展报告2023》。

二是要因地制宜。针对大城市周边县，因地制宜方案着重于加强与邻近大城市的交通连接和基础设施建设，通过承接产业转移和功能疏解，使这些县城发展成为具有通勤便捷、功能互补、产业配套的卫星城镇，实现与大城市的无缝对接和一体化发展。针对专业功能县城的方案聚焦于挖掘和发挥县城的资源及交通优势，通过政策引导和产业扶持，培育和发展具有地方特色的经济和支柱产业，同时提升就业吸纳能力，将其打造成具有专业特色的经济强县。针对专业功能县的方案旨在推动农业产业链的延伸和升级，通过发展农产品加工业和农业生产性服务业，提升农产品的附加值，同时促进农村二、三产业的集聚发展，增强县城服务"三农"的能力。对于重点生态功能区县，方案强调生态保护与绿色发展并重，通过有序承接生态超载人口转移，发展清洁能源和适宜产业，加强生态修复，保障生态安全，同时提升县城的公共服务供给能力。人口流失县的方案着重于产业复兴和人口稳定，通过优化土地使用政策，鼓励创新创业，加强民生保障和救助扶助，同时有序引导人口向经济发展优势区域转移，促进人口和公共服务资源的适度集中，实现县城的可持续发展。

三是要协同推进。第一，县域差异化发展策略是前提。针对不同类型的县域特点，制定并实施差异化的发展策略。例如，大城市周边县应侧重于与大城市的融合和功能互补，而专业功能县则应加强农业产业链的延伸和农产品的深加工，重点生态功能区县则应着重于生态保护和绿色产业的发展。第二，不同县域基础设施和公共服务均衡化是关键。加大对基础设施和公共服务的投入，确保各类县域特别是偏远和生态功能区县城能够享受到均等化的服务。这包括交通网络的互联互通、教育资源的均衡分配、医疗卫生服务的提升，以及文化和休闲设施的完善。第三，有序产业创新与协同是保障。鼓励各县域根据自身资源和条件，发展特色产业，并通过技术创新和产业升级提升产业竞争力。同时，建立县域间的产业协同机制，促进产业链的延伸和价值链的提升，形成区域内产业互补和协同发展的局面。

▪ 乡村拥有体面

乡村的体面

乡村的体面，是一种生活态度，是一种对传统的坚守，更是一种对未来的期待。过去，乡村用它独有的方式，讲述着一个个关于勤劳、和谐与希望的美美与共故事。生产是乡村的根基。金色的麦田在阳光的照耀下，像海浪一样翻滚，收割机的轰鸣声是丰收的序曲。果园里，硕果累累，枝头挂满了秋天的馈赠，果农的笑脸是辛勤耕耘的最好证明。在这些辛勤劳作中，乡村的人们以汗水浇灌希望，用双手编织生活的梦。生活是乡村的血脉。炊烟袅袅升起，是家庭温暖的信号。孩子们在田间追逐嬉戏，老人们在树荫下悠闲地聊天，这些日常的片段构成了乡村生活最真实的写照。在这里，人与人之间的关系简单而纯粹，邻里间的互助和关怀是乡村社会最宝贵的财富。生态是乡村的灵魂。清澈的溪流蜿蜒穿过村庄，两岸绿树成荫，鸟语花香。夜晚，星空璀璨，蛙声一片，是大自然最美妙的交响乐。在这里，人与自然和谐共生，乡村的人们尊重自然，保护环境，因为他们深知，这是他们世代生活的家园。

一是生命农业。乡村的体面首先体现在其农业的活力与发展上。生命农业强调农业生产的可持续性，注重生态平衡和生物多样性，倡导传统与现代技术相结合，提高农业生产效率，同时保障农产品质量和安全。这种农业模式不仅为农民提供了稳定的生计，也为消费者提供了健康、安全的食品，促进了乡村经济的多元化发展。

二是和美乡村。乡村的体面还体现在其和谐美丽的生活环境上。和美乡村倡导优化乡村空间布局，改善基础设施，提升公共服务水平，保护和传承乡村文化，构建和谐的社区关系。通过这些措施，乡村成了一个生态宜居、文化丰富、社会和谐的居住地，提升了农民的生活质量和幸福感

三是荣益农民。乡村的体面最终要体现在农民的尊严和利益上。荣益农民意味着要提高农民的经济收入，改善他们的社会地位，保障他们的合法权益。通过教育、培训和政策支持，提高农民的科技素养和市场竞争力，使他们能够更好地适应现代农业发展的需求，实现自身价值和社会地位的提升。

发现乡村多元价值

乡村之所以拥有体面,是因为它们承载着历史的灵魂,呼吸着自然的节奏,并孕育着生活的多彩多姿。

历史与文化的传承。乡村,如同一本厚重的史册,记录着中华民族世代人民的生活智慧与文化精粹。在这片古老的土地上,古老的歌谣与传说在田野间回荡,传统节日与习俗在村落中代代相传。它们是民族记忆的根,是文化多样性的源泉。乡村的每一条石板路、每一堵泥墙、每一座宗祠,都诉说着往昔的故事,展现着历史的尊严与体面。

自然与生态的和谐。乡村,是大自然赋予人类的绿色瑰宝,是生态和谐的典范。在这里,青山绿水交织成一幅幅生机盎然的画卷,清新的空气与肥沃的土地孕育着生命的奇迹。乡村以其宁静祥和的环境,为疲惫的城市心灵提供了休憩的港湾。它不仅是生物多样性的庇护所,更是人类追求可持续生活方式的实践场。这份对自然的尊重与维护,赋予了乡村崇高的体面。

生活与经济的丰饶。乡村,是生活艺术的展示场,是经济多元发展的缩影。这里,勤劳的农人耕作于希望的田野,收获着季节的馈赠;这里,创新的工匠传承着传统技艺,创造出独具匠心的作品;这里,热情的村民以丰富的物产和淳朴的人情,迎接着远道而来的游客。乡村的每一次丰收,每一件手工艺品,每一次节日庆典,都是对美好生活的赞颂,都是对经济贡献的肯定,它们让乡村在现代社会中熠熠生辉,赢得了应有的体面与尊重。

有根的中国式现代化

乡村的体面在于"有根的现代化"。也就是在传承中创新,在融合中提升,在人的现代化中彰显。这是一部乡村与时代共舞的乐章,是一幅乡村与自然和谐共生的画卷，更是一篇乡村与社会共同进步的壮丽诗篇。

一是传承百年乡建，推进乡村建设行动。乡村的体面，源自对百年乡建智慧的传承与发扬。在古老的田野上，一砖一瓦都诉说着先辈们的勤劳与智慧。推进乡村建设行动，不仅是对过往岁月的尊重，更是对未来生活的憧憬。在这片充满生机的土地上，我们修复古桥古道，重建水车磨坊，让传统与现代交织，让乡村的面貌焕发新颜。每一次修缮，每一次创新，都是对乡村体面的深刻诠释。

二是推动城乡融合，县乡村一体化发展。乡村的体面，也在于城乡融合的和谐乐章。如同溪流汇入江海，城市的繁荣与乡村的宁静相互依存，共同谱写着发展的交响曲。推动县乡村一体化发展，让城市的科技与文明之光照亮乡村的每一个角落，让乡村的绿色与生态之美滋润城市的每一寸土地。在城乡的无缝对接中，我们看到了乡村的潜力与价值，感受到了乡村的活力与魅力，这是乡村体面的真实写照。

三是人的现代化建设，推动农民由身份称谓转向有荣誉感的职业称谓。乡村的体面，最终体现在每一位农民的尊严与自豪。在这片充满希望的田野上，农民不再是简单的身份称谓，而是成为一种充满荣誉感的职业。通过人的现代化建设，我们赋予农民以知识的力量，以技能的武装，让他们在现代农业的浪潮中乘风破浪。我们讲述农民的故事，传播农民的智慧，让农民成为乡村振兴的主角，让他们的成就与贡献得到社会的广泛认可与尊重。这是对乡村体面最美的赞歌。

- **强县、兴镇、富村**

城乡融合发展是中国式现代化的必然要求，必须统筹新型工业化、新型城镇化和乡村全面振兴,全面提高城乡规划、建设、治理融合水平,促进城乡要素平等交换、双向流动,缩小城乡差别,促进城乡共同繁荣发展。尤其在经济和民生领域改革中,明确提出要完善城乡融合发展体制机制,这是进一步全面深化改革的一部分,旨在促进社会公平正义、增进人民福祉(见表6-8)。

表6-8 迈向强县、兴镇、富村的政策目标

类目	县	镇	乡	村
目标定位	城乡融合	特色镇域经济	粮食安全	集体经济发展
经济发展	特色县域产业	村镇产业集约发展	三产融合	一村一品
公共服务	城乡公共服务均等化	衔接城乡公共服务体系	农业社会化服务体系	增进公共事务治理
机制设计	一县一业	强镇富村公司建设	区域公用品牌	集体经济组织法人
空间规划	县镇村体系	空间集中集约发展	优化村庄空间布局	农地适度规模经营

基于调查研究的前瞻性判断,提出强县、兴镇、富村的政策组合,着力解决城乡发展不均衡问题,促进县域资源优化配置和产业升级,形成强县域、兴乡镇及富村民的政策组合,为推动城乡融合共同繁荣发展提供决策参考。

对策1:因地制宜实施大城关战略,做强县域富民产业

县域富民产业的培育和发展是实现新型城镇化的关键。这要求地方政府深入分析本地资源禀赋、产业基础和市场需求,制定符合当地实际的产业发展规划。例如,依托当地特色农产品发展深加工,或利用自然景观发展乡村旅游。同时,政府需加强产业支持政策,提供技

术指导、资金扶持和市场拓展服务，促进产业集群形成，提升产业竞争力和带动力。

"一县一业"打造区域公用品牌做强富民产业（见图6-6）。针对"一村一品""一乡一业"，实际以村、镇为单位的产业发展却缺乏足够多且有地区影响力的成功实践，县域富民产业应立足县域特色禀赋，贯彻"一县一业"的三步走战略。第一，找准品类是破除县域特色产品多而不强的前提，通过差异化的品牌定位提升品牌的标识度，形成聚合效应，壮大集体经济。第二，提升品质是破除核心主导产业强而不优的基础，打造品牌形象，提升知名度，产生溢价效应，促进联农带农。第三，推广品牌是破除品牌优而不精的关键，通过品牌组合提升美誉度，发挥出品牌的扩散效应，实现强村富民。

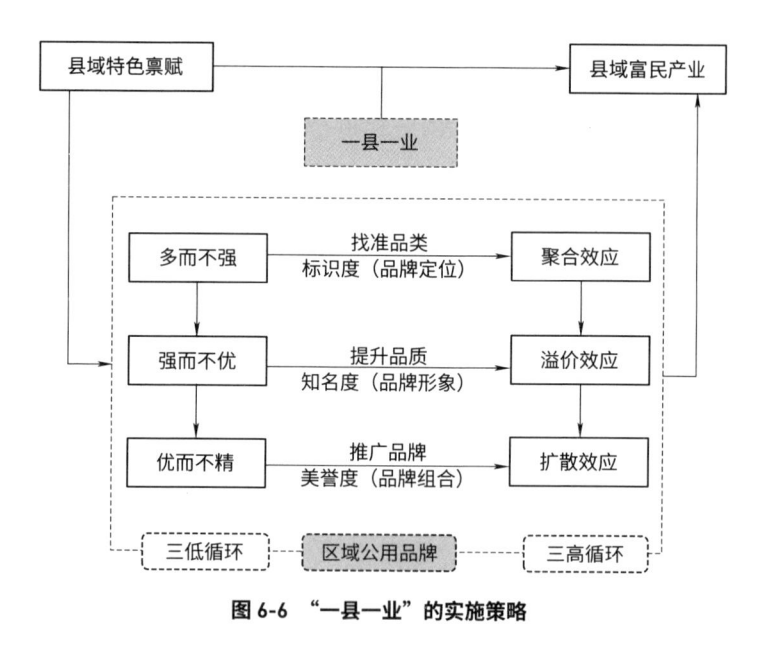

图 6-6 "一县一业"的实施策略

在共同富裕进程中，"一店一品"和"一县一业"这两种模式可以相互补充,共同推动乡村的高质量发展。村社自下而上的"一店一品"模式,可以维持小吃的多样性和文化特色,满足消费者的多元化需求,县域自上而下的"一县一业"模式,则可以在全县范围内推动特色产业的快速发展,提高县域经济的整体竞争力。此外,区域公用品牌与市场商标品牌的本质特征确实存在差异。区域公用品牌反映了一个地区的整体形象和特色,强调的是共建、共治、共享的理念。市场商标品牌则更侧重于企业的形象和产品特色,强调的是企业的个性和差异化。在共同富裕的进程中,需要充分发挥区域公用品牌和市场商标品牌的优势,以实现共同富裕的目标。

对策 II：分类施策畅通城乡要素流动,推动县域"镇"兴

畅通城乡要素流动是推动县域"镇"兴的重要途径。政府应根据不同乡镇的发展特点和需求,实施分类指导和差异化政策。通过优化行政服务、改革土地管理制度、创新金融服务等方式,降低城乡要素流动的门槛和成本。此外,通过搭建城乡对接平台,促进人才、资金、技术等要素向农村流动,激发农村发展潜力,实现镇村联动发展(见图6-7)。

规划引领以乡镇为枢纽,促成县乡村三级联动体系。保障县域发展规划的整体稳定、乡镇发展规划的相对稳定,以及乡村发展支持措施的长期稳定。县级政府位于顶层,负责整体的县域发展规划,确保政策的连续性和稳定性。乡镇政府作为联动体系的枢纽,接收县级政府的支持措施,并在此基础上制定和实施乡镇发展规划,同时拥有更多的自主权来推动地方经济社会发展。乡村社区位于基础层,接受乡镇政府的扩权措施,包括基础设施建设、公共服务提升等,确保乡村发展支持措施的长期稳定。

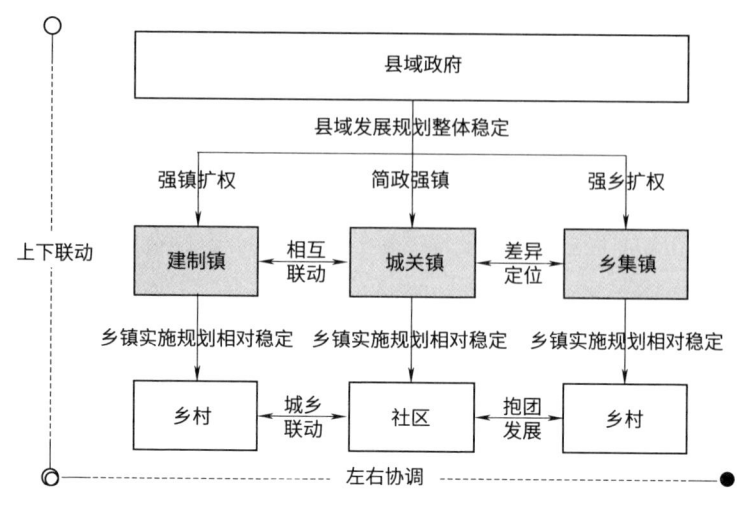

图 6-7　县域"镇兴"的联动协调

整个体系强调的是上下联动和左右协调，县级政府和乡镇政府之间的权力下放和资源下沉，以及乡镇政府与乡村社区之间的紧密合作，共同推动区域经济的均衡发展和社会的全面进步。通过这种模式，可以有效地促进县乡村三级的协同发展，实现资源的优化配置和利益共享。

对策 III：协同推动联农、惠农、富农制度改革的政策组合

联农、惠农、富农制度改革是实现农民增收和乡村振兴的重要保障。政府需要从完善农业支持保护制度、加强农村金融服务、鼓励社会资本投向新农村建设等方面入手，构建协同的政策体系。例如，通过提高农产品价格、实施种粮补贴、完善农业保险制度等措施，保护农民利益，提高农业生产效益。同时，通过创新金融服务产品，解决农村融资难题，激发农村发展活力。如重庆市在推进县域经济发展过程中，通过创办强村公司，村集体以完全市场主体从事开发经营活动，促进资源连片开发，变单打独斗为抱团发展。

"村体企用"可以完善乡村集体经济的权能，推动乡村发展成果联农、惠农、富农（见图6-8）。村体企用包含着"以村为体、以企为用"的主次逻辑，同时包含着"以村兴企、以企富村"的先后逻辑。主次逻辑是村体企用的基础，"以村为体"以村庄发展为本位，依循村级自治在二次分配中的治理逻辑构建出合理的利益联结与调节机制，主要表现为"调高、扩中及提低"，即调节村庄中过高收入群体、扩大中等收入群体以及提高低收入群体，实现"切好蛋糕"的目标。"以企为用"指村庄自办或自主引进符合村庄发展方向的企业，依循现代企业制度和管理的市场逻辑，实现"做大蛋糕"的目标。长期坚持治理逻辑会导致村庄致富积极性有所消解，而长期以市场效率为导向会导致村庄贫富分化，村企体用的治理和市场双重逻辑有助于构建出迈向共同富裕的村企关系。

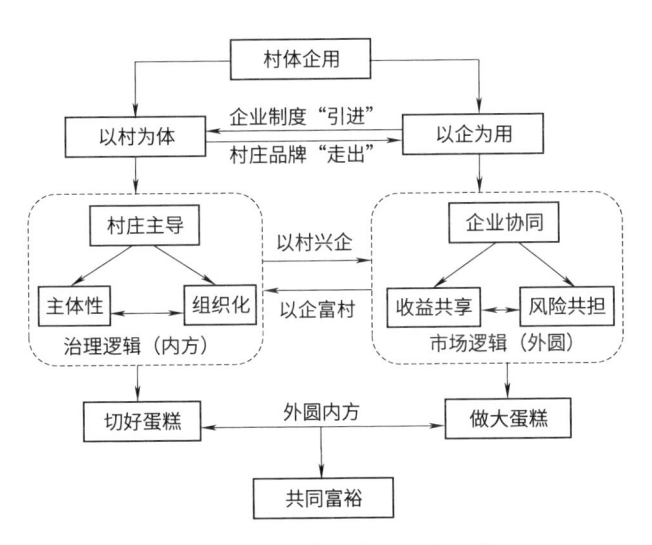

图 6-8 村体企用实现联农、惠农、富农

先后逻辑是村体企用的保障。一方面,"以村兴企"引入现代企业制度是村庄产业发展的必要条件,"做大蛋糕"是村庄摆脱普遍贫穷、壮大集体经济组织实力,以及提升村庄组织化的出发点;另一方面,"以企富村"是共同富裕的充分条件,推进村庄先富帮带后富,"切好蛋糕"是落脚点。因此"以村为体"主要是由内而外"以村兴企","以企为用"主要是由外而内"以企富村",村体企用通过做大蛋糕和切好蛋糕构建出村企关系促进共同富裕的逻辑机制。

在小县大城的发展战略下,强县、兴镇、富村是城乡融合发展的未来愿景。城关镇作为县域发展的引擎,决定县域经济的下限,需要因地制宜实施大城关战略做强县域富民产业。乡镇是枢纽,关键在于分类施策畅通城乡要素流动,推动县域"镇"兴。乡村能否全面振兴决定了上限,有待协同推动联农、惠农、富农制度改革的政策组合。

迈向强县、兴镇、富村的未来,乡村是县域高质量发展的压舱石和稳定器。农业农村现代化是中国式现代化的重要一环,人的现代化决定了中国式现代化的底色。健全城乡融合发展体制机制和政策体系,加快推进农业农村现代化,乡村振兴是解决我国发展不平衡问题,增强城乡、区域发展协调性的有效路径。小县大城通过城乡融合带动乡村振兴的体制机制和整体体系的建立和完善,以城乡融合带动乡村产业振兴、人才振兴、文化振兴、生态振兴、组织振兴,以农业农村优先发展,描绘出产业兴旺、生态宜居、乡风文明、治理有效、生活富裕的乡村全面振兴未来图景。

后记

坚持城市偏向还是转向乡村振兴，抑或城乡融合发展？在面临诸多条件约束下，小县大城站在了需要抉择的十字路口。小县大城战略符合增长极理论的预设，同时也被其缺陷支配。虽然政府支持下的非均衡发展有助于县域经济崛起，但其本质是一种自上而下的区域发展策略，人随业走必然会带来区域经济的脆弱性和区域内部的发展差距。

针对非均衡发展的窠臼，解药是什么？是坚持工业偏向的提质扩容，实现"愿意来、过得好、有奔头"的以人为中心的县域城镇化？还是以产业融合促进县域产业生态化与生态产业化，实现县域经济质的提升？抑或统筹推进县乡村三级空间治理，引导县域要素回流乡村，实现城乡融合的高质量发展？上述三种选择，既可以继替推进，又能同时推动，也能择其一而不断探索深化。

乡土中国时期，县域作为一个集生产、生活、生态及生命功能于一体的行政层级和社会单元，可能以小县大城模式，在中国城镇化前半程中不算落伍。城乡中国时期，大量人口将回归家乡，在城乡社会空间体系中重构一个以县域为中心的新社会空间和新社会形态。如何在以县城为重要载体的新型城镇化的后半程，探索出符合城乡融合发展、城乡要素充分双向流动的小县大城新样态，走出一条求解"不可能三角"的新路，迈向强县、兴镇、富村，是时代赋予我们的任务。

在城乡中国时代，中国发展最大的不平衡是城乡发展不平衡，最大的不充分是农村发展不充分。解决农业农村发展不充分的路径是建立健全城乡融合发展体制机制和政策体系，促进区域协调发展。当前，全国各地越发重视县域经济对促进城乡融合的重要作用。如广东的"百县千镇万村"工程以提振县域经济作为促进区域协调发展的着力点，重庆市以小县大城作为强镇带村、强村富民的突破口，浙江省云和县正推动小县大城向"小县名城"跨越等。面向第二个百年奋斗目标，全面推进中国式现代化，难点在于立足"大国小农"的基本国情农情，实现农业强、农村美、农民富。解决上述问题，不能就农业谈农业、就乡村谈乡村，必须深入推进城乡融合发展，以小县大城强化以工补农、以城带乡，统筹新型工业化、新型城镇化和乡村全面振兴，加快形成工农互促、城乡互补、协调发展、共同繁荣的新型工农城乡关系，为全面推进中国式现代化奠定坚实基础。

致谢

本书使用的数据和资料,时间跨度很大。没有中央党校、泉州市委党校早期对德化县小县大城研究的关注和德化县档案馆提供查阅之便,笔者不可能整理出这么多素材;没有当时亲历者的娓娓道来、倾囊相授,以及德化县乡村振兴研究院邱建生、黄景新等一线实践者的扎根思考,笔者难以从浩如烟海的经验证据中抽丝剥茧,拨云见日般地打开小县大城的"黑箱"。

中国人民大学农业与农村发展学院是研究中国"三农"问题的重镇,历来重视实践与理论的结合。在调研写作本书的过程中,笔者得到了中国人民大学郑霖豪博士、汪庆浩博士的鼎力支持。中信出版集团编辑团队为本书的出版付出了大量时间和精力,一并致谢。

中国人民大学科学研究基金和德化县乡村振兴研究院为笔者写作、调研、出版,提供了宝贵支持,特此致谢。

中国人民大学科学研究基金
（中央高校基本科研业务费专项资金资助）项目成果